चतुष्कोण एवं अन्य नाटक

चतुष्कोण
एवं अन्य नाटक

व्रात्य बसु

अनुवाद
सोमा बंद्योपाध्याय

प्रस्तावना
सुनील गंगोपाध्याय

राजकमल प्रकाशन
नयी दिल्ली पटना इलाहाबाद कोलकाता

ISBN : 978-81-267-2682-0

मूल्य : ₹ 450

पहला संस्करण : 2014

प्रकाशक : राजकमल प्रकाशन प्रा. लि.
1-बी, नेताजी सुभाष मार्ग, दरियागंज
नई दिल्ली-110 002

शाखाएँ : अशोक राजपथ, साइंस कॉलेज के सामने, पटना-800 006
पहली मंजिल, दरबारी बिल्डिंग, महात्मा गांधी मार्ग, इलाहाबाद-211 001
36 ए, शेक्सपियर सरणी, कोलकाता-700 017

वेबसाइट : www.rajkamalprakashan.como
ई-मेल : info@rajkamalprakashan.com

मुद्रक : बी.के. ऑफसेट
नवीन शाहदरा, दिल्ली-110 032

CHATUSHKON EVAM ANYA NATAK
Play by Vratya Basu
Translated by Soma Bandyopadhyay

प्रस्तावना

दृश्य–काव्य अथवा मंचस्थ नाटक की तुलना में चलचित्र या फिर दूरदर्शन की उम्र काफ़ी कम है। फिर भी ये मूक तस्वीरें जब से हिलने-डुलने लगीं, जब से बातें करने लगीं, तब से कइयों को आशंका होने लगी कि इसके बाद मंचस्थ नाटकों की लोकप्रियता में कमी आ जाएगी। परन्तु समय के साथ–साथ यह आशंका झूठी प्रमाणित हो चुकी है। चलचित्र के जो श्रेष्ठ स्रष्टा रहे हैं, उन्होंने सेलुलॉयड पर नाटक नहीं बुना है, बल्कि रचना की है एक भिन्न भाषा की। मंचीय नाटक एवं सिनेमा का विकास दो पैरालेल (समान्तराल) धारा के रूप में हुआ। पर इधर दूरदर्शन या टी.वी. ने घर में जब से प्रवेश किया, घरवालों को मनोरंजन के लिए बाहर जाने की अब आवश्यकता नहीं रही। अब धारासार वर्षा हो या बर्फीली सर्दी, लोग अपने शयनकक्ष में लेटे–लेटे भी आराम से छोटे पर्दे यानी कि टी.वी. पर हर तरह का कार्यक्रम देख सकते हैं। परन्तु टी.वी. की इतनी सुविधाओं के बावजूद विश्व के विकसित देशों में नाटक देखने जाना अब भी दर्शकों के लिए एक स्मरणीय घटना है।

हम नाटकों में जो मंच–व्यवस्था या प्रयोग देखते हैं, वह पूरी तरह से विदेशी है। चीन या जापान की बात मैं विशेष नहीं जानता, पर हम अधिकतर पाश्चात्य का ही अनुसरण करते हैं। सिकन्दर के समय से जितनी सामन्तवादी ताकतें भारत में आई हैं, सभी पश्चिम से ही। अरब और मिडल ईस्ट भी इसमें पीछे न रही। इन सब देशों की संस्कृति की कुछ छाप हम लोगों के समाज पर भी पड़ी है। इन देशों के इतिहास से भी हम भली–भाँति अवगत हैं और इसी सूत्र से हम जान पाते हैं कि यूरोप में नाटक की चर्चा और उत्कर्ष–साधना किस प्रकार की जा रही है।

हमारे देश में संस्कृत में नाट्यशास्त्र का परिचय एवं कालिदास के जैसे असाधारण नाटककार को पाने के बावजूद उसमें धारावाहिकता

नहीं रही। प्राचीन ग्रीस में नाटकों की प्रतियोगिता हुआ करती थी। उस समय के कुछ नाटककारों की रचनाएँ आज भी पढ़ी जाती हैं और उनका मंचन भी खूब होता है। फिर मध्यकालीन यूरोप में, वहाँ की कई भाषाओं में नाटकों की रचना हुई है। परन्तु हमारे यहाँ के मध्ययुगीन नाटकों की आज भी अवहेलना की जाती है। फ्रांसीसी सम्राट प्रथम शार्ल के राजदरबार में कभी मॉलियेर ने अपने नाट्यदल के साथ नाटक का अभिनय किया है, तो कभी इंग्लैंड की रानी एलिज़ाबेथ के सामने नाटक का प्रदर्शन किया शेक्सपीयर के सम्प्रदाय ने। परन्तु समसामयिक (समकालीन) होने के बावजूद सम्राट जहाँगीर या शाहजहाँ के दरबार में कभी किसी नाट्यदल को आमंत्रित नहीं किया गया।

भारत के विभिन्न अंचलों में, इस परिस्थिति के बावजूद, जमींदारों ने नाटक-मंचन का कुछ सीमा तक समर्थन किया। इन स्थानीय जमींदारों के आश्रय में (विशेषकर बंगाल में) 'यात्रा', 'कविगान', 'तरजा' आदि (जो एक तरह से नाटक के ही विकल्प थे) की प्रस्तुति की जाने लगी। आम जनता में भी इनकी लोकप्रियता क्रमशः बढ़ने लगी। फिर धीरे-धीरे शहर-केन्द्रित समाज के बनने से ये मनोरंजन के साधन केवल गाँव तक सीमित रह गए। रवीन्द्रनाथ ठाकुर से लेकर बंगाल के विख्यात नाटककार शिशिर भादुड़ी तक का कहना है कि यह 'यात्रा' ही हमारे देशज नाटक का श्रेष्ठ रूप हो सकती थी। परन्तु 'यात्रा' ने धीरे-धीरे समय के प्रवाह में, अवहेलना का शिकार होते-होते, अपना कौलीन्य खो दिया।

इस तरह से कुछ दिन बीतने के पश्चात् अब यात्रा ही मंचस्थ-नाटकों का अनुकरण कर रही है।

तीन दिशाओं को घेरकर बनाया गया मंच पश्चिम के साहबों का अनुकरण है। तीन दिशाओं से घिरा हुआ मंच और पीछे स्थिर चित्रपट हमारी देशज पद्धति नहीं है। उन्नीसवीं सदी में कलकत्ते में अंग्रेजों ने नाटक का अभिनय आरम्भ किया था। इससे पहले पारसी थियेटर का चलन था। फिर अंग्रेजी नाटक-अभिनय की देखादेखी बांग्ला में भी नाटक मंचस्थ होने लगे। पहले शौकिया तौर पर ये अभिनय किए जाते थे, फिर पेशेवर थियेटर का आरम्भ हुआ।

उन्नीसवीं सदी के सातवें दशक से ही नाट्य-आन्दोलन का आरम्भ हो गया। सन् 1872 से बंगाल के इन रंगालयों में शत-शत नाटकों का मंचन हुआ है। इनमें से एक भी आज के सन्दर्भ में अभिनय-योग्य

नहीं है। इसका मुख्य कारण यह है कि इन नाटकों में प्रतिभा का स्पर्श उतना नहीं था जितनी कि सेट और प्रकाश की चमक थी। बांग्ला गद्य और काव्य की तब तक एक सशक्त परम्परा बन चुकी थी। परन्तु नाटक की इस दुर्बलता का कारण शायद नैरन्तर्य का अभाव था। साहित्य के पाठक देश भर में फैले हुए हैं। परन्तु मंचस्थ नाटकों को यह सुविधा प्राप्त नहीं है।

गत दो शताब्दियों में गिरीशचन्द्र एवं द्विजेन्द्रलाल राय ऐसे दो नाम हैं जिनके नाटक काफ़ी चर्चित रहे। इनके नाटकों के दर्शक भी काफ़ी थे। रवीन्द्रनाथ के परिवार में भी नाटक मंचन की परम्परा रही है परन्तु उसके दर्शक सीमित थे। 'ठाकुरबाड़ी' के नाटकों और साधारण थियेटर दोनों बिल्कुल दो अलग धाराएँ थीं। रवीन्द्रनाथ ने जिन नाटकों की रचना की थी, वे सभी बांग्ला साहित्य की निधि बन गए हैं। उनके एक-दो नाटक साधारण रंगालय में उन दिनों खेले गए थे, पर वे उतने लोकप्रिय नहीं हुए।

बांग्ला आधुनिक नाट्य जगत् में 'बहुरूपी' ने आकर एक नया उदाहरण सबके लिए स्थापित किया। रवीन्द्रनाथ के 'रक्तकरवी' (लाल कनेर) का सार्थक मंचन किया 'बहुरूपी' ने। इस दल के मंचन किए गए हर नाटक में अद्भुत प्रयोग किए गए और अत्यन्त निपुणता के साथ अन्य भारतीय भाषाओं तथा विदेशी भाषाओं के नाटक भी अब बड़ी कुशलता के साथ खेले जाने लगे। 'बहुरूपी' की सबसे बड़ी कामयाबी यह थी कि उसने दर्शकों की रुचि को बदल दिया और उनकी प्रेरणा से कई नए थियेटर या नाट्य-दलों की सृष्टि हुई।

अन्य भाषाओं से नाटक अनुवाद कर उनका मंचन करना ग़लत नहीं है, परन्तु अपनी भाषा में मौलिक नाटक क्यों नहीं लिखे जाएँगे? बंगाल में कुछ समय के लिए ग्रुप-थियेटर (पहले-पहल) केवल विदेशी नाटकों को लेकर ही व्यस्त रहते थे। पहले-पहल तो बांग्ला मंच पर बर्तोल्त ब्रेख्त का ही आधिपत्य था। ऐसा भी हुआ है कि तीन नाट्य-दल एक ही समय पर तीन-तीन ब्रेख्त के नाटक कर रहे थे।

परन्तु साठ के दशक से मौलिक नाटकों की रचना ने ज़ोर पकड़ा। बादल सरकार, मोहित चट्टोपाध्याय, मनोज मित्र आदि नाटककारों ने कुछ श्रेष्ठ नाटकों की केवल रचना ही नहीं की वरन् उनका सफल मंचन भी किया।

उसी धारा के नए संयोजन हैं—व्रात्य बसु। दूसरों की तुलना में तरुण नाटककार व्रात्य नाट्य-लेखन, प्रयोग-कौशल एवं अभिनय में अपनी छाप छोड़ चुके हैं। पेशे से प्राध्यापक व्रात्य ने अपनी प्रखर प्रतिभा से ड्रामाटिस्ट एवं प्लेराइट (Playwrite) के बीच के अन्तर को आसानी से मिटा दिया है। उनके नाटक मंचीय दृष्टि से अत्यन्त सफल एवं साहित्य गुणों से समृद्ध हैं। व्रात्य ने अब तक पच्चीस से भी अधिक नाटकों की रचना की है जो विषय-वैचित्र्य में काफ़ी स्वतंत्र (अलग) हैं। उनके कई नाटकों को लेकर (विशेषकर 'विंकल-टुइंकल') वाद-विवाद भी काफ़ी हुए हैं।

वर्षों बाद व्रात्य बसु नामक एक ऐसे नाटककार को हमने पाया है, जिनके नाटक एक ओर मंच-सफल हैं, दूसरी ओर साहित्य रस की दृष्टि से साहित्य के इतिहास में स्थान पाने योग्य हैं।

—सुनील गंगोपाध्याय

अपनी बात

मेरे पिताजी श्री विष्णु बसु, जो पेशे से साहित्य के अध्यापक थे, ने बचपन में ही मेरे मस्तिष्क में यह बात डाल दी थी कि नाटक-शिल्प के विचार से–अवश्य ही साहित्य है। परन्तु वे यह भी कहते थे कि हमारे देश में जहाँ शिल्प या कला जैसे विषय को कोई निर्दिष्ट आकार ही नहीं मिल पाया है, वहाँ नाटक के लिए यह मान्यता पाना वास्तव में बहुत कठिन था। मेरे पिताजी ने मुझे जीवन के बारे में कई बातें सिखाई थीं या यह कहना उचित होगा कि मेरे जीवन को सटीक दिशा देने का प्रयास किया था। परन्तु मैं उनकी सारी बातें सीखने में समर्थ रहा, ऐसा दावा मैं कर नहीं सकता। मुझे अब भी याद है–मझले कद के, साँवले रंग के मेरे पिताजी ऐनक लगाकर, बिस्तर पर लेटे-लेटे लगातार किताबें पढ़ते जा रहे हैं, पास ही ऐश-ट्रे में राख का ढेर! ऊपर सिलिंग फैन घूम रहा है। हमारे मुहल्ले के सभी लोग पिताजी को ज्ञानी तथा पंडित (विद्वान) कहते थे और उनके पांडित्य का विस्तार केवल साहित्य तक ही सीमित नहीं था। ऐसा शायद ही कोई विषय था जिस पर मेरे पिताजी बोल नहीं सकते थे। मेरे पिताजी का व्यक्तित्व थोड़ा सिनिक और थोड़ा अम्ल-मधुर रसबोध से निर्मित था। उन दिनों बहुत सी बातें वे करते थे जिनके अर्थ मुझे आज इस उम्र में समझ आ रहे हैं, जैसे–वे कहते थे कि पहले के लेखक अपने काम के प्रति 'प्रतिबद्ध' थे और आज के लेखक 'कमाऊबद्ध'! फिर खुद मन-ही-मन मुस्कराते रहते। अपने अन्तिम दिनों में मुहल्ले में वे प्राय: किसी से नहीं मिलते थे। कारण पूछने पर कहते, उनके परिचित पचास प्रतिशत लोग उन्हें पसन्द नहीं करते हैं और बाकी के पचास प्रतिशत लोगों को वे स्वयं पसन्द नहीं करते; तो ले-देकर हाथ में रहा शून्य! इस तरह की कई छोटी-छोटी घटनाएँ मैं आपको

बता सकता हूँ। परन्तु वह बात जो उन्होंने नाटक के बारे में कही थी कि हमारे देश में (साहित्य की अन्य विधाओं की तुलना में) नाटक को कम ही महत्ता दी गई है, मैं इस बात को आज बहुत अच्छी तरह से अनुभव कर पाता हूँ। विशेषत: हमारे राज्य में जहाँ स्वतंत्रता-प्राप्ति के करीब सत्तर वर्ष बाद भी इस पीढ़ी के अधिकतर नाट्य-निर्देशक नाटक लिखना या नाट्य-रूपान्तरण करना तो दूर की बात है, एक पन्ना लेख अपनी मातृभाषा में सही वर्तनी के साथ नहीं लिख पाते हैं, वहाँ नाटककारों की हालत तो खराब होगी ही। क्योंकि ये सभी उत्तर-औपनिवेशिक अल्पशिक्षित निर्देशक राजनीति या नारेबाजी करना या फिर कम उम्र में ही दो वक़्त की रोटी के लिए टी.वी. सीरियल करना अथवा किसी बड़े नाट्य-निर्देशक का चेला बन जाने के कारण परवर्ती काल में एक-एक (अपना-अपना) नाट्य दल (मैं जिसे 'कम्पनी' कहता हूँ) बना लेते हैं। समाज में 'विशिष्ट' बनकर कई विषयों यानी मुद्दों पर अपनी राय देते हैं और परम्परा के बारे में कुछ न समझते हुए भी, 'निर्देशक', 'नाटककार', 'अभिनेता' आदि पदबन्धों का प्रयोग करते हैं। इनमें से अधिकतर वास्तव में मझले स्तर के अभिनेता हैं, जो कई प्रकार से चन्दा इकट्ठा कर कम पैसे में थियेटर (नाटक) करते हैं, और स्वयं को निर्देशक के रूप में समाज में प्रतिष्ठित होते देखना और दिखाना पसन्द करते हैं। इनके लिए नाटककार कौन है, क्या है और साहित्य वास्तव में है क्या—इन सबके वास्तविक अर्थ को समझने के लिए कम-से-कम पाँच-छह बार चिता में उठना पड़ेगा। इस पीढ़ी के बांग्ला थियेटर को जैसे सच में ही कुछ अच्छे नाट्य-निर्देशक मिले हैं, वैसे ही इन जैसे अल्पज्ञानी भी कम नहीं मिले, बल्कि कई गुणा अधिक मिले हैं।

मैं तीनों काम करता हूँ—लिखता हूँ, अभिनय करता हूँ और नाट्य-निर्देशन भी—मेरे कॉलेज और विश्वविद्यालय में बिताए विद्यार्थी-जीवन से ही। मुझे बहुत जोरों से हँसी आती है जब देखता हूँ कि मेरे अधिकतर समकालीन निर्देशक मुझे बेहतरीन नाटककार कहते हैं, नाटककार मुझे जबर्दस्त अभिनेता कहते हैं और अभिनेता मुझे बहुत अच्छे निर्देशक कहते हैं। इसीलिए मुझे हँसी भी आती है कि मैं ये तीनों काम करता हूँ, परन्तु अपने आप से यह भी कहता हूँ कि मैं उतना आत्मविश्वासी नहीं हूँ और दूसरा

कारण यह है कि मैं इन तीनों को लेकर ही सम्पूर्ण होता हूँ–अपनी सफलता और व्यर्थता के साथ! तीनों काम सृजन की गहराई में जाकर एकाकार हो जाते हैं! अच्छा-बुरा, उजाला-अन्धकार, कर पाना–न कर पाना, सफलता-असफलता, धूप-छाँव के साथ! मैं इन तीनों कामों को करना चाहता हूँ, बहुत प्रेम के साथ, उनसे प्रत्याख्यान या अपमान अथवा अवहेलना मिले तो भी उन्हें अपने हृदय से लगाए रखना चाहता हूँ, जितने दिन हो सके। हँसी आती है, जब कोई मेरे नाटक को 'प्रतिवाद का स्वर' कहकर चिह्नित करता है, क्योंकि मैं तो जानता हूँ कि वे नाटक प्रतिवाद नहीं हैं, बल्कि एक भयभीत कंठ से निकली चीख है–जिन्हें प्रतिवाद समझकर मैं भी औरों की तरह आश्वस्त होना चाहता हूँ। हँसी आती है, जब कोई मेरे नाटक को 'उत्तर-आधुनिक' जैसे पदबन्ध से भूषित करना चाहता है, क्योंकि मैं तो जानता हूँ कि मैं मेरे 'भारतवर्षीय समय' की ही तरह आधुनिकता पर ही चर्चा नहीं कर पाया ठीक से! हँसी आती है, जब कोई-कोई मेरी रचनाओं में 'काव्य-प्रतिभा' ढूँढ़ लेता है, क्योंकि मैं तो जानता हूँ कि विशुद्ध काव्य समझना भी मेरे बोध के बाहर है। इसलिए अन्ततः मैं अपने नाटकों को एक तरह से आत्म-कथन ही कहना चाहूँगा–मेरे अपने आप से, आप सभी से और आस-पास से। ऐसा आत्म-कथन जिसे औरों की ही तरह मैं भी नाटक कहना ही पसन्द करता हूँ। कभी-कभी साहित्य भी। कभी सोचने बैठता हूँ, कभी सोच नहीं पाता हूँ। ये संशय, सन्देह, घृणा, प्रेम आधी रात को मुझे बुलावा देते हैं। मुझे सोचने पर बाध्य करते हैं, मुझे रुलाते हैं, कभी-कभी क्रोध करने पर भी बाध्य करते हैं। कभी मुझे प्रेमी बनाते हैं, विनयावत बनाते हैं, तो कभी निष्ठुर, क्रोधी! सब मिलाकर जब खुद ही अपने प्रश्नों के सामने असहाय हो जाता हूँ तो उठ बैठता हूँ, और परिस्थितियों को सहनीय बनाने के लिए लिखने बैठता हूँ। मैं लिखता ही जाता हूँ। फिर भी किसी आलसी दोपहर या निर्जन आधी रात को मुझे याद आ जाता है मेरे स्वर्गीय पिताजी का चश्मा पहने वह सिनिकल हास्योन्मुख चेहरा, जो चेहरा मुझसे कह उठता है कि आज भी हमारे देश में, 'कला-समीक्षा' में नाटक या नाटककार को सम्पूर्ण मर्यादा प्राप्त नहीं हुई है, पता नहीं कभी प्राप्त होगी भी या नहीं! अपने पिता के वाक्यों को कई बार लोग प्रतिद्वन्द्वी के रूप

में देखना पसन्द करते हैं। जैसे मैं अब तक कोशिश किए जा रहा हूँ कि इस धारणा को बदल सकूँ। और उस बदले हुए सच को बाँध सकूँ अपने इन अशक्त दुर्बल पाँच उँगलियों की मुट्ठी में।

प्रख्यात हिन्दी पब्लिशिंग हाउस–राजकमल प्रकाशन–ने मेरे नाटकों को प्रकाशित कर उन्हें पाठकों के समक्ष लाने का निर्णय लिया है। 'थियेटर' या 'नाटक' में निर्देशन और अभिनय के क्षेत्र में एक असुविधा यह है कि इनका संरक्षण नहीं किया जा सकता परन्तु नाटक छापे जा सकते हैं। मैं इस निर्णय के लिए राजकमल प्रकाशन एवं उसके प्रबन्ध निदेशक अशोक महेश्वरी जी के प्रति हृदय से आभार व्यक्त करता हूँ। साथ ही धन्यवाद देता हूँ श्री उत्तम बनर्जी को, जो राजकमल प्रकाशन की ओर से नियमित रूप से मेरे सम्पर्क में रहे। आभारी हूँ डॉ. सोमा बंद्योपाध्याय जी का जिन्होंने यत्नपूर्वक मेरे नाटकों का अनुवाद किया है। धन्यवाद देना चाहता हूँ 'आनन्द पब्लिशर्स' के श्री सुबीर मित्रजी को भी, जिन्होंने अपनी संस्था से प्रकाशित मेरे बांग्ला नाट्य-समग्र का हिन्दी में अनुवाद करने की अनुमति दी है। ये नाटक यदि पाठकों को अच्छे लगे तो समझूँगा, सबका सम्मिलित यह प्रयास सार्थक है। थियेटर (नाट्यकला) की जय हो!

–व्रात्य बसु

कोलकत्ता
दिसम्बर, 2013

अनुवादक की ओर से

'विविधता में एकता' का सन्देश देनेवाले कवीन्द्र रवीन्द्र के इस भारतवर्ष में अन्त:प्रादेशिक साहित्य के आदान-प्रदान का इतिहास अत्यन्त कुतूहल जगानेवाला है–विशेषकर हिन्दी एवं बांग्ला साहित्य का। इन दोनों भाषाओं के साहित्य के बीच पारस्परिक आदान-प्रदान का इतिहास बहुत प्राचीन है। इन दोनों भाषाओं के सम्बन्ध-सूत्र के बारे में बात करते हुए कह सकते हैं कि जिस प्रकार आधुनिक हिन्दी साहित्य (विशेषकर भारतेन्दु-कालीन साहित्य) बांग्ला साहित्य से प्रभावित था, उसी प्रकार बांग्ला साहित्य में भी हिन्दी की मर्यादा सर्वजन-स्वीकृत है। भारतवर्ष में तुर्कों के आक्रमण से पूर्व ही अर्थात् दसवीं सदी से ही बंगाल में हिन्दी का प्राचीन रूप सौरसेनी अपभ्रंश के कौलीन्य को स्वीकार कर बांग्ला के साथ-साथ पश्चिमी अपभ्रंश भाषा में भी काव्य की रचना हुई (हिस्ट्री ऑफ बेंगाल : पहला खंड, पृ. 382)। ठीक उसी प्रकार बंगाल के 'ब्रजबुली' साहित्य में भी हिन्दी-प्रीति के चिह्न मिलते हैं। इस प्रकार इन दोनों भाषाओं के साहित्य में बहुत पहले से ही एक भावात्मक एकता परिलक्षित होती है।

हिन्दी साहित्य में आधुनिकता के अग्रदूत कहे जानेवाले भारतेन्दु हरिश्चन्द्र के समय से ही हम देखते हैं कि बांग्ला गद्य की विभिन्न विधाओं–उपन्यास, कहानी, नाटक आदि का हिन्दी में अनुवाद आरम्भ हो गया था। यहाँ तक कि 'उपन्यास' शब्द भी हिन्दी में बांग्ला से ही आया था। परवर्ती काल में, हिन्दी काव्य के कई आन्दोलनों को बांग्ला ने अनुप्रेरित किया था। छायावादी कवि निराला, रवीन्द्र-काव्य से विशेष रूप से प्रभावित थे। इसी प्रकार 'नाटक' के बारे में भी यही बात कही जा सकती

है। भारतेन्दु ने अपने 'नाट्यकला' ग्रन्थ में उल्लेख किया है– "आशा है कि...अपनी सम्पत्तिशालिनी ज्ञानवृद्धा बड़ी बहन बंगभाषा के अक्षय रत्न भंडार की सहायता से हिन्दी भाषा बड़ी उन्नति करेगी।" इस प्रकार हिन्दी साहित्य जगत् के गुणीजनों ने विभिन्न समय पर विभिन्न प्रकार के बांग्ला साहित्य के प्रति अपनी श्रद्धा व्यक्त की। उसी प्रकार बांग्ला भी अपने पड़ोसी साहित्य अर्थात् हिन्दी भाषा एवं साहित्य के प्रति श्रद्धा रखती है। वर्षों पहले कविगुरु रवीन्द्रनाथ 'सुन्दरदास' ग्रन्थावली की भूमिका में लिखकर गए थे–'आपन साहित्यिक मूल्येर जोरेई हिन्दी आन्तरिक श्रद्धार दाबी करते पारे।' (अर्थात्, 'अपने साहित्यिक मूल्यों के बल पर हिन्दी आन्तरिक श्रद्धा का दावा कर सकती है।') आधुनिक हिन्दी साहित्य आज काव्य, उपन्यास, नाटक, निबन्ध, आलोचना आदि हर विधा में अत्यधिक समृद्ध है। वर्तमान में दोनों भाषाओं में प्रचुर मात्रा में अनुवाद हो रहे हैं।

यह आदान-प्रदान भारतेन्दु के समय से आरम्भ हुआ था। भारतेन्दु ने उपन्यासों के साथ-साथ बांग्ला एवं संस्कृत नाटकों के अनुवाद को भी प्रोत्साहित किया। मौलिक नाटकों की रचना के साथ-साथ उन्होंने स्वयं बांग्ला से (संस्कृत नाटक 'चौरपंचाशिका' का बांग्ला संस्करण 'विद्यासुन्दर' से) हिन्दी में 'विद्यासुन्दर' नाम से ही अनुवाद किया। बांग्ला से हिन्दी में नाटकों के अनुवाद की एक दीर्घ परम्परा रही है। बांग्ला से सर्वाधिक अनुवाद हुआ है माइकल मधुसूदन दत्त के नाटकों का। रामकृष्ण वर्मा ने माइकल के 'कृष्ण मुरारी', राजकिशोर दे के 'पद्मावती', द्वारिकानाथ गंगोपाध्याय के 'वीर नारी' (तीन नाटक) का सार्थक अनुवाद किया। मधुसूदन दत्त के 'शर्मिष्ठा' नाटक का सफल अनुवाद रामचरण शुक्ल ने किया। उदित नारायण लाल ने मनोमोहन बसु के 'सत्ती' और ज्योतिरिन्द्रनाथ ठाकुर के 'अश्रुमती' का अनुवाद प्रस्तुत किया। सन् 1893 में बाबू गोपाल राय ने क्षीरोद प्रसाद विद्याविनोद के 'बनवीर' और 'बभ्रुवाहन' तथा हरिमोहन भट्टाचार्य के नाटक 'देश-दशा' का एवं रवीन्द्रनाथ के 'चित्रांगदा' का सफल अनुवाद किया। रूपनारायण पांडे ने उन्नीसवीं सदी के अन्तिम वर्षों में बंगाल के नाट्य-सम्राट गिरिशचन्द्र घोष द्वारा रचित 'पतिव्रता', द्विजेन्द्रलाल राय

द्वारा रचित 'मेवाड़-पतन', 'दुर्गादास', 'शाहजहाँ' और रवीन्द्रनाथ ठाकुर के 'अचलायतन' का अत्यन्त उत्कृष्ट अनुवाद किया। दीनबन्धु मित्र के 'नीलदर्पण' का अनुवाद भी अत्यन्त लोकप्रिय रहा।

स्वातंत्र्योत्तर युग में भी यह कार्य चलता रहा। विभिन्न विधाओं की रचनाओं का हिन्दी में अनुवाद होता रहा। परन्तु उपन्यास और कहानियों की तुलना में नाटक का अनुवाद कम ही हुआ। उल्लेख योग्य अनुवाद बादल सरकार के नाटकों का रहा। उनका 'एवम् इन्द्रजित' हिन्दी पाठकों में काफ़ी लोकप्रिय रहा। परन्तु उनके अतिरिक्त इधर नाटकों का अनुवाद प्राय: हुआ ही नहीं। नाटकों के अनुवाद की इस कड़ी को आगे बढ़ाने के प्रयास से तथा बांग्ला के वर्तमान नाट्य-जगत् से हिन्दी के पाठकों का परिचय कराने हेतु 'राजकमल प्रकाशन' ने व्रात्य बसु के नाटकों का अनुवाद प्रकाशित करने का निर्णय लिया है जो एक बहुत ही सराहनीय प्रयास है। व्रात्य बसु बांग्ला के प्रतिष्ठित नाटककार, नाट्य-निर्देशक तथा बांग्ला रंगमंच के सुविख्यात अभिनेता हैं। बादल सरकार, उत्पल दत्त, अजितेश बंद्योपाध्याय की शृंखला में 'व्रात्य बसु' आज के बांग्ला रंगमंच से जुड़ा एक अत्यन्त सफल नाम है। बांग्ला भाषा व साहित्य के विशिष्ट विद्वान व ख्यातिलब्ध आलोचक, अध्यापक विष्णु बसु के सुयोग्य पुत्र व्रात्य बसु ने बांग्ला नाटक को एक नई दिशा दी है। समाज, संस्कृति व परम्परा से जुड़े कई ज्वलन्त प्रश्नों को न केवल उन्होंने अपने नाटकों में उठाया है, बल्कि उनके समाधान भी ढूँढ़ने की कोशिश की है। इस प्रयास में जहाँ वे प्रशंसा के पात्र रहे हैं, वहीं आलोचना के केन्द्र में भी रहे। उनके नाट्य-दल 'व्रात्यजन' की अब कई शाखाएँ हैं, जो नाटकों के परीक्षण-निरीक्षण से जुड़ी रहती हैं। उनके द्वारा सम्पादित नाट्य-पत्रिका 'व्रात्यजन नाट्यपत्र' भी इस दिशा में महत्त्वपूर्ण काम कर रही है। अन्य भारतीय भाषाओं में लिखे नाटकों, विशेषकर हिन्दी एवं मराठी नाटकों, का अनुवाद इस पत्रिका में विशेष रूप से छापे जाते हैं। हिन्दी भाषा व साहित्य के प्रति अत्यधिक श्रद्धा रखनेवाले व्रात्य जी के नाटकों का संग्रह प्रकाशित कर 'राजकमल प्रकाशन' बांग्ला और हिन्दी के बीच के सम्बन्ध को और दृढ़ बनाएँगा, ऐसा मेरा मानना है।

मैं, श्री व्रात्य बसु जी का एवं राजकमल प्रकाशन के प्रबन्ध निदेशक श्री अशोक महेश्वरी जी के प्रति हृदय से आभार व्यक्त करती हूँ कि उन्होंने मुझे इन नाटकों के अनुवाद करने का दायित्व सौंपा। यदि ये नाटक हिन्दी के पाठकों में चर्चा का विषय बने व भविष्य में इनका मंचन हो, तो मैं अपना श्रम सार्थक समझूँगी।

–शुभम्!

–सोमा बंद्योपाध्याय

कोलकत्ता
दिसम्बर, 2013

अनुक्रम

विंकल-टुइंकल

पात्र

सव्यसाची : सुदर्शन युवा, तीखे नाक-नक्श, उम्र 29

इन्द्र : देखने में साधारण, उम्र 29

राजेन : अधेड़ उम्र, चेहरे पर दाढ़ी-मूँछें, थोड़े विक्षिप्त से दिखते हैं

सनत् : अधेड़, चेहरे पर चिकनापन है। खाते-पीते घर का दिखता है

स्तालिन : बिल्कुल स्तालिन के जैसे देखने में

पागल : अधेड़, सीधा-सादा।

सव्यसाची के पिता

विनयभूषण : अधेड़ उम्र, स्वतंत्रता सेनानी जैसा व्यक्तित्व

रंजन : वृद्ध

तन्मय : पुलिस सार्जेंट, उम्र 27-28 के करीब

अरिजीत : नेता, सुदर्शन, उम्र 50-55 के करीब

कैमरामैन : साधारण चेहरा-मोहरा

मानवेश : आँखों में चश्मा, मोटा, उम्र 34

कविरुल : लम्बा, दुबला-पतला, स्मार्ट, उम्र 37

किशोर सव्यसाची : 10-12 वर्ष का बालक

इन्द्राणी : सुन्दर युवती, उम्र 20-22 वर्ष

राजलक्ष्मी : अधेड़ उम्र की महिला, सुन्दर स्निग्ध चेहरा

श्रमणा : स्मार्ट, आकर्षक चेहरा, उम्र 40-42 के करीब

बीथी : चेहरे पर एक डर का साया, पतली-दुबली महिला, उम्र 60

विंकल–टुइंकल

पहला अभिनय : 17 जुलाई, 2002
संसृति, कोलकाता में।
अकादमी ऑफ फाइन आर्ट्स, सन्ध्या 6.30 बजे।

प्रथम अभिनय के अभिनेता

सव्यसाची : देवशंकर हाल्दार
इन्द्र : रजताभ दत्त
राजेन : श्यामल चक्रवर्ती
सनत् : रंजित चक्रवर्ती
स्तालिन : असित बसु
पागल : आशिष दास
बाबा : रतन लाहिड़ी
रंजन : प्रदीप भट्टाचार्य
तन्मय : पार्थ दे
अरिजीत : जयन्त घोष
कैमरामैन : अभिनव सिन्हा
मानवेश : संजय मुखोपाध्याय
कविरुल : पुष्पेन्दु विश्वास
छोटा सव्यसाची : अमित गंगोपाध्याय
व्यक्ति : संजय प्रामाणिक
दूसरा व्यक्ति : पिनाकी बंद्योपाध्याय
इन्द्राणी : मैत्रेयी दास
श्रमणा : कौशिकी विश्वास
बीथी : कस्तूरी चट्टोपाध्याय
राजलक्ष्मी : माया घोष

पहला अंक

[परदा उठता है। अँधेरे में एक आदमी दौड़ता हुआ आता है। पीछे बूटों की आवाज़ सुनाई देती है। साफ़ पता चलता है कि कुछ लोग उस आदमी का पीछा कर रहे हैं। अचानक गोली चलने की आवाज़ आती है। वह आदमी कहीं ग़ायब हो जाता है। मंच पर केवल एक चद्दर पड़ी रहती है। फिर अँधेरा। अँधेरे में ही रेडियो में इमर्जेंसी की घोषणा की जाती है। फिर कुछ देर निस्तब्धता। फिर रेडियो पर नॉब घुमाकर स्टेशन बदलने की आवाज़ सुनाई देती है। फिर समाचार सुनाई देता है—सन् 1977 के विधानसभा के चुनाव के परिणाम की घोषणा की जाती है। तीन नेताओं, यथा—बुद्धदेव भट्टाचार्य, सुभाष चक्रवर्ती एवं कान्ति विश्वास के जीतने का समाचार, फिर कुछ पल के लिए शान्ति और फिर कुछ आवाज़ें, टेलीविज़न के नॉब घुमाकर चैनल बदलने की। जैसे कोई चैनल सर्फ कर रहा हो! फिर सन् 2001 में उन्हीं तीन नेताओं के फिर से एक बार जीतने का समाचार। अब मंच पर प्रकाश। कलकत्ते के एक पार्क का दृश्य। भोर की बेला। पार्क में एक बेंच पर एक स्वास्थ्यान्वेषी वृद्ध (रंजन) तथा एक पुलिस-कॉन्स्टेबल (तन्मय) बैठे हुए हैं। थोड़ी दूर पर एक पेड़ के नीचे एक आदमी चद्दर ओढ़कर सो रहा है। रंजन और तन्मय जलेबी खा रहे हैं।]

रंजन : कल न्यूज़ में देखा, गोयंका उद्योगपति का कहना है कि पश्चिम-बंग में अब निवेश की काफ़ी सम्भावनाएँ हैं। सरकार के सहयोग से नए उद्योगों का विकास भी अब जल्द ही होगा।

तन्मय : हाँ! सी.एम. तो विदेश होकर आए हैं। वहाँ भी बातचीत आगे बढ़ी है।

रंजन : तुम लोगों की यूनियन का क्या कहना है?

तन्मय : यूनियन भला क्या कहेगी?

रंजन : हम लोग अपनी जवानी में एक मुद्दे पर काफ़ी बहस किया करते थे—गांधीजी के साथ बिड़लाओं के सम्बन्धों को लेकर। तुम सब तब कहाँ थे?

तन्मय : जो कहते थे, वे लोग ही अब कहाँ हैं? *(फिर हँसते हुए)* वैसे भी, इन सब बातों का मुझे ज्ञान कहाँ! दादा, लाइए एक और जलेबी दीजिए तो।

[रंजन जलेबी देता है।]

रंजन : सब कुछ कितनी जल्दी बदल रहा है। यह जो तुम जैसे पुलिसवाले के साथ बैठकर जलेबी खा रहा हूँ, तीस बरस पहले इस बात की कल्पना भी नहीं कर सकते थे हम। पुलिस देखते ही नौ-दो-ग्यारह!

तन्मय : मेरी-आपकी बात ही कुछ अलग है। इतने सालों से आपको मॉर्निंग-वॉक के लिए यहाँ चक्कर लगाते देखता हूँ। पर फिर भी आपसे परिचित न हो पाना एक अजीब सी बात है।

रंजन : यह जिस जगह हम बैठे हैं न—इन द ईयर सेवेंटी सिक्स, ऐसी ही एक सर्दी की सुबह, साढ़े पाँच बजे एक काली जीप यहीं पर आकर रुकी।

तन्मय : क्या कह रहे हैं! फिर?

रंजन : उन लोगों ने एक प्रिज़नर को धकेलते हुए नीचे उतारा।

तन्मय : आप उस वक़्त कहाँ थे?

रंजन : मैं उस जारुल-पेड़ के नीचे खड़ा था। सर पर मंकी-कैप, पॉकिट में भीगे चने की पोटली।

तन्मय : अच्छा! फिर?

रंजन : अरे, बिल्कुल एक जादुई दृश्य! उस आदमी को उन लोगों ने जीप से उतारा, दुबला-पतला, चेहरे पर हल्की दाढ़ी-मूँछ—वह गाड़ी से उतरते ही दौड़ने लगा। दौड़ना मतलब प्राणों की बाज़ी लगाकर दौड़ना। *(थोड़ा रुकते हैं)* उस दिन पहली बार मैंने गोली चलते हुए देखा।

तन्मय : मर गया न? बेचारा!

रंजन : अरे, नहीं, नहीं। वही तो बता रहा हूँ। इसके बाद क्या हुआ, सुनो तो!

तन्मय : क्या हुआ?

रंजन : उन लोगों ने उस आदमी का हैंडकफ खोल दिया, फिर उससे कुछ कहा। उसके तुरन्त बाद वह आदमी दौड़ने लगा। बड़ी तेज़ी से। *(रुककर)* उस दिन जिन्दगी में पहली बार मैंने किसी

को गोली चलाते हुए देखा। वह आदमी दौड़ रहा था, बन्दूक की नली भी चमक रही थी। कुछ पल के लिए! फिर वह बुलेट छिटककर निकला। और निकलते ही...

तन्मय : क्या हुआ?

रंजन : निकलते ही वह आदमी गुम हो गया।

तन्मय : क्या?

रंजन : जानता था, तुम विश्वास नहीं करोगे, आखिर हो तो तुम होरेशिओ के वंशज न! पर सच तो यही है। पुलिसवाले भी सब हक्के-बक्के रह गए थे। पुलिसवाले भी ऐसे बेवकूफ बन सकते हैं–नहीं देखता तो विश्वास ही नहीं कर पाता। और वह भी सत्तर के दशक के पुलिसवाले–तुम समझ सकते हो–आज के पुलिसवालों की तरह लॉलीपॉप वाला चेहरा नहीं, जबर्दस्त सिक्स-पैड वाला महाभारत के कीचक की तरह बॉडी। वे लोग मुँह बाये देख रहे थे। देखने लायक सीन था।

तन्मय : मतलब? हवा में गुम हो जाने का मतलब? भूत-प्रेत था क्या?

रंजन : हो भी सकता है। अरे, उन पुलिसवालों में से एक ने तो मुझे भी देख लिया था।

तन्मय : कुछ कहा नहीं?

रंजन : अरे कहेगा क्या? उससे पहले ही मैं ट्राम में चढ़कर हवा हो चुका था।

तन्मय : सच में कुछ किस्से इतने अजीब होते हैं! पर उस आदमी का क्या हुआ?

रंजन : मैं भी कभी-कभी उसके बारे में सोचता हूँ। बड़ा अद्‌भुत-दर्शन आदमी था वह–मझला कद, उम्र कुछ पैंतीस के आसपास, हल्की सी मूँछ-दाढ़ी और दोनों आँखें जैसे आग के गोले!

तन्मय : अरे, पता है, आज बड़े दिनों के बाद अरिजीत दा आए हैं।

रंजन : कौन?

तन्मय : अरिजीत दा।

रंजन : ओह! तुम लोगों का वह नेता?

तन्मय : चुप, चुप! वह इस ओर ही आ रहे हैं।

[रस्सा कूदते हुए राजनीतिक नेता अरिजीत मल्लिक का प्रवेश। चद्‌दर हटाकर पेड़ के नीचे सोनेवाला पागल सर उठाकर उन्हें देखता है फिर उनकी बातें सुनता है।]

अरिजीत : *(रस्सा कूदते-कूदते)* क्यों तन्मय, सब कुशल से तो हैं?

तन्मय : *(खड़े होकर)* जी दादा! आप कैसे हैं?

अरिजीत : बस, ठीक ही हैं। वैसे, कल क्या सोचकर तुम लोगों ने हमारे ऊपर लाठी चार्ज किया?

तन्मय : *(हँसकर)* नहीं दादा, मैं वहाँ नहीं था।

अरिजीत : कुछ भी हो। वे सब तो तुम्हारे ही लोग थे।

तन्मय : तब तो अवश्य ही ऊपर से ऑर्डर आया होगा। वैसे वहाँ से छूटे कब?

अरिजीत : एक घंटे के भीतर। रात को थोड़ा बुखार सा लग रहा था। सबेरे पार्क में घूमने चला आया।

तन्मय : कल वाले मुद्दे को लेकर क्या आप लोग आगे बढ़ना चाहेंगे?

अरिजीत : जरूर! उन लोगों ने रानाघाट में हमारे तीन बन्दों को भून डाला है। उनमें से एक अजीत दा के ग्रुप का लड़का था। मेरे ग्रुप में फिर से शामिल होने वाला था। देखता हूँ! आज शाम को इफ्तिख़ार साहब के घर दावत है। उन्हें भी सब कुछ बताऊँगा।

तन्मय : क्या कह रहे हैं दादा, इफ्तिख़ार साहब तो आप लोगों के अपोज़िशन में हैं।

अरिजीत : *(कूदना छोड़)* बड़े लम्बे समय से वे हमारे फैमिली-फ्रेंड हैं। पॉलिटिक्स में हैं, इसका मतलब परिवार-मित्रता आदि का विसर्जन कर दूँ ऐसा तो नहीं हो सकता न!

रंजन : आपका मतलब है, पीसफुल को-एक्ज़िसटेंस?

अरिजीत : *(हँसकर)* आपका प्रेशर कैसा है रंजन बाबू?

रंजन : इधर काफ़ी दिनों से चेक नहीं करवाया। जलेबी खाएँगे?

अरिजीत : नहीं भई, मुझे शुगर की समस्या है। आप अपना प्रेशर रोज़ चेक करवाइए। नहीं तो कब फटाक् से चेकमेट हो जाएँगे, क्या पता! अपनी उम्र की तो सोचिए।

[जाने लगता है, पीछे-पीछे तन्मय]

तन्मय : दादा, मेरे प्रोमोशन के बारे में यदि आप इफ्तिख़ार साहब से एक बार कह देते। बहुत दिनों से रुका हुआ है।

अरिजीत : अरे भई, घबड़ाते क्यों हो? इफ्तिख़ार को बोलकर कोई फ़ायदा नहीं होगा। जो कहना है, मैं सही जगह पर ही कहूँगा।

[फिर रस्सा कूदते हुए आगे बढ़ जाता है। पीछे-पीछे तन्मय]

रंजन : *(लम्बी साँस लेते हुए, पास पड़ा अखबार उठा लेता है। ज़ोर-ज़ोर से पढ़ने लगता है :)* 'सचिन की बैटिंग हमें इसी मेलबोर्न में और एक मराठा-भूमिपुत्र सन्दीप पाटिल के अस्सी-इक्यासी के सीरीज़ में की गई अन्धाधुन्ध बल्लेबाज़ी की याद दिला रही थी। जिस तरह से पाटिल ने हग-लिली-पासको को पीटा था, आज भी मेलबोर्न के कॉफ़ीशॉप में स्टुअर्ड लोग उसे लेकर बातें करते हैं। ठीक उसी तरह आज फिर से एक बार सचिन ने कंगारू की पूँछ मरोड़ दी। चाय के ब्रेक के बाद मैकग्रा के तेज़ी से आनेवाले बाउंसर को जिस आसानी से हुक करते हुए मैदान के बाहर फेंक दिया, उसे देखकर एक आस्ट्रेलियन सुन्दरी तो बल खाकर गिरने ही वाली थी, अगर उसके पियक्कड़ बायफ्रेंड ने उसे पकड़ न लिया होता। उस सुन्दरी के श्रीमुख से निकलनेवाला यह वाक्य सम्भवत: आज की इनिंग्स में सचिन के खेल के बारे में कही गई सबसे उत्तेजक उक्ति है–'सचिन मँ आँमुर–सचिन माई लव।'

[रंजन जब यह प्रतिवेदन पढ़ रहे थे तभी पेड़ के नीचे सोए हुए पागल आदमी की जगह से एक व्यक्ति उठकर खड़ा होता है और कहता है :]

व्यक्ति : यह सचिन कौन है? *(रंजन उसकी ओर देखता है। देखते ही अवाक् रह जाता है)* मैं तो एक ही सचिन को जानता हूँ, पर वे तो क्रिकेट नहीं खेलते थे, गाना गाते थे। गीतकार थे–सचिन देव वर्मन। अभी कुछ ही दिन पहले तो उनका देहान्त हुआ है।

रंजन : *(बहुत हैरान होकर)* आप...आप...आपका नाम क्या है?

व्यक्ति : मेरा नाम सव्यसाची है। परन्तु क्यों?

रंजन : कहीं आप वही सव्यसाची* तो नहीं हैं?

व्यक्ति : जी नहीं, मैं अर्जुन नहीं हूँ।

रंजन : नहीं-नहीं, मेरा मतलब यह नहीं था। मेरा कहना था कि कहीं आप वही सव्यसाची तो नहीं, जो तीस वर्ष पहले इसी पार्क में...

सव्यसाची : तीस वर्ष पहले का क्या मतलब है? आज भोर के समय, यही कोई आधा घंटा पहले पुलिस मुझे चेज़ कर रही थी। मेरे कान के बिल्कुल पास से गोली निकल गई। फिर मैं इसी बेंच के नीचे छिप गया था। हाँ-हाँ, यहीं, इसी बेंच के नीचे। फिर मुझे

* महाभारत के अर्जुन का एक और नाम सव्यसाची था।

बड़ी गहरी नींद आ गई। मैं सो गया। ग़ज़ब की नींद थी वह। फिर अभी-अभी नींद खुली मेरी। पर आप कौन हैं? पुलिस का खबरी?

रंजन : जी? नहीं-नहीं।

सव्यसाची : पुलिस के आदमी नहीं हैं आप?

रंजन : नहीं, बिल्कुल भी नहीं! पर आप? अद्‌भुत! चेहरा बिल्कुल पहले जैसा ही है। उम्र भी वहीं थम सी गई है।

सव्यसाची : आधे-एक घंटे में किसी की उम्र क्या बढ़ेगी?...खैर, अब मुझे घर जाना होगा। पुलिस यदि मुझे पकड़ना चाहे तो घर से ही ले जाए। मैं चाहूँ या न चाहूँ, दौड़ना तो मुझे पड़ेगा ही। है कि नहीं? आप लोगों को शायद इससे कोई फर्क नहीं पड़ता। पर याद रखिए, आप लोगों के लिए ही हमें दौड़ना पड़ता है। पहले भी ऐसा हुआ है, भविष्य में भी ऐसा होगा।—अच्छा? आप तो उस जारुल पेड़ के नीचे खड़े थे—मैंने आपको देखा था। पुलिसवाले शायद आपको नहीं देख पाए थे।

रंजन : आप रहते कहाँ हैं?

सव्यसाची : यादवपुर। अच्छा, वहाँ जो अजीब-सी गाड़ी खड़ी है, वह कौन सी गाड़ी है?

रंजन : उसका नाम मारुति है।

सव्यसाची : यह गाड़ी कब बनी? जब मैं जेल में था, उस वक्त? खैर, यह सब जानकर मैं भला क्या करूँगा! अब घर चलूँ।

रंजन : जी। आप मेट्रो से क्यों नहीं जाते?

सव्यसाची : यह कैसा मज़ाक है! अभी मेट्रो सिनेमा में सिनेमा देखने का समय है भला? अच्छा, निकलता हूँ! *(जाते-जाते आस-पास देखकर)* यहाँ कहीं पुलिस का आदमी तो नहीं छिपा हुआ है?

रंजन : जी, नहीं शायद। तन्मय था यहाँ, पर वह तो थोड़ी देर पहले ही चला गया है।

सव्यसाची : क्यों ऐसा लग रहा है मुझे? *(कुछ सोचते हुए)* नींद से पहले और नींद से जागने के बाद आदमी इतना बदल जाता है क्या? यह पार्क भी तो पूरा का पूरा बदला हुआ है। नींद से जागते ही सब कुछ कितना बदल गया! अच्छा, *(रंजन से)* अच्छा, बताइए तो, यह बदलाव भीतर से होता है या बाहर से? और हमारे आसपास, वहाँ क्या होता है?

रंजन : *(सर हिलाकर)* देखिए–मैं नहीं कह सकता।

सव्यसाची : सही कहा है आपने। कहना मुश्किल है। जो कुछ बदल जाता है, मनुष्य उसका कितना हिस्सा समझ पाता है? वैसे, मनुष्य इसे लेकर बिना कारण सर क्यों खपाएगा और हम भी क्यों इसे लेकर बेकार की बातें कर समय नष्ट करें? *(रुककर)* राजलक्ष्मी ठीक ही कहती है। आजकल फिजूल बातें करना मेरी बुरी आदत बन चुकी है। ठीक है, चलता हूँ–कुशल से रहिएगा। अपना ध्यान रखिएगा और हो सके तो औरों का भी ध्यान रखिएगा।

[सव्यसाची धीरे-धीरे चले जाते हैं। रंजन थोड़ी देर हैरत से उनका जाना देखते हैं।]

रंजन : घर जाकर इस घटना के बारे में ज़िक्र करूँगा तो लोग कहेंगे कि सबेरे-सबेरे कहीं जाकर दारू पीकर आया हूँ।

दूसरा अंक

[राजलक्ष्मी का घर। मध्यवर्गीय परिवार का ड्राइंगरूम। राजलक्ष्मी की बेटी इन्द्राणी, उम्र छब्बीस, वह कॉर्डलेस .फ़ोन पर बात कर रही है। वह देखने में सुन्दर है।]

इन्द्राणी : वैसे तुझे इगनू का कोर्स कर लेना चाहिए, फॉर बेटर एडवांसमेंट ऑफ कैरियर!... देख बेसिकली मैनेजमेंट ही अगर पढ़ना हो तो यू शुड ट्राइ फॉर जोका। अदरवाइज़ फालतू जगह से पढ़कर कोई फायदा नहीं। अच्छा, तू एक सेकिंड होल्ड कर– *(चिल्लाकर)* माँ, खाना परोस दो, मुझे देर हो रही है। *(अन्दर से राजलक्ष्मी की आवाज़ आती है–दे रही हूँ, बस और पाँच मिनट)* ओके–हाँ, तो मैं कह रही थी कि कल वही वेबसाइट सर्फ कर रही थी, पर सब अश्लील चीज़ें भरी हुई हैं। वैसे कल भी साइबर कैफे जाऊँगी, बट ओनली फॉर चैटिंग।...क्या, नहीं-नहीं, वेंगाबायज़ का कैसेट मैंने नहीं खरीदा। मेरे पास आलरेडी है...। वैसे क्या तूने हरिहरण का जो नया कलेक्शन, आया है, सुना है? *(इन्द्र बाहर से आता है। इन्द्राणी का बड़ा*

भाई है वह, उम्र तीस, साधारण नैन-नक्श!) क्या, किसने सुनाया।...संजय ने? कौन संजय?...अपने क्लास का? कौन सा लड़का, बोल तो?...वो, अच्छा, बट ही इज़ एक्सट्रीमली इन्ट्रोवर्ट।

इन्द्र : अच्छा, तो इन्ट्रोवर्ट लड़कों को गाना सुनने का अधिकार नहीं है?

इन्द्राणी : *(.फ़ोन पर)* ठीक है, तू परसों के शो का टिकट खरीद ले।...मैंने तो सुना है, अच्छी बनी है। वैसे आमिर इज़ आमिर। इमली तो कहती है कि वह आमिर से मिलने के लिए हजारों मील पैदल चल सकती है–सच ही कहती है। पता है, इस फिल्म में उसने बिस्किट कलर का टी-शर्ट पहना है विथ टाइट जीन्स! हाय! एलीट सिनेमा हॉल में देखेंगे।

इन्द्र : *(चिढ़ाते हुए)* जी हाँ, एलीट क्लास के लोग हैं हम!

इन्द्राणी : *(.फ़ोन पर)* अरी शिल्पी, मैं अब रखती हूँ। यहाँ एक डिस्टर्बिंग एलिमेंट तब से मुझे डिस्टर्ब किए जा रहा है। ठीक है, कल तू पहले फॉर्म ले ले, फिर दोनों स्वभूमि चलेंगे। *(.फ़ोन रखकर भाई इन्द्र से)* दादा, मैंने तुम्हें कई बार कहा है, जब मैं किसी से बात करूँ तो तुम कमेंट मत किया करो।

इन्द्र : *(मज़ाक के मूड में)* मैंने भी तुझे कई बार कहा है कि तू अपनी सहेलियों के सामने मुझे डिस्टर्बिंग एलिमेंट कहकर मेरा अपमान मत किया कर।

इन्द्राणी : *(गुस्से से देखती है, फिर चिल्लाकर कहती है)* माँ, खाना परोसा कि नहीं?

[राजलक्ष्मी की आवाज़ सुनाई पड़ती है–'परोस रही हूँ।']

इन्द्र : खा-पीकर रानी युद्ध में चली *(इन्द्राणी चहलकदमी करती है, कभी-कभी गुस्से से बड़े भाई की ओर देखती है)*–सब के सब मूँछ मूँड़े सफेद तोते की तरह–बॉयफ्रेंड शाम को गिटार बजाते हैं!

इन्द्राणी : माँ, परोसा है?

इन्द्र : उनके नाम भी कैसे अजीब हैं–टॉनी, टीटो, कृष! असली नाम शायद श्यामसुन्दर, जगन्नाथ या कृष्णगोपाल होंगे! क्या स्टाइलिश नाम हैं!

इन्द्राणी : आज तुम्हें पॉलिक्लिनिक नहीं जाना क्या? नहीं जाना है तो जाओ न अपनी दीदी के चेले-चामुंडों के पास।

इन्द्र : *(चिढ़ाते हुए)* नहीं जाऊँगा।

इन्द्राणी : तुम्हारे संगी-साथी क्या हैं—असभ्य, राउडी! ढंग से बात तक नहीं कर सकते—मैनरलेस! सब के सब जंगली कहीं के! वो चले हैं पॉलिटिक्स करने, देश का उद्धार करने! तब तो हो चुका—हुँह!

इन्द्र : देख इन्द्राणी! तू मुझे कुछ भी कह ले, पर मेरी पार्टी के बारे में कुछ भी बुरा मत कहना।

इन्द्राणी : सौ बार कहूँगी। सब के सब चोर, गुंडे-बदमाशों का अखाड़ा है। ऐसी जगहों से ही इतनी गन्दी भाषा सीखकर आते हो।

इन्द्र : अरी जा-जा! मेरी पार्टी के लड़के चाहे कुछ भी हों, तुम लोगों की तरह खोखले नहीं हैं। तुम लोगों के पास है क्या? न कोई आइडियोलॉजी, न कोई फिलोसॉफी और न डेप्थ! सिर्फ सिनेमा, टी.वी. और रेस्तराँ की बातें करना।

इन्द्राणी : हाँ, अपने ही पत्रकारों की गाड़ी के ऊपर बम से हमला करवाने की आइडियोलॉजी समझने की आवश्यकता हमें नहीं है।

इन्द्र : इन्द्राणी, अपनी सीमा में रह। अब अगर...

इन्द्राणी : हाँ, अब अगर नहीं, नेवर!

इन्द्र : फिर से!

इन्द्राणी : क्या करोगे—मारोगे? वैसे तुम लोग जिस टाइप के हो, अपनी बहन को भी पीट सकते हो।

[तभी राजलक्ष्मी हाथ में थाली लेकर प्रवेश करती है।]

राजलक्ष्मी : सबेरे-सबेरे ही तुम दोनों फिर शुरू हो गए! मुझे क्या थोड़ी भी शान्ति नहीं मिल सकती?

इन्द्राणी : देखो न माँ! भैया मुझे पीटने वाले थे।

राजलक्ष्मी : इन्द्र, फिर तुमने उस पर हाथ उठाया?

इन्द्र : ठीक किया।

राजलक्ष्मी : ओफ! तुम दोनों... अच्छा, इन्द्र! वह कितनी छोटी है तुमसे!

इन्द्र : होने दो छोटी। पर केवल इसीलिए मेरी पार्टी के बारे में ऊल-जलूल बकेगी?

राजलक्ष्मी : मेरी पार्टी! कहते हुए शर्म नहीं आती तुझे? तू किस परिवार से है, भूल गया? आज अगर तेरे पिताजी जीवित होते...*(आँखें भर आती हैं।)*

इन्द्र : बस-बस, बहुत हो चुका। वह भद्र व्यक्ति यदि जीवित होते, तो बहुत कुछ होता, ये बातें सुन-सुनकर मेरे कान पक गए हैं। जीवित होते तो शायद स्वयं गोर्वाचोभ आकर इस यादवपुर के नस्कर पाड़ा में एक मीटिंग बुलाकर निर्णय लेते कि सोवियत संघ का टूटना तय है! ऐन इम्पार्टेंट मीटिंग एटेंडेड बाई मिखाइल गोर्वाचोभ एंड सव्यसाची सेन, क्यों?

राजलक्ष्मी : इन्द्र! अगर फिर तूने अपने पिता को लेकर इस तरह की टिप्पणी की, तो मैं घर छोड़कर चली जाऊँगी, कह देती हूँ। *(नीरवता)*

इन्द्र : ठीक है! अब खाना लगा दो।

राजलक्ष्मी : *(दबी आवाज़ में)* तुम लोगों ने वे दिन नहीं देखे। रात को तेरे पिताजी को खाना परोस रही थी कि पता चला, पुलिस ने मुहल्ले को चारों ओर से घेर लिया है। एक ओर पुलिस, दूसरी ओर कांग्रेसी गुंडों का दल! तेरे पिताजी एक निवाला भी तोड़ नहीं पाए थे।

इन्द्र : जी हाँ! *(व्यंग्य से)* उन्हीं गुंडों में से कई आज तुम्हारी पार्टी में शामिल हो गए हैं।

[इन्द्राणी टेबल पर खाना सर्व करती हैं। दोनों भाई-बहन खाने बैठते हैं। राजलक्ष्मी खड़ी रहती हैं।]

इन्द्राणी : माँ, आज ऑफिस नहीं जाओगी?

राजलक्ष्मी : नहीं, कल रात से तबीयत कुछ ठीक नहीं चल रही है। कैजुअल लीव कई बाकी हैं...इन्द्र, बता तो, क्यों तू इतना नाराज़ रहता है? किस पर तुझे इतना ग़ुस्सा आता है?

इन्द्र : नहीं, किसी से नाराज़ नहीं हूँ।

राजलक्ष्मी : तो फिर तू इस तरह...अच्छा, तुझे नौकरी नहीं मिली—यह क्या पार्टी का दोष है?

इन्द्र : *(व्यंग्य से)* नहीं-नहीं, ऐसा क्यों होगा भला? यूनियन सेक्रेटरी की साली के बेटे को ही तो नौकरी मिलनी चाहिए थी, क्यों? मुझसे कम से कम तीन गुना रिज़ल्ट ख़राब था उस पिल्ले का!

राजलक्ष्मी : तुम्हें एक नौकरी क्या नहीं मिली, इसके लिए पार्टी पूरी तरह से दोषी तो नहीं हो सकती?

इन्द्र : ये सब बातें मुझे समझाने की कोशिश मत करो माँ! राजनीति करने का अर्थ ही है कि कुछ मिलेगा। यह बात आज एक बच्चा भी जानता है! तुम्हारी पार्टी ने ही यह बात लोगों तक पहुँचाई है।

राजलक्ष्मी : पर हम तो पार्टी में थे ही समाज को कुछ देने के लिए।

इन्द्र : सो तो तुम्हारी तरह भोले कुछ लोग आज भी हैं, इसीलिए। पर यथार्थ तो यह है माँ कि आज जमाना बदल चुका है। यह समय है अपना उल्लू सीधा करने का। सब यही कर रहे हैं। जो नहीं कर पा रहे हैं, या तो अन्धकार के गर्त में डूबे जा रहे हैं या फिर फ्रस्ट्रेटेड होकर दूसरों को गाली-गलौज कर जी हल्का कर रहे हैं। *(भोजन समाप्त होता है। प्रकाश मद्धिम हो जाता है)* आइडियोलॉजी! यह आइडियोलॉजी दिखाकर और बड़ी-बड़ी बातें करके आज कुछ हासिल नहीं होनेवाला है, माँ। लोग काम देखते हैं। एक आदमी क्या सोचता है और क्या बोलता है, इससे अब लोग प्रभावित होने वाले नहीं हैं। वह आदमी कर क्या रहा है—वही महत्त्वपूर्ण है। *(इन्द्र हाथ धोने चला जाता है।)*

राजलक्ष्मी : तुम लोगों के विचारों से मैं कभी सहमत नहीं हो पाऊँगी।

इन्द्राणी : पर माँ, तुम यह तो मानोगी कि वह नौकरी भैया ही डिजर्व करते थे?

राजलक्ष्मी : पर सिर्फ इस एक कारण के लिए यानी एक आदमी का किया गया अन्याय...उसके मन में इतनी ग़लत धारणाएँ पैदा कर देगा?

इन्द्राणी : पर माँ, ऐसा ही तो होता है! ग़लतियों का उद्‍भव भला कब सही से हुआ? भूल से ही दोबारा और एक भूल का जन्म होता है। खैर, इतनी गम्भीर बातें कहते हुए भी अजीब महसूस कर रही हूँ।

राजलक्ष्मी : मैं कैसे भूल जाऊँ, बता? मैंने तेरे पिता को देखा है। कभी अगर उनके किसी कॉमरेड से ग़लती हो जाती या वह कॉमरेड आदर्श से विच्युत होता दिखाई देता, तो उन्हें घर पर बुलाकर तेरे पिताजी उन्हें घंटों समझाते। गारुलिया प्लेनाम के समय मिहिर दा ने सोचा था, वे पार्टी छोड़ देंगे—पर तेरे पिताजी तीन दिन तक उन्हें समझा-बुझाकर उन्हें प्लेनाम ले गए थे।

इन्द्राणी : ये सब बातें तो मैं कई बार सुन चुकी हूँ माँ।

राजलक्ष्मी : और तेरा भैया उन्हीं का बेटा होकर यह किस पार्टी में शामिल हो गया! जो पार्टी, बीजेपी की तरह एक साम्प्रदायिक दल को हाथ पकड़कर बंगाल में ले आई है?

[इन्द्र भीतर आते-आते सुन लेता है।]

इन्द्र : *(उत्तेजित होकर)* हाँ, लाई है। ठीक किया है। बीजेपी क्या मुस्लिम लीग से अधिक साम्प्रदायिक है, बताओ? केरल में क्या तुम लोगों ने हाथ नहीं मिलाया था? वाजपेयी जी के साथ हाथों में हाथ डाल शहीद मीनार में मीटिंग किसने की थी? जवाब दो?

राजलक्ष्मी : तुम इतने असभ्य की तरह ऊँची आवाज़ में बात क्यों कर रहे हो इन्द्र? इतनी फालतू बातें करना—यही सब सीखा है तुमने, है न?

इन्द्र : जी, सीखा है। तुम लोगों की तरह पाखंडी नहीं हूँ। तुम लोग पाखंड करते समय कहोगे, यह परिवर्तित परिस्थिति है *(व्यंग्य से)* और फिर उसके विरोध में कोई यदि आवाज़ उठाए, तो कहोगे—प्रतिक्रियावादी या विपक्ष का आदमी, यानी जो विरोध में आवाज़ उठाए, उसे ब्रांडेड करो। तो फिर ठीक है, वैसा ही हो। पी.डी.एस.—जैसी पार्टी में शमिल होना मेरे लिए सम्भव नहीं—जिन्हें माल नहीं मिला उनमें से अधिकतर वहीं जाकर भिड़ गए हैं—मैं भी फिर लुच्चा-लफंगा ही बनूँगा। मुझे जो आता है, मैं वही करूँगा।

राजलक्ष्मी : चिल्ला क्यों रहा है तू?

इन्द्र : चिल्लाऊँगा। हाँ, मैं तृणमूल करता हूँ। साफ़ सुन लो—वहाँ भी अगर मेरा उद्‌देश्य पूरा नहीं होता है तो, कल जरूरत पड़ने पर बीजेपी करूँगा। राममन्दिर की माँग करूँगा, कार सेवा के लिए जाऊँगा, मैदान में जाकर हाफपैंट पहनकर मार्च करूँगा...मैं...

[तभी बाहर का दरवाज़ा खुल जाता है। दरवाज़े के बीचोबीच खड़े हैं सव्यसाची। हैरान होकर इन्द्र की ओर देख रहे हैं। राजलक्ष्मी उनकी ओर बढ़ जाती है—'आप! आप!']

राजलक्ष्मी : अरे, आप तो...ज़रा भी नहीं बदले! बिल्कुल वैसे ही हैं, जैसे तीस साल पहले थे। *(सव्यसाची अवाक् होकर कमरे के चारों ओर देखते हैं)* अब तक कहाँ थे आप? कहाँ थे? *(सव्यसाची*

कुछ कह नहीं पाते, केवल देखते रहते हैं।) चलिए, भीतर चलिए। *(राजलक्ष्मी उसे भीतर ले जाती है।)*

[इन्द्राणी हैरान होकर पहले भाई की ओर देखती है, फिर भीतर जाते हुए अपने माता-पिता की ओर देखती है। इन्द्र दूसरी ओर देखता रहता है। इन्द्राणी फिर अन्दर चली जाती है। प्रकाश मद्धिम हो जाता है, फिर केवल इन्द्र पर आकर ठहरता है।]

तीसरा अंक

[राजलक्ष्मी के कमरे का दृश्य। राजलक्ष्मी और इन्द्राणी चुपचाप बैठी हुई हैं। इन्द्राणी चुप्पी तोड़ती है :]

इन्द्राणी : अनबिलिवेबल! मुझे अभी भी विश्वास नहीं हो रहा है। *(पीछे के रैक पर रखी सव्यसाची की तसवीर उतारकर देखती है...)* बिल्कुल वही चेहरा, वही आँखें, वही नाक...पर माँ, मुझे विश्वास नहीं हो रहा है। उम्र जैसे ज़रा भी नहीं बढ़ी! माँ, तुम कैसे इतने विश्वास के साथ कह सकती हो कि वही हमारे पिता हैं?

राजलक्ष्मी : *(दबे स्वर में)* उन्होंने जो शर्ट पहनी है, वह मैंने ही उन्हें शादी की पहली सालगिरह पर उपहार में दी थी। उस शर्ट के पॉकिट को अच्छी तरह देखोगी तो चाय का दाग मिलेगा। कॉलर देखोगी तो एक जगह रफू किया हुआ मिलेगा।

इन्द्राणी : पर भैया ने इतने अजीब तरह से बिहेव क्यों किया?

राजलक्ष्मी : नहीं जानती। *(हँसती है, पर उसमें दर्द छिपा है)* जबकि बचपन में तेरे भैया का मुझसे उतना लगाव न था जितना कि तेरे पिताजी से। पिता से ही उसकी ज्यादा दोस्ती थी। जिस दिन उन्हें पुलिस पकड़कर ले गई, सबेरे उठकर पापा को न पाकर कितना रोया था वह! आँसू थम नहीं रहे थे उसके। कितने दिनों तक पूछता रहा, पापा कब वापस आएँगे? *(इन्द्राणी की ओर देखकर)* फिर एक दिन चुप हो गया। पूछना बन्द कर दिया। जैसे-जैसे बड़ा होता गया, उनका नाम लेना भी उसने बन्द कर दिया। उसके बाद से ही इन्द्र कितना शान्त रहने लगा था! उसकी यह चुप्पी गुझे डरा देती थी।

इन्द्राणी : सही कहा माँ। मैं भी कभी-कभी भैया को समझ नहीं पाती हूँ। आज बाहर जाते समय पता है, मुझे उसने क्या कहा? कहा कि इस आदमी के वापस आने से अगर तुम्हें लगता है कि इस घर में सब कुछ ठीक हो जाएगा तो तुम्हारे जैसा मूर्ख दुनिया में दूसरा नहीं है।

राजलक्ष्मी : ऐसा क्यों कर रहा है इन्द्र? वर्षों बाद वापस लौटे हैं वो।

इन्द्राणी : हाँ, वह तो है, वापस लौटे हैं। पर मैं कुछ सोच नहीं पा रही हूँ।...तुम कहना चाहती हो कि वह आदमी...मेरा मतलब है, हम लोगों के पिताजी पिछले छब्बीस वर्षों से सो रहे थे, और फिर वान फाइन मॉर्निंग, वो उस लम्बी नींद से जागकर अचानक, पैदल चलकर घर वापस आ गए।

राजलक्ष्मी : उनकी बातें सुनकर तो वैसा ही लग रहा है!

इन्द्राणी : यह तो जैसे रिप-वैन-विंकल की कहानी है। पिताजी आज के आधुनिक विंकल हैं।

राजलक्ष्मी : मतलब? कहना क्या चाहती है तू?

इन्द्राणी : वह उपन्यास नहीं पढ़ा? एक आदमी बहुत सालों तक सोया पड़ा रहा, गहरी नींद में। फिर अचानक एक दिन जागकर देखा कि सब कुछ बदल चुका था—उसी का तो नाम था—रिप-वैन विंकल!

राजलक्ष्मी : ओ! तो उसे अगर 'विंकल' कहा जाता है तो...तो मैं भी फिर वही हूँ। पूरी नहीं तो आधी और टूटी हुई विंकल!

इन्द्राणी : क्या कह रही हो माँ? तुम-विंकल?

राजलक्ष्मी : *(सर हिलाकर)* हाँ, *(लम्बी साँस लेकर)* पर इस समय की नहीं हूँ मैं, अपने समय में लौटकर आज भी जी रही हूँ मैं। वही सभाओं में वक्तव्य रखना, तुम लोगों के ताप्ति मौसी को साथ लेकर सफेद काग़ज़ पर स्लोगन लिखकर पोस्टर बनाना, मिहिर दा का 'देशहितैषी' पत्रिका का प्रूफ देखना, बलाई कीलें, बारूद, बाल्टी में रख रहे हैं—मैं तो उसी युग में अब भी जी रही हूँ। जैसे अभी दरवाज़ा खुल जाएगा। तेरे पिताजी हाथों में मूढ़ी *(भेलपूरी)* का दोना लेकर कमरे में आएँगे और कहेंगे—क्यों कॉमरेड, नवयुग का स्वागत करना है कि नहीं?

[रोशनी कम हो जाती है। तभी दरवाज़ा खुलता है। सव्यसाची भीतर के कमरे से इस कमरे में प्रवेश करते हैं! हाथों में मूढ़ी से भरी कटोरी। आकर बैठ जाते हैं। सब चुप रहते हैं! सव्यसाची मूढ़ी खाते रहते हैं।]

राजलक्ष्मी : *(सव्यसाची से)* भूख लगी है? *(सव्यसाची 'हाँ' में सर हिलाते हैं)* और कुछ खाएँगे? *(सव्यसाची 'ना' में सर हिलाते हैं)* क्या हो गया है आपको? *(सव्यसाची को बेटी की ओर दिखाकर इशारा करते हुए राजलक्ष्मी कहती हैं)* उसे पहचान पा रहे हो? *(सव्यसाची फिर 'ना' में सर हिलाते हैं)* वह तुम्हारी बेटी है।

सव्यसाची : बेटी? मेरी बेटी?

राजलक्ष्मी : तुम्हें जब पकड़कर ले गए वे लोग, उस वक़्त मैं गर्भवती थी।

सव्यसाची : क्यों तुम मेरा मज़ाक उड़ा रही हो? *(इन्द्राणी से)* तुम क्या इसी मुहल्ले में रहती हो?

इन्द्राणी : नहीं, मैं इसी घर में रहती हूँ।

सव्यसाची : *(राजलक्ष्मी)* ये तुम्हारी क्या लगती हैं?

इन्द्राणी : ये मेरी माँ हैं।

सव्यसाची : तुम्हारे पिता का नाम क्या है?

इन्द्राणी : सव्यसाची–सव्यसाची सेन!

सव्यसाची : ये तुम लोग क्या कह रहे हो, मुझे कुछ समझ नहीं आ रहा है–ऐसा लग रहा है जैसे जागकर सपना देख रहा हूँ। यह अगर उन्नीस सौ छिहत्तर का जनवरी का महीना है तो फिर कैसे...? *(फिर इन्द्राणी से)* अच्छा, तुम अभी क्या पढ़ रही हो?

इन्द्राणी : मैं इग्नू से एक मैनेजमेंट कोर्स कर रही हूँ, आफ्टर कम्प्लीटिंग माई ग्रेजुएशन। आइ थॉट इट वुड बी गुड फॉर माइ करियर!

सव्यसाची : ऑनर्स था?

इन्द्राणी : नहीं, ऑनर्स के लिए कोशिश नहीं की।

राजलक्ष्मी : आप थोड़ी देर और सो लेते।

सव्यसाची : और कितना सोऊँ, राजलक्ष्मी? *(राजलक्ष्मी को कुछ देर एकटक देखने के बाद)* तुम बहुत बूढ़ी हो गई हो।

राजलक्ष्मी : पर आप बिल्कुल वैसे ही हैं।

सव्यसाची : लोग विश्वास ही नहीं करेंगे कि तुम मेरी पत्नी हो। *(राजलक्ष्मी मुस्कराती है)* मेरे शरीर पर उम्र ने अपने निशान क्यों नहीं छोड़े? फिर तो मैं भी तुम्हारी तरह बूढ़ा दिखता।

इन्द्राणी : आप इतने दिनों तक कहाँ थे?

सव्यसाची : पता नहीं, कहाँ था! कहाँ मैं वापस आया हूँ, यह भी तो समझ नहीं पा रहा हूँ। अच्छा, मुझे पिता मानते हुए तुम्हें संकोच हो रहा है न?

इन्द्राणी : *(सर झुकाकर)* समझ में नहीं आ रहा है, क्या कहूँ!

सव्यसाची : *(शान्त स्वर में)* हूँ! तुम्हें देखकर लगता है, तुम स्वयं को ही ठीक से समझ नहीं पाती हो। मैं भी अपने-आपको कितना समझ पाया हूँ! वैसे तुम्हारे बड़े भैया को देखकर ही पहचान गया कि वह मेरा बेटा है। पर इतना बड़ा कैसे हो गया...? *(राजलक्ष्मी से)* वह अचानक इतना बड़ा कैसे हो गया? *(राजलक्ष्मी हँसती है)* वह है कहाँ?

राजलक्ष्मी : ऑफिस के किसी कलीग के घर गया है। फिर वे फिल्म देखने जाएँगे। वैसे अब तक तो वापस आने का समय हो गया है।

सव्यसाची : कौन सी फिल्म?

इन्द्राणी : ऋत्विक की कोई नई फिल्म है।

सव्यसाची : अच्छा, ऋत्विक घटक अभी भी नई फिल्में बनाते हैं?

राजलक्ष्मी : ऋत्विक घटक नहीं, ऋत्विक रोशन!

सव्यसाची : अरे, अभी चार-पाँच साल पहले जब दुर्गापुर में होनेवाले मूवमेंट में शामिल होने गया था तो ऋत्विक बाबू अपनी नई फिल्म के लिए लोकेशन ढूँढ़ने वहाँ गए थे। उन्हें उसी साल पद्मश्री से सम्मानित किया गया था। मुलाकात हुई थी।

राजलक्ष्मी : आप जिस घटना की बात कर रहे हैं, वह पाँच साल पहले की नहीं, तीस साल पहले की है—सन् 1970 के 12 अगस्त की बात कर रहे हैं।

सव्यसाची : फिर अनाप-शनाप बातें कर रही हो। मेरे साथ इस तरह का मज़ाक मत करो लक्ष्मी! यह 1976 है। जनवरी का महीना!

राजलक्ष्मी : तब वही सही!

सव्यसाची : पिकिंग रेडियो ने तब हमारे उस आन्दोलन के लिए हमें बधाई दी थी। राजेन ने भी इसका समर्थन किया था। अच्छा, राजलक्ष्मी, राजेन अभी तक जेल में हैं?

राजलक्ष्मी : नहीं। मैंने तो सुना था, वह रिहा हो चुके हैं। फिर तो शायद अपने घर ही वापस गए थे। कलकत्ते के बाहर।

सव्यसाची : उसने तो फिर शादी नहीं की होगी?

राजलक्ष्मी : नहीं की होगी या फिर शायद की होगी। वर्षों बीत गए हैं उनसे सम्पर्क हुए।

सव्यसाची : राजेन बड़ा अद्‌भुत चरित्र का था। उसने मुझसे कहा था कि यूनिवर्सिटी में सर आशुतोष मुखर्जी की मूर्ति तोड़ने का डिसीजन उन लोगों की पॉलिटिकली करेक्ट डिसीजन था। जितनी बार मैं

कहता कि तुम्हीं लोगों के कुछ नेता यह बात सही नहीं मानते, तब भी राजेन तर्क करता ही गया–खैर, उसे देखने की, उससे मिलने की बड़ी इच्छा होती है। दमदम के सेंट्रल जेल में हम दोनों बहुत दिनों तक साथ थे। सिर्फ बहस करता था। *(हँसते हैं)* जिद्दी भी कम नहीं था। सोचता था, अभी आन्दोलन शुरू होनेवाला है।

[तभी इन्द्र बाहर से प्रवेश करता है। सव्यसाची की ओर उपेक्षा भरी दृष्टि डालते हुए चुपचाप भीतर के कमरे में चला जाता है।]

राजलक्ष्मी : फ्लास्क में चाय रखी है।

सव्यसाची : बहुत चाय पीता है क्या? *(राजलक्ष्मी मुस्कराती है)* बिल्कुल मेरी तरह! चाय पीने के बाद मुझमें इतनी ऊर्जा आ जाती थी कि किसी भी सभा में घंटों बोल सकता था।

इन्द्राणी : अभी क्या आप चाय पीएँगे?

सव्यसाची : नहीं। *(थोड़ी देर चुप रहकर)* अच्छा, यह तृणमूल कांग्रेस क्या है?

राजलक्ष्मी : मैं आपको बाद में बताऊँगी।

सव्यसाची : बांग्ला कांग्रेस, नव कांग्रेस–इन सबके बारे में मैं जानता हूँ, पर...

राजलक्ष्मी : मैंने आपसे कहा न कि बाद में बताऊँगी!

सव्यसाची : अमरावती के मैदान में प्रमोद बाबू ने कहा था कि हमें तृणमूल स्तर से काम शुरू करना पड़ेगा। उसके लिए अगर जरूरत पड़े तो टाटा की सम्पत्ति को भी क्रोक करवा लेंगे। 'पूँजी' की कभी भी कोई अच्छी भूमिका नहीं हो सकती। याद है राजलक्ष्मी?

राजलक्ष्मी : ठीक है, अब कृपया आप थोड़ी देर के लिए आराम कीजिए।

सव्यसाची : यह इन्दिरा गांधी ने क्या कांग्रेस का विभाजन कर दिया है?

[तभी इन्द्र चाय का कप लेकर प्रवेश करता है।]

राजलक्ष्मी : कहाँ था तू दिनभर?

इन्द्र : कहा तो था, सिनेमा देखने जाऊँगा। पर अच्छा नहीं लगा। बाहर निकलकर चुपचाप मैदान में बैठा था।

राजलक्ष्मी : अकेला?

इन्द्र : हाँ। कुछ लोग वहाँ क्रिकेट खेल रहे थे।

सव्यसाची : अच्छा, उस छोकरे की क्या खबर है? *(इन्द्र उनकी ओर देखता है)* अरे, क्या नाम है उसका? हाँ-हाँ, गावस्कर–याद आया–सुनील गावस्कर! क्या बढ़िया खेलता है! अभी तो बच्चा ही है!

इन्द्र : गावस्कर कम से कम पन्द्रह साल पहले रिटायर कर चुके हैं!

सव्यसाची : *(चेहरे पर आश्चर्य का भाव)* पटौदी भी अच्छा कैप्टन है। बढ़िया बल्लेबाज़ी करता है। राजलक्ष्मी, तुम्हें याद है? बरानगर के हृदय राय की बात? क्रिकेट के नाम से पागल था, बाप रे बाप! कहता था, संसदीय जनतंत्र से भी बड़े शत्रु का नाम है रोहन कन्हाई!

इन्द्र : रोहन कन्हाई!

सव्यसाची : तुम कन्हाई को नहीं पहचानते? रोहन कन्हाई?

इन्द्र : रोहन गावस्कर को पहचानता हूँ।

सव्यसाची : ग़लत बोल रहे हो, उस लड़के का नाम सुनील गावस्कर है।

इन्द्र : जी, मैं उनके बेटे की बात कर रहा हूँ।

सव्यसाची : *(अविश्वास के साथ)* हूँ! मैंने हृदय से पूछा था कि उसे संसदीय जनतंत्र से आपत्ति क्यों है? हृदय बार-बार पाकिस्तान जनपरिषद की बात करता था। मुजीब एक सौ तिरपन सीटों में से एक सौ इक्यावन सीटें जीत चुका था, पर याहिया खान ने इसको स्वीकार नहीं किया था। हृदय विश्वास के साथ कहता था—संसदीय जनतंत्र एक खतरनाक व्यवस्था है। इसी से शासक वर्ग का जन्म होता है।

राजलक्ष्मी : हृदय आज जीवित नहीं है। आप अभी उसकी चर्चा न करें तो ठीक होगा।

इन्द्र : अगर आज हृदय नाम का वह व्यक्ति जीवित होता तो अपनी बातों का पुनर्मूल्यांकन कर कहता कि मेरे पहले के विचार असल में ब्लंडर हैं आ हिस्टोरिकल ब्लंडर!

राजलक्ष्मी : *(डाँटकर)* इन्द्र!

इन्द्र : नहीं, अभी-अभी वे इन्दिराजी पर दल का विभाजन करने का आरोप लगा रहे थे न! *(सव्यसाची की ओर मुड़कर)* आप सैफुद्दीन चौधरी को पहचानते हैं?

सव्यसाची : कौन? सफी? हमारे एस.एफ. के लीडर सफी?

इन्द्र : थे, पर अब एस.एफ. के आगे एक पी.डी. लग गया है।

राजलक्ष्मी : इन्द्र!

सव्यसाची : तुम्हारी बात मेरी समझ में नहीं आ रही है। पर कोई अगर हमारी पार्टी को छोड़कर जाता है तो वह उसकी भूल है, पार्टी की नहीं। *(रुककर)* जेल में रहते समय तो सुना नहीं था कि सफी ने पार्टी छोड़ दी है। अगर उसने छोड़ी है तो बहुत बड़ी ग़लती की है।

इन्द्र : सुनिए सव्यसाची जी!

राजलक्ष्मी : यह कैसा व्यवहार है इन्द्र?

सव्यसाची : राजलक्ष्मी, तुम उसे रोको मत। वह जो कहना चाहता है, कहने दो। मुझे उसकी बातें सुननी हैं।

इन्द्र : माँ, इन्हें देखकर ऐसा नहीं लगता कि ये मेरे पिता हैं। मुझे तो ये मेरे हमउम्र लग रहे हैं इसलिए 'बाबा' सम्बोधन करने में मुझे हिचकिचाहट हो रही है। *(सव्यसाची से)* मैं यदि आपको आपके नाम से पुकारूँ, तो क्या आपको आपत्ति होगी?

सव्यसाची : *(इन्द्र की ओर देखते हैं। फिर हँसते हैं)* हमारे दादाजी यानी श्री विनयभूषण सेन, एक श्रद्धेय स्वतंत्रता सेनानी और कट्टर कांग्रेसी थे। मेरे बचपन के दिनों में मुझे याद नहीं आता कि कभी उन्होंने मुझे डाँटा हो, पर मेरे यौवनकाल में उन्होंने ही मुझे बैठक में बुलाकर तिरस्कार किया था और पूछा था कि मैं क्यों कम्युनिस्ट बना–क्यों? जीवन में पहली बार मैंने आँखें उठाकर पिताजी की आँखों में सीधे देखते हुए उत्तर दिया था। ठीक जिस तरह तुम मेरी आँखों में आँखें डालकर देख रहे हो–बिल्कुल उसी तरह। असल में भारत-चीन युद्ध के दौरान जब सभी बुद्धिजीवी देशप्रेम दिखाते हुए नकली आँसू बहा रहे थे, उत्तम कुमार को लेकर झूठे देशप्रेम की फिल्में बनाई जा रही थीं, मंच पर चीन के विरोध में नाटक खेले जा रहे थे–'आगन्तुक'–ये सब देखते हुए मेरे पिताजी यानी तुम लोगों के दादाजी मुझसे यह प्रश्न पूछ बैठे थे। उन्होंने सोचा था, इस प्रश्न का वार मुझ पर ब्रह्मास्त्र जैसा होगा। पर मैं भी उत्तर कलकत्ते का सव्यसाची सेन हूँ–जिसके शरीर में बांग्लादेश के कुमिल्ला जिले के बाखरगंज का जिद्दी खून बह रहा है, मेरे पिता के यौवन का उत्तराधिकार, उसे किस प्रकार वह दबाकर रखेंगे? रणदीभे को कुछ दिनों पहले ही गिरफ्तार कर लिया गया था। हमारे पार्टी-ऑफिस पर भी हमला हुआ। नेताओं के पुतले जलाए गए, अखबारों ने हमें 'मिरज़ाफर के वंशज' की उपाधि प्रदान की। कलकत्ते के राइखस्टाग के सदस्य बागबज़ार के कॉमरेड चान्नि दादा के घर से उनकी सारी किताबें रास्ते पर लाकर जला डाली थीं कि यदि पृथ्वी पर कोई पवित्र कर्तव्य है तो वह है–सच्चा कम्युनिस्ट बनना। हाँ, कम्युनिस्ट बनना। मैंने अपने पिताजी से बिल्कुल तुम्हारे ही अन्दाज़ में कहा था, 'विनय, मैं क्यों कम्युनिस्ट बना हूँ, यह आप कभी नहीं समझेंगे।' मेरे पिताजी की आँखें, जो उस वक़्त तक चमक रही थीं, अचानक बुझ गईं। वह चमक कहीं

खो गई, चेहरा काला पड़ गया। इतने दिन बीत चुके हैं, पर आज भी विश्वास करता हूँ कि उस दिन पिताजी से जो बात कही थी, उससे बड़ा सच मैंने शायद ही कभी जिन्दगी में कहा हो। *(थोड़ा रुककर)* इसलिए तुम मुझे मेरे नाम से पुकार सकते हो इन्द्र! इससे मैं अपमानित महसूस नहीं करूँगा। समझूँगा, इतने दिनों बाद मेरे पिताजी ने मेरी बात का उत्तर दिया है।

इन्द्र : मैं आपका अपमान करना नहीं चाहता था।

इन्द्राणी : भैया, तुम्हारी चाय ठंडी हो रही है। पी लो।

सव्यसाची : तुम मुझसे कुछ कहना चाहते थे।

इन्द्र : आपने अभी जो बातें मुझसे कहीं, वे बातें अब कोई मायने नहीं रखतीं।

सव्यसाची : 'अब' से मतलब?

इन्द्र : 'अब' मतलब 'आज'।

सव्यसाची : मैं समझा नहीं?

इन्द्र : ठीक है, मैं समझाता हूँ। बताइए, यह कौन सा साल है?

सव्यसाची : जनवरी, 1976।

इन्द्र : जी नहीं, यह जनवरी 2002 है।

सव्यसाची : क्या फालतू बक रहे हो–यह छिहत्तर है–उन्नीस सौ छिहत्तर।

इन्द्र : नहीं।

राजलक्ष्मी : इन्द्र!

इन्द्र : नहीं माँ, उन्हें सच का सामना करना होगा। जानना होगा, आज का सच। सुनिए सव्यसाची सेन, सुन रहे हैं आप? यह जनवरी का महीना है, 2002। *(सव्यसाची के दोनों कंधों को झकझोरते हुए)* सुन पा रहे हैं–जनवरी 2002। पूरे पश्चिम बंगाल में बदलाव आ रहा है। आपको यह जानना होगा और वर्तमान परिस्थितियों के साथ समझौता करना होगा।

सव्यसाची : नहीं-नहीं, अभी तो इमर्जेंसी का ज़माना है।

इन्द्र : नहीं, अभी सर्दी का मौसम है।

सव्यसाची : क्या?

इन्द्र : आपको सर्दी नहीं लग रही है? सर्दी?

सव्यसाची : हाँ, थोड़ी-बहुत लग रही है।

इन्द्र : यह सर्दी छिहत्तर के ज़माने की नहीं है, 2002 की है। समय की सलाई ने बदलाव का स्वेटर बुन दिया है, आपको पता ही नहीं

चला। या शायद पता लगाना ही नहीं चाहते। अच्छा, बताइए तो, अभी पश्चिम बंगाल का मुख्यमंत्री कौन है?

सव्यसाची : सिद्धार्थ शंकर राय।

इन्द्र : नहीं, बुद्धदेव भट्टाचार्य। वित्तमंत्री?

सव्यसाची : शंकर घोष।

इन्द्र : नहीं, असीम दासगुप्ता। स्वास्थ्य मंत्री?

सव्यसाची : अजित पांजा।

इन्द्र : नहीं, सूर्यकांत मिश्रा। तथ्य मंत्री?

सव्यसाची : सुव्रत मुखर्जी।

इन्द्र : नहीं, मानव मुखर्जी। शिक्षा मंत्री?

सव्यसाची : मृत्युंजय बैनर्जी।

इन्द्र : नहीं, सत्यसाधन चक्रवर्ती। श्रम मंत्री?

सव्यसाची : गोपाल दास नाग।

इन्द्र : नहीं, मुहम्मद आमिन। ममता बनर्जी को जानते हैं?

सव्यसाची : नहीं, कौन है वह?

इन्द्र : गोर्वाचोभ का नाम सुना है? *(सव्यसाची 'ना' में सर हिलाते हैं)* ग्लासनस्त' या 'पेरेस्त्रैका' के बारे में जानते हैं कुछ? चाउसेस्कू? बर्लिन की दीवार तोड़ दी गई है, जानते हैं? कम्प्यूटर का नाम सुना है आपने? इन्टरनेट, वेबसाइट, ई-मेल, माइक्रोचिप्स–इन शब्दों से परिचित हैं आप? सी.पी.आई. अभी सी.पी.एम. का सहयोगी दल है, पता है आपको? ग्लोबलाइज़ेशन किसे कहते हैं, जानते हैं आप? राममन्दिर–मैकडोनल्ड–मोहनबागान–राजीव गांधी–मेट्रो रेल–पोस्ट-मॉडर्न–तृणमूल कांग्रेस–तपन सिकदार–एनरॉन–संजीव गोयंका–हर्ष नेवटिया–ओसामा-बिन-लादेन–पोटो–पोको–इन सबके बारे में जानते हैं? समझते हैं?

[सव्यसाची विक्षिप्त होकर हर बात पर अब तक सर हिलाए जा रहे थे। अब इन्द्र के रुकने के बाद, वह ज़ोर से चिल्ला उठते हैं।]

सव्यसाची : नहीं, नहीं जानता ये सब, नहीं समझता। कभी नहीं सुना है इनके बारे में–नहीं सुना है!!

[चारों ओर नीरवता। इन्द्र धीरे-धीरे बाहर चला जाता है। पीछे-पीछे इन्द्राणी। प्रकाशबिन्दु राजलक्ष्मी और सव्यसाची पर आकर ठहर जाता है।]

सव्यसाची : सच में सब कुछ बदल गया है। है न राजलक्ष्मी? *(फुसफुसाकर)* यह किस तरह का बदलाव है? *(राजलक्ष्मी की आँखों में आँसू। सर हिलाती है वह)* कैसा है यह बदलाव? इस बदलाव को ठीक से समझ पा रही हो तुम? क्या ऐसे ही बदलाव की कामना की थी हमने? राजलक्ष्मी, बताओ, क्या ऐसा ही चाहा था हमने?

राजलक्ष्मी : *(रुँधे स्वर में)* पता नहीं।

सव्यसाची : रतन बाबू के घाट के पास सुप्रिय की लाश को तैरते देखा था मैंने। *(स्वगतोक्ति)* चेहरा पत्थर से कुचला हुआ। पहचान में ही नहीं आ रहा था। मृत्यु से दो दिन पहले सुप्रिय ने मुझसे कहा था—कॉमरेड, चिन्ता मत करना, हमारे एक-एक रक्तबिन्दु आनेवाले दिनों को धीरे-धीरे बदल देंगे। बदलाव आएगा। राजलक्ष्मी, इसी तरह का बदलाव, है न?

राजलक्ष्मी : आप शान्त हो जाइए! मैं आपके हाथ जोड़ती हूँ—आप शान्त हो जाइए!

सव्यसाची : मेरा बेटा कांग्रेस में शामिल हो गया, राजलक्ष्मी! कांग्रेस! जिन्होंने काशीपुर, बरानगर, आजादगढ़, पानीहाटी, दमदम में हमारे हज़ारों लड़कों को गोलियों से भून डाला। मेरा बेटा उस पार्टी का सदस्य है, राजलक्ष्मी? छिः-छिः! *(सव्यसाची थूकने लगता है। राजलक्ष्मी उसे सँभालने की कोशिश करती है।)* राजलक्ष्मी, जब वह छोटा था, मैंने उसे चे-गुयेवरा की किताब दी थी। मैं उसे चे की तस्वीर दिखाकर कहता—बेटा, तुम्हें ऐसा बनना होगा। वह चे की तस्वीर पहचानता था। जैसे ही मैं पूछता—बेटा, तुम क्या बनना चाहते हो? वह अपने छोटे-छोटे दो हाथ ऊपर उठाकर कहता—चे, बाबा। मैं चे बनना चाहता हूँ। और वही आज—थू-थू!!

राजलक्ष्मी : नहीं, आप उसे ग़लत समझ रहे हैं। वह किसी विश्वास या आदर्श से ऐसा नहीं कर रहा है। एक अन्धे क्रोध के कारण ही...

सव्यसाची : क्रोध! तुम इसे क्रोध कहती हो, राजलक्ष्मी? क्रोध को भला कितना नीचे ले जाओगे, तुम लोग? क्रोध का स्वरूप क्या इतना बदल गया है? यही कहना चाहती हो तुम? क्रोध के वशवर्ती होकर, हाँ? थू-थू! सही कहा है मेरे बेटे ने। सही कहा है। मुझे विश्वास करना होगा कि यह 2002 है। नया समय,

नया दिन, नए शब्द। वह समय बीत गया है, पुराने शब्द कहीं खो गए हैं। और ऐसे में एक पुराना आदमी इस नए समय में अचानक वापस आ गया है। किस दृष्टि से वह इस नएपन को देखेगा, सब कुछ में? कैसे समझ पाएगा? समझौता करने के अलावा क्या उसके पास कोई दूसरा रास्ता भी होगा? या फिर बहुतों की तरह सर झुकाकर इस दुनिया से एक दिन विदा ले लेगा? नहीं, कोई उत्तर इस वक़्त नहीं है मेरे पास। मुझे अपने कॉलेज के दिन याद आ रहे हैं। हमारे शिक्षक माखन दा ने एक बार कहा था—एक सही जवाब देने की तरह ही एक सही प्रश्न करना भी बहुत आवश्यक है। राजलक्ष्मी, मेरा प्रश्न सही है तो? कहीं गड़बड़ तो नहीं कर रहा हूँ, उलझ तो नहीं जा रहा हूँ—इस नए समय में, नए दिनों में, नए शब्दों में? बताओ कॉमरेड, बताओ मुझे?

[मंच पर धीरे-धीरे अन्धकार छा जाता है।]

चौथा अंक

[मंच पर अन्धकार है। फिर स्लाइड दिखाए जाते हैं, एक के बाद एक। उसमें स्वतंत्रता आन्दोलन, सन् 1950 का खाद्य आन्दोलन, बस और ट्राम के टिकटों की कीमत बढ़ाने पर आन्दोलन, चीन-भारत युद्ध, सन् साठ का खाद्य आन्दोलन, नक्सलवाड़ी आन्दोलन और इमर्जेंसी के समय की कुछ तस्वीरें स्लाइडों के माध्यम से दिखाई जाती हैं। साथ ही मंच पर उन आन्दोलनों से सम्बन्धित स्लोगन देते-देते कुछ लोग मंच के एक ओर से दूसरी ओर चले जाते हैं। अन्तिम स्लाइड एकदम ब्लैंक आता है। फिर कुछ देर के लिए नीरवता। धीरे से बैंड के बजने की आवाज़ आती है। मंच पर प्रकाश धीरे-धीरे फैलता है। सव्यसाची कमरे में सो रहे हैं। एक किशोर आकर खड़ा होता है। उसकी उम्र सोलह वर्ष है। वह सव्यसाची को धीरे-धीरे पुकारता है।]

किशोर : सव्यसाची! सव्यसाची!

सव्यसाची : *(नींद में)* हूँ?

किशोर : सव्यसाची, उठो। और कितनी देर सोओगे?

सव्यसाची : *(आँखें मलते हुए उठ बैठता है)* कौन?

किशोर : मैं।

सव्यसाची : कौन हो तुम? बहुत जानी-पहचानी सूरत है!

किशोर : वह तो होना ही था।

सव्यसाची : कौन हो तुम?

किशोर : मेरा नाम सव्यसाची है। सव्यसाची सेन। *(नीरवता)*

सव्यसाची : *(क्लान्त स्वर में)* पिता का नाम?

किशोर : विनय भूषण सेन।

सव्यसाची : तुम्हारा जन्म कब हुआ था?

किशोर : सन् 1947, 15 अगस्त।

सव्यसाची : कहाँ?

किशोर : बांग्लादेश के खुलना जिले में। मेरे मामाजी के घर पर।

सव्यसाची : कलकत्ता कब आए?

किशोर : तीन-चार साल का था तब। आकर पहले ही दिन भीमनाग का संदेश खाया था। बाबा ने खिलाया था। बाबा तो पहले ही कलकत्ता पहुँच गए थे।

सव्यसाची : फिर?

किशोर : बाबा का हाथ पकड़कर चलता था। सियालदह से शामबाज़ार। एक बार एक बस को जलते हुए देखा था—रास्ते में। उन दिनों बाबा को सब लोग बड़ी श्रद्धा से देखते—स्वतंत्रता सेनानी रह चुके थे बाबा। बाबा के पास वीरता के लिए दिया गया एक ताँबे का मेडल भी था। उसे लेकर मैं खेलता था। फिर धीरे-धीरे मैं बड़ा होने लगा।

सव्यसाची : स्कूल नहीं जाते थे?

किशोर : जाता था, पर अच्छा नहीं लगता था। गोरे-गोरे मोटे तोंद वाले बच्चे पढ़ने आते थे। मुझे माखन दा ने एक किताब पढ़ने को दी थी—'क्या करना होगा?' लेखक—ब्लादिमिर इल्यीच उल्यानव लेनिन। मैंने बाबा से छिपते-छिपाते बरामदे के ग्रिल के बीच से आती रोशनी में उसे पढ़ डाला था।

सव्यसाची : पकड़े नहीं गए?

किशोर : *(सर हिलाकर)* हाँ, पिताजी ने बहुत डाँटा था। मेरे पिताजी जो अपने आपमें एक इंस्टीट्यूट थे और मेरे लिए भी।

[किशोर के पीछे विनयभूषण सेन आकर खड़े होते हैं।]

विनय : ये किताबें किसने दी हैं तुम्हें? अभी से ये किताबें पढ़ने का क्या मतलब है? गणित में फेल होते हो और ये किताबें पढ़ते हो? मैं माखन को मज़ा चखाऊँगा। तुम उसकी बस्ती में रोज़ जाते हो, है न? स्काउटिंग करने के नाम पर। तुम्हारे साथ कौन रहता है? राजेन? फिर अगर मैंने देखा कि इस तरह की किताबें पढ़ रहे हो, तो मुझसे बुरा कोई न होगा। जाओ, जाकर गणित का अभ्यास करो।

[मंच पर ज़रा देर के लिए अँधेरा। विनय ग़ायब हो जाते हैं।]

सव्यसाची : बाबा मुझे समझना ही नहीं चाहते थे। अगर वह मुझे समझते तो वह महसूस कर पाते कि भीतर ही भीतर मुझमें कितना बदलाव आ रहा था। मैं एक क्रान्तिकारी बन चुका था। बाबा की तरह अहिंसा-आन्दोलन के समर्थक या क्रान्तिकारी नहीं बल्कि ऐसी क्रान्ति जो केवल समाज को ही नहीं इनसान के भीतर के इनसान को भी पूरी तरह से बदल देगी।

किशोर : बदल गए थे?

सव्यसाची : अवश्य! हर मिछिल के बाद महसूस कर सकता था कि मैं थोड़ा और बदल जा रहा हूँ। परन्तु एक दिन माखन दा ने विजयवाड़ा के पार्टी कांग्रेस से पहले मुझे बताया कि पार्टी टूट जाएगी। इसके कुछ ही दिन पहले अजय घोष की मृत्यु हो गई थी। मैं रास बिहारी गया था। वहाँ मैंने डांगे को बहुत करीब से देखा। डांगे रजनी दादा के घर पर नींबू चाय पी रहे थे। उससे कुछ ही दिनों पहले आईदित ने उन्हें गाली दी थी। डी.एम. आईदित। इंडोनेशिया के कम्युनिस्ट पार्टी के जनरल सेक्रेटरी।

[पीछे से युवती राजलक्ष्मी आकर खड़ी होती है।]

राजलक्ष्मी : क्या कहूँ सव्यसाची दा, उसे देख मेरे मन में एक अजीब सी अनुभूति हुई थी। तुम्हें पता है, ट्रॉटस्की को लेनिन 'शटल कॉक' कहते थे। मुझे भी उस आदमी को देख वैसा ही लगा। इसीलिए सोशल डेमोक्रैट्स को वे इतने पसन्द हैं।

सव्यसाची : वह कुछ कर नहीं पाएगा राजलक्ष्मी! पार्टी का टूटना तय है। सुधारवादी रास्ते से अब कुछ नहीं होगा। संसदीय गणतंत्र के बाहर ये लोग कुछ सोच ही नहीं सकते। पार्टी में अब विभाजन होना ही है। हम लोग ही यथार्थ में रिवोल्युशनरी फोर्स कहलाएँगे, तुम देखना।

राजलक्ष्मी : कल शाम एक बार आप मेरे घर आएँगे? मेरी माँ आपसे एक बार मिलना चाहती हैं।

सव्यसाची : मुझसे मिलना चाहती हैं! क्यों?

राजलक्ष्मी : पता नहीं। हो सकता है वे आपको मेरा गार्जियन मान बैठी हैं। मेरे बारे में शायद आपसे कम्प्लेन करना हो। आइएगा ज़रूर! अरे हाँ, यह लीजिए आपकी वीरेन्द्र चट्टोपाध्याय की कविता की किताब।

सव्यसाची : अरे वाह! तुम शायद पहली शख़्स हो जिसने समय पर मेरी किताब वापस की।

राजलक्ष्मी : कल ज़रूर आइएगा।

सव्यसाची : सोचा था, शाम को मोहनबगान के मैदान में जाऊँगा। मोहनबगान–इस्टर्न रेल मैच देखने। चुनी–पी.के. आमने-सामने होंगे। खैर, तुम्हारे घर ही आऊँगा।

[राजलक्ष्मी ग़ायब हो जाती है।]

किशोर : फिर पार्टी का विभाजन हो गया।

सव्यसाची : हाँ, हो गया। हमें विश्वास था, सुधारवादी संसदीय सोच के माध्यम से ज्यादा दूर जाया नहीं जा सकता। वे लोग सामाजिक आन्दोलन को बुर्जुआ सरकार के हाथों छोड़ निश्चिन्त बैठे थे। ज्योति बाबू *(ज्योति बसु)* ने स्वयं कहा था कि पुलिस के एजेंट के साथ काम नहीं किया जा सकता। मैदान में सन '63 के 28 सितम्बर को मैं भी सभा में शामिल होने गया। पूरे बदन में एक नई ऊर्जा महसूस कर रहा था। गोपालन वक्ता थे। चारों ओर लोगों का महासमुद्र। उस भीड़ का मैं भी एक हिस्सा बन गया था। भीतर ही भीतर महसूस कर रहा था कि मैं कितना बदल गया हूँ। '64 के दंगों के समय बस्तियों में घूम-घूमकर काम किया। कारखानों में मज़दूर हड़ताल में भी शामिल होता था। कितनी रातें बाहर बीतती थीं। घर जा ही नहीं पाता था। फिर खाद्य आन्दोलन के समय तो मैं पूरी तरह से कम्युनिस्ट बन चुका था।

[पीछे से विनयभूषण सेन आकर खड़े होते हैं।]

विनय : तुम कल से इस घर में कदम मत रखना। और एक बात, तुम्हारी माँ को तुम्हारी वजह से बहुत कष्ट हो रहा है, हो सकता है, भविष्य में उन्हें और कष्ट और दुख मिले। परन्तु जान लो

कि तुम्हारी माँ के आँसू मेरे निर्णय को बदल नहीं पाएँगे। जो अपने माता-पिता की तकलीफों को समझ नहीं पाते हैं, उनकी आँखों में आँसू देखकर भी जिनका दिल नहीं पिघलता, वह गरीबों का दुख खाक दूर करेगा! मैं ऐसे लोगों पर कभी विश्वास नहीं करता। जो नेता तुम्हारे या तुम जैसे और कई युवाओं को ऐसे मंत्र दे रहे हैं, उन्हें जाकर कहना, मेरे बाबा ने मुझसे ऐसा कहा है और घर से निकाल दिया है। आज से मेरा कोई बेटा नहीं है। तुम्हें भी अगर कोई मेरे बारे में कहता है तो कहना कि तुम्हारे बाबा मर गए हैं। हमने भी राजनीति की है। देश का भला चाहा है। परन्तु इस तरह के हठधर्मी और अनैतिक पथ का अनुसरण कभी नहीं किया। 'आनन्दबाज़ार पत्रिका' ने तुम लोगों के लिए 'देशद्रोही' शब्द का इस्तेमाल किया है। सही किया है। जाओ, मेरी आँखों के सामने से दूर हो जाओ।

[एक पल के लिए अँधेरा हो जाता है। विनय ग़ायब हो जाते हैं।]

किशोर : उसी दिन शायद थियेटर हॉल में जाकर 'कल्लोल' नाटक देखा था, है न?

सव्यसाची : हाँ, शेखर चटर्जी मेरे फेवरेट हीरो थे। मेरे यौवन के दिनों के नायक। शार्दूल सिंह बने थे।

किशोर : उन्हीं दिनों राजलक्ष्मी से तुम्हारी मित्रता हुई थी।

सव्यसाची : बच्चे! उन सब बातों में तुम्हारी रुचि क्यों है?

किशोर : नूरुल की मृत्यु की बात याद है, सव्यसाची?

सव्यसाची : खबर मिलने के बाद राजलक्ष्मी थरथर काँपने लगी थी। क्लास फाइव का छात्र नूरुल इस्लाम। स्वरूप गंज में पुलिस की गोली से उसकी मौत हो गई थी। हज़ार-हज़ार बच्चे रास्ते पर निकल आए थे, दस से पन्द्रह वर्ष के बच्चे!

[पीछे फिर से एक बार युवती राजलक्ष्मी आकर खड़ी होती है।]

राजलक्ष्मी : सव्यसाची दा, आज एक ऐसे समय के कगार पर हम खड़े हैं, मुझे लगता है, इतिहास का यह एक आश्चर्य क्षण है। आपको भी क्या ऐसा नहीं लग रहा है? ये लड़के आज हमारे साथ आकर खड़े हुए हैं, उधर सुनने में आ रहा है कि उत्तरबंग के नक्सलवाड़ी

में कृषकों की हत्या के ख़िलाफ़ हज़ारों किसान रास्ते पर निकल पड़े हैं। ये सब के सब तो हमारे साथ हैं, है न सव्यसाची दा!

सव्यसाची : *(युवती राजलक्ष्मी के करीब जाकर)* तुम मेरा साथ दोगी न, राजलक्ष्मी?

[अचानक किशोर और राजलक्ष्मी दोनों हवा में जैसे गुम हो जाते हैं। एक पल के लिए अँधेरा। सव्यसाची ऊँची आवाज़ में बोलने लगते हैं :]

सव्यसाची : मेरे साथ कौन होगा? कौन से लोग होंगे? वे चेहरे कहाँ गुम हो गए? कौन हैं मेरे साथ, मेरे पास? उन चेहरों को क्यों नहीं देख पा रहा हूँ? सब कुछ अस्पष्ट सा हो रहा है! इतनी सर्दी क्यों लग रही है मुझे? बहुत ठंड? *(कहते-कहते खाट पर उठकर बैठ जाते हैं।)*

[अधेड़-उम्र वाली राजलक्ष्मी भीतर आती है।]

राजलक्ष्मी : क्या हुआ? नींद में चिल्ला क्यों रहे हैं?

सव्यसाची : बहुत सर्दी लग रही है! आज का तापमान क्या है राजलक्ष्मी?

राजलक्ष्मी : रज़ाई क्यों नहीं ओढ़ ली? पता नहीं, क्या सोचते रहते हैं! सपना देख रहे थे क्या? *(सव्यसाची सर हिलाते हैं)* याद है, हमारी शादी के दिन मिहिर दा ने एक रज़ाई उपहार में दी थी? *(राजलक्ष्मी हँसती है)* पगले थे बिल्कुल, रस्सी से बाँधकर एक रज़ाई गठरी की तरह ले आए थे। अच्छा, उन दिनों आपने मुझसे एक बात कही थी—तुम मेरा साथ दोगी न राजलक्ष्मी? सुनते ही मेरे भीतर एक अजीब सी खुशी सुगबुगाने लगी थी। पर अभी आपको क्या हुआ?

सव्यसाची : मुझे एक गिलास पानी दो। *(राजलक्ष्मी पानी लाकर देती है।)* राजलक्ष्मी, बाबा तो अब नहीं रहे न?

राजलक्ष्मी : हाँ। उनके अन्तिम समय में मैं प्राय: जाया करती थी। रोज़ आपके बारे में बातें करते। आपकी तस्वीर हाथों में लेकर बैठे रहते। आपके बारे में बताते। मुझसे एक बार बोले थे—बहू, बाबू ठीक ही कहता था। मैंने उसके साथ अन्याय किया है।

सव्यसाची : और माँ?

राजलक्ष्मी : माँ? आपके जाने के कुछ दिनों बाद ही वह चल बसीं। उनके जाने के बाद आपके बाबा हमारे घर आकर कुछ दिन ठहरे थे। पर फिर उनका मन नहीं लगा। वापस बागबाज़ार चले गए। बाबा इन्द्र से बहुत प्यार करते थे।

सव्यसाची : मैंने भी तो बाबा को बहुत दुख दिया है—बहुत! *(हँसते हैं)* वैसे मनुष्य मनुष्य को दुख और तकलीफ ही देता है—द लिगैसी ऑफ सिविलाइज़ेशन! शायद आज से तीस या चालीस बरस बाद मेरा बेटा भी कहेगा—मैंने पिताजी को बहुत दुख दिया है। अच्छा, राजलक्ष्मी, मेरा रिवॉल्वर कहाँ है? अभी भी सँभालकर रख दिया है या उठाकर फेंक दिया है?

राजलक्ष्मी : सोचा था, फेंक दूँगी, पर नहीं फेंक सकी। छुपाकर रखा है। अभी तक अलमारी के खुफिया लॉकर में वह रखा हुआ है। पर बात क्या है?

सव्यसाची : नहीं, ऐसे ही! सोचा, शायद मेरी सोच की तरह उसमें भी जंग लग गया होगा—इसीलिए! *(हँसते हैं।)*

राजलक्ष्मी : सुनिए! आपके सो जाने के बाद सनत् दा ने फ़ोन किया था। सनत्—सनत् चक्रवर्ती—याद आ रहा है?

सव्यसाची : नेताजीनगर वाला?

राजलक्ष्मी : जी।

सव्यसाची : वह अभी क्या करता है?

राजलक्ष्मी : पार्टी के बहुत बड़े नेता हैं। उत्तर चौबीस परगना जिले के जितने भी प्रोमोटर, जमीन और मछली की भेड़ियों* के मालिक हैं—सब उनके कहने पर काम करते हैं।

सव्यसाची : क्या चाहता है वह?

[उन्हें सर्दी लगती है। काँपने लगते हैं।]

राजलक्ष्मी : आपसे मिलना चाहते हैं।

सव्यसाची : उसे मेरे बारे में पता कैसे चला?

[बहुत ज़ोर से काँपने लगते हैं।]

राजलक्ष्मी : इन्द्र से मुलाकात हुई थी, तो उसने उन्हें बताया।

सव्यसाची : क्या कहा है सनत् ने?

राजलक्ष्मी : कहा है, कल सबेरे हमारे घर आएँगे।

सव्यसाची : हम लोगों में एकमात्र सनत् को ही वे पकड़ नहीं पाए थे। मेरे साथ एक बार उसका झगड़ा हुआ था। तुम उस दिन उलूबेड़िया गई हुई थीं। मैंने उसे सिद्धार्थ राय का दलाल कहा था। उसने मुझे स्टालिन का चेला कहा था। वही सनत्?

[और अधिक काँपने लगते हैं।]

---

* भेड़ी—मीलों फैली हुई झील जहाँ मछलियाँ पैदा की जाती हैं।

राजलक्ष्मी : उहोंने कहा था, वह तुम्हारा इंटरव्यू लेंगे–किसी टी.वी. चैनल के लिए। *(सव्यसाची को बहुत ज़ोरों से काँपते देखकर)* अरे, क्या हुआ आपको?

सव्यसाची : बहुत सर्दी लग रही है। और रज़ाई है घर में?

राजलक्ष्मी : *(माथे पर हाथ रखकर)* कहीं बुखार तो नहीं है आपको? देखूँ–नहीं तो! ठीक है, मैं और एक रज़ाई ला देती हूँ।

[राजलक्ष्मी बाहर जाती है। सव्यसाची ठिठुरते हैं। प्रकाश धीरे-धीरे कम होने लगता है। परदा गिरता है।]

पाँचवाँ अंक

[वही कमरा। सबेरे के दस बज रहे हैं। सनत् और सव्यसाची एक ओर बैठे हुए हैं। दूसरी ओर इन्द्राणी का इंटरव्यू ले रही है श्रमणा। वे दोनों टी.वी. कैमरे के फ्रेम में हैं। इन्द्राणी के पास ही बैठी है राजलक्ष्मी पर वह कैमरे के फ्रेम में नहीं है। बीच में चैनल के दो लड़के–मानवेश और कविरुल–खड़े हैं। कैमरा कभी-कभी राजलक्ष्मी की ओर भी घूमता है।]

श्रमणा : आप अपने पिता को पहचान पाए थे?

इन्द्राणी : पहले पहचान नहीं पाई थी। फिर माँ की बातों से पता चला।

श्रमणा : फिर आपने क्या किया?

इन्द्राणी : थोड़ी देर के लिए तो मैं कनफ्यूज्ड हो गई थी। वैसे सच कहूँ तो मेरे भीतर उस वक़्त कोई इम्पैक्ट ही नहीं हुआ। असल में पिता कहने से जिस तरह के इमेजेस दिलो-दिमाग में बनते हैं, वैसा कुछ हुआ नहीं। क्योंकि जब मेरे पिता को पकड़कर ले गए थे, उस वक़्त तो मैं पैदा ही नहीं हुई थी। फिर इतने दिनों बाद उनके बारे में पता चला।

श्रमणा : तो अभी उन्हें पिता मानने में असुविधा तो नहीं है?

इन्द्राणी : असुविधा तो थोड़ी हो रही है। आ लिटट् बिट! *(मुस्कराकर)* पर कुछ दिनों में सब ठीक हो जाएगा।

[श्रमणा इन्द्राणी का साक्षात्कार लेती रहती है। इधर मानवेश और कविरुल आपस में बातें करते हैं। स्पॉटलाइट उन दोनों पर पड़ता है।]

मानवेश : सुन, तू अपने उस गाड़ी के लिए लोन देनेवाले फाइनेंसर को मेरे पास एक बार भेजना तो। स्कीम के बारे में जानना है।

कविरुल : अबे गधे! सेकिंड हैंड क्यों लेना चाहता है? एक से डेढ़ के बीच में अच्छी एट हंड्रेड कार मिल जाएगी।

मानवेश : नहीं रे! नई कार नहीं खरीद सकता। ससुराल के लोग भी तो हैं। ऊपर से पत्नी कहती है, ऐमवे का बिज़नेस करेगी। क्या करूँ, बता?

कविरुल : अरे, पत्नी से कह कि ऐमवे वगैरह अब हज़ारों लोग कर रहे हैं। ये सब छोड़कर शेयर खरीद। युद्ध का बाज़ार है। अगर ठीक-ठाक दाँव लग गया तो...

मानवेश : नहीं रे, मेरे बड़े साले ने मुझे शेयर खरीदने से मना किया है। उसने कहा है एस.टी.डी. बूथ खोलने के लिए। काफ़ी फायदा है इसमें।

[स्पॉटलाइट सनत् और सव्यसाची पर]

सनत् : अच्छा, पहले यह बताओ, तुम्हारा चेहरा इतने सालों के बाद भी जरा सा नहीं बदला! नींद में ही शिलाजीत वगैरह कुछ लेते थे क्या?

सव्यसाची : पर तुम तो बहुत बदल गए हो। चेहरे पर चमक आ गई है। *(मुस्कराकर)* सोशल डेमोक्रेट सा फिगर बना लिया है।

सनत् : बरानगर के रवीन्द्र भवन में एक बार सर्वदल बैठक *(मीटिंग)* का आयोजन किया गया था। मोस्ट प्रोबैवली, सेवेंटी वन में। पर उस दिन तुमने मुझसे कहा था कि क्रान्ति के प्रसार के लिए, चाहे कुछ देर के लिए ही क्यों न हो, सोशल डेमोक्रेट्स की आवश्यकता है।

सव्यसाची : *(शान्त भाव से)* हाँ, कुछ देर के लिए परन्तु कितनी देर के लिए? लेनिन ने भी तो सोशल डेमोक्रेट्स का इस्तेमाल किया था, फिर जरूरत पूरी होने पर दूर फेंक भी दिया था।

सनत् : वह रशिया था इसलिए सम्भव हुआ था। हमारा देश तो आधा फ्यूडल और आधा कैपिटलिस्ट है। पूँजी का विकास तो पहले ठीक से होने दे। अरे, तुम्हें हो क्या गया है?

सव्यसाची : अच्छा, सनत्, तुम्हें समस्या नहीं होती, जब कभी मुँह धोते वक़्त बेसिन के आईने के सामने खड़े होते हो? अपने से पूछते नहीं हो–यह मैं क्या कर रहा हूँ? पूछते हो कि नहीं?

सनत् : मेरे बेसिन के सामने के आईने का काँच टूट गया है भाई।...मेरे नाती ने क्रिकेट खेलते वक़्त बैट से तोड़ डाला है। क्या बढ़िया बल्लेबाज़ी करता है, क्या बताऊँ! तुझे एक दिन ले जाऊँगा उसका खेल दिखाने–पूरा का पूरा सौरभ है, देखने से ही दुलार करने की इच्छा होती है।

[अब कैमरा राजलक्ष्मी और श्रमणा को फेस करता है। उन दोनों पर प्रकाश।]

राजलक्ष्मी : नहीं–नहीं, उसने अपने पिता को पहले कभी नहीं देखा था। देखेगी कैसे? जब उसके पिता पुलिस के द्वारा पकड़े गए, तब तो इन्द्राणी यानी मेरी बेटी मेरे गर्भ में थी।

श्रमणा : *(इन्द्राणी से)* इन्द्राणी, आप तो गाना सुनती हैं, अपने पिता को किस टाइप का गाना सुनाना चाहेंगी?

इन्द्राणी : मैं प्रिकर करूँगी लेट सेवेंटी से एट्टी के शुरू के दिनों के गीत। जिम मारीसन या फिर टीना टर्नर। पिताजी ने सम्भवत: ये गीत नहीं सुने हैं। मेरे मित्र हैं संजू। उनके पास बढ़िया कलेक्शन है। सोचती हूँ, जाकर ले आऊँ।

श्रमणा : बांग्ला बैंड नहीं सुनाना चाहती?

इन्द्राणी : ऑफकोर्स आई लाइक इट। बट पिताजी नहीं समझ पाएँगे। पिछले जनरेशन के आदमी हैं। हम लोगों का लैंग्वेज प्रॉपरली फॉलो नहीं कर पाते हैं।

श्रमणा : थियेटर या फिल्म कुछ दिखाना चाहेंगे?

इन्द्राणी : ऋतुपर्ण घोष की नई कोई फिल्म दिखा सकती हूँ, पर नाटक या थियेटर नहीं। मुझे पसन्द नहीं। अपने को वहाँ तलाश नहीं पाती हूँ।

[अब फोकस कविरुल और मानवेश पर]

कविरुल : यह लड़की तो मस्त चीज़ है यार! कल एच.बी.ओ. में एक चम्पू मूवी दिखा रहे थे–यह तो बिल्कुल उसकी हीरोइन जैसी दिखती है रे!

मानवेश : अच्छा, यह होम थियेटर लेने से कैसा रहेगा? तू ज़रा मेरे फ्लैट के ड्राइंगरूम की पोज़ीशन के बारे में सोचकर बता। पत्नी, यार, दिन–रात उसके लिए मेरे पीछे पड़ी है। ससुरजी कह रहे थे कि उनके किसी मित्र के जमाई ने ख़रीदी है।

कविरुल : साला! यह तेरा ससुराल तुझे एक दिन खा जाएगा।

मानवेश : हाँ, यार, सच ही कह रहा है तू! मेरी माँ भी उस दिन कह रही थी–यह मेरा बेटा पराया हो गया। खाली ससुराल में जाकर पड़ा रहता है। साले-सालियों को खिलाता है, पिलाता है, सिनेमा दिखाने ले जाता है–यह लड़का तो काम से गया।

कविरुल : फिर?

मानवेश : फिर माँ ने कहा, बेटे का काम तो मेरा जमाई राजा कर रहा है। कितनी बार हमारे घर हाल-चाल पूछने चला आता है। सालों को खिलाता-पिलाता है। सालियों को सिनेमा दिखाने ले जाता है। ऐसा जमाई कितनों को मिलता है भला!

[प्रकाश फिर सनत् और सव्यसाची पर]

सव्यसाची : सनत्, 'प्रावदा' पत्रिका याद है? 'प्रावदा' का मतलब जानते हो न तुम–सत्य यानी सच!

सनत् : 'प्रावदा' अब नहीं निकलती। 'सोवियत देश' पत्रिका वगैरह पहले घर पर आती थी, अब सब कुछ बन्द हो गया है। तुम यह 'प्रावदा' की बातें छोड़ो। सोचता हूँ, 'आनन्दबाज़ार पत्रिका' में तुम्हें लेकर एक स्टोरी करूँ!

सव्यसाची : आनन्दबाज़ार! आनन्दबाज़ार वाले तुम्हारी बात सुनेंगे?

सनत् : सुनेंगे भई, सुनेंगे। अरे, उस तरह की पोज़ीशन बनानी पड़ती है, तब न सुनेंगे। वैसे आजकल वे लोग हमारा उतना क्रिटिसाइज़ नहीं करते हैं। हमारे नए बदलाव को उन लोगों ने पॉज़िटिव वे में लिया है। उसी जगह से अगर तुम्हें सही ढंग से प्रोजेक्ट किया जाए तो...

सव्यसाची : चलो, आनन्दबाज़ार भी अब तुम लोगों का दोस्त बन गया है।

सनत् : अरे, इस तरह से क्यों बोल रहे हो? यह दोस्ती-वोस्ती कुछ नहीं होता। जो हमारी ईश्यू को सपोर्ट करेगा, वही हमारा दोस्त होगा। भई, यह ज़माना तो ईश्यू बेस्ड क्वालिशन का ज़माना है। और ऐसा ही होना भी चाहिए।

[फिर फोकस इन्द्राणी और श्रमणा पर]

इन्द्राणी : मेरी इच्छा है पिताजी को बेक्ड लॉब्स्टर खिलाने की–विद् मेयोनिज़ सॉस! मैंने हाल ही में इसकी रेसिपी सीखी है।

श्रमणा : उन्हें कुछ ओरिएंटल नहीं खिलाना चाहती!

इन्द्राणी : इच्छा तो है रेशमी कबाब खिलाने की, पर मुझे बनाना नहीं आता है। वैसे माँ कहती है कि उन्हें प्लेन चावल और केले के फूल की सब्ज़ी बहुत पसन्द है।

श्रमणा : वैसे मैं आपको एक सजेशन दे सकती हूँ। यू बेटर गो टू 'आहेली रेस्तराँ'। उनका बहुत सारा पैकेज है। आपको जो ठीक लगेगा, आप ऑर्डर कर सकती हैं।

इन्द्राणी : तो फिर वहीं जाऊँगी। वहाँ चितल और हिलसा मछली तो जरूर मिलेगी?

श्रमणा : जरूर!

इन्द्राणी : अच्छा, रेस्तराँ में पूछने पर क्या वे अपनी रेसिपी हमें देंगे?

[फिर से मानवेश और कविरुल पर फोकस]

मानवेश : सुन, अपने क्रेडिट कार्ड से मुझे कुछ कैश निकाल कर दे न! फ्लैट का लास्ट इंस्टालमेंट देते-देते रह गया, प्लीज़!

कविरुल : दे दूँगा। अच्छा, यह जो 'मार-धाड़' नाम से एक नॉन-फिक्शन बनाने की बात थी, सुना है, वह इनहाउस नहीं रहेगा—कमिशंड होने जा रहा है? ये लोग किसे देंगे, कुछ आइडिया है?

मानवेश : कौन जाने! एक अ-बंगाली प्रोड्यूसर को लेकर वही चालू किस्म का नाट्य-निर्देशक अपने यहाँ आया था। उसके सारे शोज़ तो फ्लॉप हो चुके हैं। अब वह हमारे लाइन में आया है।

कविरुल : समझा! अच्छा मौका है। यह प्रोजेक्ट अपने पास लाना है। वैसे मैंने सनत् दा से कहा है कि इसे हमारे यूनिट को दे दीजिए। बहुत कम बजट में तीन कैमरे के हेल्प से ही फ्लोर पर ला देंगे। ऑनलाइन—ऑफलाइन सब हम पर छोड़ दीजिए! मानवेश, तू एक काम कर। एक बजट बना दे।

मानवेश : हट! छोड़ न यह सब! चल, फिक्शन बनाते हैं। घर पर बैठकर ही नोट कमा सकते हैं। रवीन्द्रनाथ की रचनाओं की कॉपीराइट अब नहीं रही। 'देवता का ग्रास' को मेगा-सीरियल बनाने से कैसा रहेगा? पब्लिक पसन्द करेगी कि नहीं?

[अब फोकस सव्यसाची और सनत् पर]

सनत् : सोच रहा हूँ, तुम्हें निखिलबंग बुद्धिजीवी समिति की साउथ चौबीस परगना जिले वाली शाखा का वाइस-प्रेसीडेंट बना दूँ। बस! काम कुछ ज्यादा नहीं है। दो-चार जी.बी. मीटिंग अटैंड करना और वार्षिक सभा में उपस्थित रहना।

सव्यसाची : तुम क्या मुझे इलेक्शन के कामों में लगाना चाहते हो?

सनत् : अरे नहीं-नहीं, अभी इलेक्शन कहाँ? पर हाँ, नेक्स्ट असेम्बली इलेक्शन के लिए ग्राउंड वर्क हमने अभी से शुरू कर दिया है। तुम्हें हम वहाँ पर कुछ काम दे सकते हैं।

सव्यसाची : इलेक्शन अभी नहीं होनेवाला है, फिर भी उसके लिए अभी से ग्राउंड वर्क?

सनत् : अवश्य भाई! वर्ग-शत्रुओं को तुम जानते नहीं! प्रेस, मीडिया से लेकर सेंट्रल हेल्प सब कुछ उनके हाथों में हैं। वे तो हमेशा चाहते हैं कि युद्ध आरम्भ हो तो उनकी पाँचों उँगलियाँ घी में। वैसे भी उनकी जो नेत्री हैं—शायद यह कह दें कि वाजपेयी जी को युद्ध आरम्भ करने का परामर्श उन्होंने ही दिया था। अफगान-युद्ध के समय वे तो दावा ही कर चुकी थीं कि बुश ने उनके साथ बात करके ही युद्ध की शुरुआत की है। हो सके तो टी.वी. खोलकर असेम्बली की कार्यवाहियों पर ध्यान रखना। देखने योग्य प्रोग्राम है। हमारी पार्टी-लाइन तो स्पष्ट समझ सकोगे।

[फोकस फिर से राजलक्ष्मी और श्रमणा पर]

राजलक्ष्मी : नहीं, वह सर्कस पसन्द नहीं करते। देखना भी नहीं चाहते।

श्रमणा : वैसे इस विंटर में पार्क-सर्कस में ओलम्पिक सर्कस का खेल दिखाया जा रहा है। आप लोग चाहें तो जा सकते हैं। पाँच प्रश्नों के सही उत्तर देने पर छह फ्री पास मिलेंगे।

राजलक्ष्मी : नहीं, हमें उसकी आवश्यकता नहीं है।

श्रमणा : ओके! एज यू विश!

इन्द्राणी : मैंने एक बार आप लोगों की महिला-विशेषांक पत्रिका में मॉडल बनने के लिए अप्लाई किया था, पर कोई उत्तर नहीं मिला। आप अपना कार्ड देंगी? मैं आपसे बाद में सम्पर्क कर लूँगी।

[मानवेश और कविरुल पर प्रकाश]

कविरुल : कैलकटा क्लब का मेम्बर बनना चाहता है? मैंने वहाँ के एक बॉस को इम्प्रेस किया है—पर बहुत सारा डोनेशन माँग रहा है। कल उसके साथ 'तंत्र' में फिर मुलाकात होगी। कोशिश करता हूँ अगर कुछ पैसे कम करवा सकूँ तो!

मानवेश : फ्लैट खरीदने के बाद अब मेरा पॉकिट बिल्कुल खाली है भई! ऊपर से पत्नी गाड़ी के लिए ज़िद कर रही है। साली भी बार-बार ऊटी घुमाने ले जाने के लिए रिक्वेस्ट कर रही है। पत्नी तो कह रही है—ऊटी नहीं, मनाली जाएगी इस बार, हिमाचल प्रदेश! मैं भी सोच रहा हूँ, साले-सालियों को लेकर दो दिन के लिए दीघा ही घूम आऊँ। सनत् दा से एक टाटा सूमो के लिए कहूँगा।

कविरुल : दीघा में फैमिली के साथ क्या करने जाएगा? पागल हो गया है क्या? चल, कुछ और करते हैं। गाड़ी में बीयर की कई बोतलें रख लेंगे। साथ में...*(आँख मारकर)* चल, छैयाँ-छैयाँ छैयाँ!!

मानवेश : अरे, नहीं यार! बीयर पीने से मोटापा बढ़ जाता है। मैं वैसे ही थोड़ा प्लम्प हूँ! रोज सबेरे आजकल जिम जाने लगा हूँ। फिर बीयर पीकर पैसा पानी में बहाने का क्या मतलब?

कविरुल : ओह, तो साहब बॉडी बना रहे हैं! देखें, कितने दिन चालू रख सकता है!

मानवेश : सुना है, अंडा ज्यादा लेने से कोलेस्टेरॉल बढ़ता है—कुछ पता है इस बारे में?

[प्रकाश पुनः सव्यसाची और सनत् पर आकर स्थिर होता है।]

सव्यसाची : पता है सनत्, स्तालिन ने एक बार एक साक्षात्कार में कहा था कि शत्रु के प्रति ज्यादा कोमल भाव दिखाने से अन्ततः एक तरह की स्थितावस्था का जन्म होता है। और वह मेहनती मज़दूरों के प्रति एक प्रकार का विश्वासघात के अतिरिक्त और कुछ नहीं होता है।

सनत् : परन्तु हम तो इस अवस्था को पुनर्गठन यानी पुनर्निर्माण का नाम देते हैं—इस परिवर्तित परिस्थिति में।

सव्यसाची : पुनर्निर्माण–है न? रूसी भाषा में इसका पर्यायवाची शब्द क्या है, जानते हो न–पेरेस्त्रैका!

[तभी श्रमणा सव्यसाची और सनत् के पास आती है।]

श्रमणा : *(सव्यसाची से)* उन लोगों का साक्षात्कार ले चुकी। अब आप की बारी है।

सनत् : थैंक यू, श्रमणा। कविरुल, मानवेश, तुम दोनों इधर आओ। *(कविरुल और मानवेश दोनों आते हैं)* सव्यसाची, यह हैं कविरुल। इनके चैनल में फ्रीलैंस पत्रकार हैं। वैसे ये एक कॉलेज में पार्ट-टाइम साहित्य पढ़ाते हैं और एक सांस्कृतिक कर्मी हैं। थियेटर, नाटक, आवृत्ति आदि के साथ जुड़े हुए हैं। *(मुस्कराकर)* वैसे, कविरुल हमारी पार्टी को बिल्कुल पसन्द नहीं करते हैं।

कविरुल : नहीं, ऐसी बात नहीं है सनत् दा। यह जो भूमंडलीकरण को लेकर आप लोगों का स्टैंड है, उससे मैं बिल्कुल कनेक्ट नहीं कर पाता हूँ। अदरवाइज़...

सनत् : *(उसे रोकते हुए)* और ये हैं मानवेश। इसी चैनल में नौकरी करते हैं। उनके इस प्रोग्राम के रिसर्च वगैरह मानवेश ही देखते हैं। मानवेश, सव्यसाची के बारे में सभी डेटा कलेक्ट कर लिया है न और कम्पाइलेशन सही ढंग से करना।

मानवेश : आलमोस्ट कर लिया है। सिर्फ उनके जेल-जीवन के बारे में थोड़ी और जानकारी...

सव्यसाची : पर तुम्हारा इस चैनल के साथ क्या सम्बन्ध है?

सनत् : हाँ? अरे, काइंड ऑफ एडवाइज़र कह सकते हो। सलाहकार! असल में हमारी पार्टी ने सोचा कि कैपिटलिस्ट के पैसों पर पलनेवाले चैनल तो केवल उन्हीं की बात करेंगे। फिर अपने को भी तो एक ओपन प्लेटफॉर्म की जरूरत है, जहाँ से हम अपनी बातें कह पाएँगे। इनफैक्ट मैं अभी गाड़ी में आते-आते तुम्हारे ही मुद्दे पर कविरुल से बातें कर रहा था। वह कह रहा था कि क्यों न तुम्हें लेकर एक वीकली सीरियल बनाया जाए? तुम्हारा किरदार, सौमित्र चटर्जी अगर निभाए तो कैसा रहेगा?

सव्यसाची : यह सीरियल क्या होता है?

सनत् : अरे, क्या कह रहे हो? भाभीजी क्या सीरियल नहीं देखतीं– 'क्योंकि सास भी कभी बहू थी'? गेरी पत्नी और बहू तो रोज़

शाम को टी.वी. के सामने बैठ जाती हैं। वैसे मेरे घर में मैंने सख्ती से कह दिया है कि बांग्ला चैनल अगर देखोगे तो सिर्फ हम लोगों का ही चैनल देखना पड़ेगा। और यही होता भी है। पर इस एक सीरियल के मामले में तो मेरा परिवार मेरी कोई बात नहीं सुनता। पक्के गांधीवादी तरीके से मेरे साथ असहयोग करते हैं।

सव्यसाची : *(अनमने से होकर)* गांधीजी ने तो एक बार स्वयं ही कांग्रेस को एबोलिश करना चाहा था।

सनत् : श्रमणा, तो फिर तुम अपने प्रश्नों के साथ तैयार हो जाओ।

श्रमणा : मानवेश दा, लैपल कहाँ है?

मानवेश : उसकी आवश्यकता नहीं पड़ेगी–यह कमरा साउंड प्रूफ है।

श्रमणा : *(कैमरामैन से)* रेडी? *(फिर जैसे दर्शकों से कह रही हो)* नमस्कार! 'मुखर चेहरे' में आप सबका स्वागत है। आप लोगों ने पिछला हफ्ता आनन्दपूर्वक बिताया होगा। बड़ा दिन कैसा बीता? पिछले हफ्ते हमारा विषय था 'गीत' और हमारे अतिथि थे बाबुल सुप्रिय। हमारे इस हफ्ते का विषय है 'राजनीति'। आपके सामने आ रहे हैं सत्तर के दशक के विशिष्ट राजनीतिक व्यक्तित्व सव्यसाची सेन। भारतवर्ष के इतिहास में वह एक भयंकर समय था जब इमर्जेंसी पीरियड में राजनीतिक बन्दी के रूप में पकड़े गए सव्यसाची अलीपुर सेंट्रल जेल से ग़ायब हो जाते हैं। आज छब्बीस बरस बाद अचानक वे अपने घर वापस लौटे हैं–परिचित जनों के पास। आज हम ऐसे असाधारण व्यक्तित्व से बातचीत करेंगे। सव्यसाची सेन *(विंग्स के दोनों ओर से तालियों की गूँज सुनाई देती है।)*...अच्छा, सव्यसाची बाबू, एक ऑफ बिट प्रश्न से बात शुरू करना चाहूँगी। एक पॉलिटीशियन के रूप में आप स्वयं को दस में से कितने अंक देंगे–छह? आठ? पाँच या नौ?

[सव्यसाची मौन रहते हैं]

सनत् : श्रमणा, कुछ और पूछो!

श्रमणा : अच्छा, अब एक हाइपोथेटिकल प्रश्न। सव्यसाचीजी, मान लीजिए, आपके साथ कॉमरेड स्तालिन की मुलाकात हो गई, तो आप उनसे क्या कहेंगे? मान लीजिए, सेंट पीटर्सबर्ग में बर्फ गिर रही है, एक पार्क में आप दोनों एक-दूसरे से मिलते हैं, ऐसे में आप उनसे क्या कहेंगे? क्या आप उन्हें जॉर्जिया घुमाने

ले जाने के लिए कहेंगे? एक ज़ार और एक क्रान्तिकारी के बीच क्या अन्तर है, जानना चाहेंगे? या फिर—क्यों उन्होंने ऐसा कहा था कि—'मध्यवर्ग के क्रान्तिकारियों का एकमात्र काम है सत्ता हासिल कर वर्तमान मध्यवर्ग के स्वार्थ में अर्थनीति तय करना। दूसरी ओर प्रोलेतारियन आन्दोलनकारियों का प्रमुख कार्य है सत्ता छीनकर एक नया समाजतांत्रिक अर्थनैतिक व्यवस्था को जन्म देना'—यह जानना चाहेंगे? बताइए सव्यसाची बाबू!

[सव्यसाची उत्तर नहीं देते हैं।]

सनत् : कुछ और पूछो श्रमणा।

श्रमणा : एक सेकंड! मेरा मोबाइल बज रहा है। मैं तो स्विच ऑफ करना ही भूल गई थी। सॉरी! *(मोबाइल ऑफ करती है।)*

कविरुल : *(श्रमणा को चिढ़ाते हुए)* हाय, दिस इज़ श्रमणा। आई कांट रिसीव योर कॉल नाऊ। प्लीज़, लीव योर नेम एंड शॉर्ट मेसेज़ आफ्टर हियरिंग आ बिप! आइ शैल कॉल यू—एज़ सून एज़ पॉसिबल। थैंक यू! *(श्रमणा मुस्कराती है।)*

सनत् : सव्यसाची, इसे मोबाइल फ़ोन कहते हैं। यह हमारी मॉबिलिटी बढ़ाता है। मैं तुम्हें एक प्रेज़ेंट करूँगा। हाँ, तो शुरू करो श्रमणा!

श्रमणा : *(कैमरामैन से)* रेडी? हाँ, तो सव्यसाचीजी, मेरे दो प्रश्नों के उत्तर आपने नहीं दिए। तो फिर मेरा अन्तिम प्रश्न है—आपको यदि अभी सी.पी.एम. के पार्टी ऑफिस, अलीमुद्दीन स्ट्रीट ले जाया जाए तो आप पहचान पाएँगे? आप क्या करेंगे वहाँ? किसी खास व्यक्ति से मिलना चाहेंगे? उनसे अपने लिए कुछ माँगेंगे? बताइए सव्यसाचीजी। ली शाव की किताब—'हाउ टू बी आ गुड कम्युनिस्ट'—क्या किसी को गिफ्ट करना चाहेंगे, या फिर वहाँ एक कप कॉफी पीकर सीधे नन्दन चले जाएँगे कोई अच्छी सी फिल्म देखने? बताइए न सव्यसाची बाबू! उत्तर दीजिए।

[सव्यसाची अचानक से अपने मुँह पर हाथ रखते हैं। उठकर भागते हुए भीतर के कमरे में चले जाते हैं। अन्दर से उल्टी करने की आवाज़ आती है—बहुत ज़ोर से। राजलक्ष्मी और इन्द्राणी भी अन्दर चली जाती हैं। उल्टी की आवाज़ आती है। मंच पर रोशनी कम हो जाती है। इन्द्र का प्रवेश]

इन्द्र : *(सनत् से)* काका, आप लोग अब जाइए। उनकी तबीयत ठीक नहीं है।

सनत् : तुम्हारा समाचार क्या है? *(व्यंग्य से)* तुम लोगों की दीदी क्या कह रही है?

इन्द्र : *(थोड़ी देर मौन रहकर)* मैं अब तृणमूल नहीं करता हूँ काका। पार्टी छोड़ दी है मैंने।

सनत् : चलो! बुद्धिमान लड़के हो। तो फिर एक दिन मेरे ऑफिस में आओ। बात करने में तो कोई नुकसान नहीं है न?

इन्द्र : नुकसान है।

सनत् : मतलब?

इन्द्र : अशिक्षित गुंडे और शिक्षित गुंडे के बीच बहुत ज्यादा फर्क नज़र नहीं आता मुझे। एक पेट में छुरी भोंकता है तो दूसरा पीठ में। बस इतना ही फर्क है। पर परिणाम तो एक ही होता है न?

सनत् : अच्छा, इन्द्र, ये जो बातें तुम मुझे सुना रहे हो न, सोचो कि अगर मैं तुम्हें सीधे गुजरात ले जाऊँ या यू.पी. या फिर महाराष्ट्र में ठाकरे के सामने—तुम इसी तरह सीधे खड़े होकर यही बातें उनके सामने कह सकोगे तो तुम अन्दाज़ा लगा सकते हो कि वे तुम्हें सुनने के बाद तुम्हारे साथ क्या कर सकते हैं? *(थोड़ा रुककर)* तुम लोग सारी सुविधाएँ भी लोगे और फिर गाली भी दोगे, क्यों? वैसे बातें अच्छी कर लेते हो पर मुझे इस वक़्त तुम्हारी ये बातें सुनकर 'सियार के 'अंगूर खट्टे' हैं' कहानी की याद आ गई।

इन्द्र : हाँ, वह तो आएगी ही। पर क्या है न काका, जो अंगूर मीठे होते हैं और जो सियार उन तक पहुँच पाता है, वह उन अंगूरों को सड़ाकर शराब यानी कोहल बनाकर पीता है—उसे क्या कहते हैं पता है काका—सत्ता का कोहल! परिणामस्वरूप सियार अंगूर पाकर भी ज्यादा कुछ कर नहीं पाया, सिर्फ नशा करता गया—नशा! पर वह नहीं जानता कि वही नशा उसे एक दिन मिटा देगा।

सनत् : देखो इन्द्र! जानते हो न, कुछ लड़के यूँ ही बिना कारण ग़ायब हो जाते हैं। वैनिश! ग़ायब! फिर उन्हें कोई कभी ढूँढ़ नहीं पाता है। असल में बात यह है इन्द्र, कि हमारी पार्टी की आलोचना करना बहुत आसान है। बस, कुछ भी अनाप-शनाप कह दो! और अभी तो वैसे ही बड़ा जटिल समय है। कोई भी कुछ भी

मनचाहा कह दे रहा है। पर तुम...तुम लोग कौन सा दायित्व निभा रहे हो समाज में—हाँ? खाली आलोचना करोगे? बाकी तुम लोगों का काम ही क्या है! कौन सा तीर मार ले रहे हो? *(व्यंग्य से हँसकर)* असल में, तुम लोग सोचते हो, दूसरों का अपमान करने से ही बहुत बड़ा सच कहना हो जाता है। पर यह 'सच' सम्भवतः तुच्छ मान-अपमान, व्यंग्य-विद्रूप आदि से काफ़ी ऊपर है—है कि नहीं?

इन्द्र : काका, मैंने माँ से सुना था कि आपने एक बार पार्टी का त्याग किया था?

सनत् : *(सकपकाकर)* हो सकता है, मुझे याद नहीं है। मैं अच्छी तरह से जानता हूँ कि आनेवाले पच्चीस साल और, मैं और मेरे जैसे लोग ही पार्टी में अधिक रहेंगे—तुम्हारे माँ या पिताजी नहीं। *(भीतर से फिर से उल्टी की आवाज़ सुनाई पड़ती है। इस बार और ज़ोर से)* चलता हूँ। खुश रहना। जरूरत पड़े तो सम्पर्क करना। मैं तुमसे बहुत स्नेह करता हूँ।

[सनत् अपने चैनल के लोगों को लेकर चला जाता है। मंच पर केवल इन्द्र है। वह आक्रोश के साथ ज़मीन पर थूकता है। थोड़ी देर के लिए नीरवता। फिर सव्यसाची आकर दरवाज़े के पास खड़े होकर इन्द्र की ओर एकटक देखने लगते हैं।]

इन्द्र : *(धीरे-धीरे एक-एक शब्द बोलता है)* आपकी समझ में आ रहा है कुछ? आप लोग अब इस सोसायटी में बेकार, बेकाम हैं, समझे आप? अपने ऊपर तरस नहीं आ रहा है आपको? नहीं लग रहा है, अब तक जो भी किया है, सोचा है, कहा है आपने, आज अर्थहीन है सब कुछ, स्वयं को एक डस्टबिन की तरह नहीं महसूस कर रहे हैं? देखिए सव्यसाची, तीस वर्ष के अन्तराल पर अब आपकी दुनिया पहले जैसी नहीं रही। आपके सर पर कोई छाता नहीं है, साथ में कोई पार्टी नहीं है, संग चलने के लिए कोई जुलूस नहीं है। आप अकेले हैं—पूरी तरह अकेले।

[सव्यसाची आगे बढ़कर इन्द्र को पकड़ लेते हैं। फिर उन्हें उल्टी आने लगती है। इन्द्र के बदन पर ही उल्टी कर देते हैं। इन्द्र फिर भी कहता रहता है :]

इन्द्र : आपको किसी का पक्ष लेना ही पड़ेगा सव्यसाची। पक्ष, किसी का पक्ष लीजिए, वरना आपका आनेवाला कल रिप वैन विंकल की तरह हो जाएगा। वह भी लम्बी नींद से जागकर किसी के साथ अपने आपको एडजस्ट नहीं कर पा रहा था–किसी के साथ नहीं। पक्ष लीजिए सव्यसाची–कोई न कोई पक्ष।

[उल्टी की आवाज़। मंच पर धीरे-धीरे अन्धकार छा जाता है।]

छठा अंक

[भोर का समय। पीछे से कोई महिला भैरवी गा रही है। उसकी आवाज़ मंच पर सुनाई दे रही है। मंच पर एक पागल बैठा है। उसका चेहरा दाढ़ी-मूँछों से ढँका हुआ है, आँखों में उदासी। दो-चार बच्चे उसे तंग करते हैं, फिर भाग जाते हैं। पागल कुछ कहता नहीं। एक महिला आकर उसे दो रोटी और गुड़ देकर जाती है। खाने को कह जाती है। तभी सव्यसाची प्रवेश करते हैं। धीरे-धीरे पागल के करीब आते हैं।]

सव्यसाची : भैया! यह राजेन मल्लिक का घर किस ओर है, बता सकते हैं? *(पागल रोटी खाने लगता है)* मैं बहुत दिनों पहले एक बार यहाँ आया था, पर उस समय यहाँ दो तालाब थे। अभी तो कुछ भी नज़र नहीं आ रहा है!

पागल : *(खाते-खाते)* बहुमंजिली फिलाट!

सव्यसाची : कुछ कहा आपने?

पागल : तालाब–ज़मीन–प्रोमोटर–गुंडे–चेयरमैन–मल्टीस्टोरीड! एक भिसास सर्कल–कुछ समझे?

सव्यसाची : यह सब छोड़िए। राजेन मल्लिक का घर किधर है, मुझे कृपया बता दें।

पागल : अरे, तुम तो नाराज़ हो गए। यही तो मुश्किल है आजकल के लड़कों को लेकर। अच्छा, ठीक है। सीधे जाओ–जाकर देखोगे, एक क्लब है–जागृति संघ। अन्दर टी.वी. चालू होगा, पहले नहीं था–अभी पिछले साल से ही, मेरा मतलब, चुनाव के बाद से देख रहा हूँ। मॉर्निंग न्यूज़ सुन पाओगे–सुनते-सुनते थोड़ी दूर

जाकर एक पगडंडी मिलेगी। फिर तुम्हारी नाक में मछली की बू आएगी। तब समझ जाना, मछली की 'भेड़ी' के पास पहुँच चुके हो। वैसे तुम्हें वे लोग देखेंगे तो सन्देह होगा कि तुम किस पार्टी के हो–कह देना कि तुम लोकल कमेटी के किसी सदस्य के परिचित हो–तो फिर कोई समस्या नहीं होगी। साथ ही तुम उन्हें यह भी समझा देना कि तुम कोई बखेड़ा खड़ा नहीं करना चाहते हो।

सव्यसाची : फिर?

पागल : फिर तुम उस पगडंडी से होते हुए पतले-दुबले ताड़ के पौधों के पास से चल रहे होगे। थोड़ी दूर चलने के बाद तुम बाज़ार के पास पहुँच जाओगे। ऐसे में दूर से ट्रेन के चलने की आवाज़ सुनाई देगी।

सव्यसाची : फिर?

पागल : फिर देखोगे, बाज़ार में कितने लोग। कोई चल रहा है, कोई दौड़ रहा है, कोई हँस रहा है, कोई चिल्ला रहा है तो कोई रो रहा है। किसी को देखकर लगेगा कि इसका तो अभी-अभी जन्म हुआ है, तो किसी को देखकर लगेगा, अरे ये तो कल ही मरनेवाले हैं। बाज़ार! उस बाज़ार में तुम कुछ देर खड़े रहना। तुम्हारी आँखों में बरबस आँसू आ जाएँगे। अपने माथे पर हाथ रखकर देखना–लगेगा, जैसे बुखार आ गया है। उन्हें देखते-देखते तुम्हें खुद पर सन्देह होगा। लगेगा, तुम कौन हो, क्या हो? क्यों तुम इनके बीच, इतने प्रकाश के नीचे खड़े हो? समझ ही नहीं पाओगे।

सव्यसाची : पता बताइए।

पागल : क्या? *(सव्यसाची की ओर हैरान होकर देखता है)* किसका पता? वह तो मैं नहीं जानता।

[तभी एक व्यक्ति साइकिल पर सवार होकर मंच पर प्रवेश करता है।]

व्यक्ति : *(सव्यसाची को पागल से बात करके देख)* अरे जनाब! यह क्या कर रहे हैं? पागल से बातें कर रहे हैं? लगता है, नए हैं। किसी को ढूँढ़ रहे हैं क्या?

सव्यसाची : जी, मैं राजेन मल्लिक का पता ढूँढ़ रहा था, बता सकते हैं?

व्यक्ति : कौन राजेन? वह, जो नक्सलवादी था? लँगड़ा तो? अरे, वह तो पास की ही गली में रहता है। बाईं ओर चौथा मकान। सफेद रंग का, एक मंज़िला। राजेन मल्लिक को ढूँढ़ रहे हैं। *(ज़ोर से हँसते हुए)* इसलिए पागल से इतनी बातें?

[साइकिल सवार चला जाता है। सव्यसाची पागल के पास जाकर बैठ जाते हैं।]

सव्यसाची : बहुत तकलीफ में हो तुम–है न? रोटी क्यों रख दिया–खा लो।

पागल : *(रोटी लेकर खाता है, फिर सव्यसाची की ओर देखता है)* अच्छा, ये लोग राजेन को लँगड़ा क्यों कहते हैं? उसके पैर हैं, एक पाँव थोड़ा छोटा है। पर वह पाँव उसने अपने लिए तो नहीं खोया था। वह जो साइकिल पर सवार होकर चला गया, उस आदमी के तो दोनों पाँव हैं। राजेन की वजह से ही उस आदमी के पास उसके दोनों पाँव सुरक्षित हैं।

सव्यसाची : यह गुड़ भी खा लो। खा लो। कुछ और खाना चाहोगे? *(पागल 'नहीं' कहता है)* बात यह है कि हम लोगों को उनकी दुर्बलताओं से पहचानना चाहते हैं। कभी सुना है कि कोई व्यक्ति किसी का परिचय इस तरह से दे रहा है–अरे वो है न, बहुत सुन्दर और उदार! बहुत महान, नहीं, ऐसा नहीं सुनोगे, बल्कि वे उसका परिचय इस प्रकार देंगे–अरे वो जो लँगड़ा है, वो जो काना है, जो नाटा है, जो मोटा है, जो पागल है, जो पागल होनेवाला है...।

[मंच पर अँधेरा हो जाता है। थोड़ी देर बाद रोशनी हो जाती है। एक ऊँचा सा प्लेटफॉर्म। उस पर एक दरवाज़ा रखा हुआ है। बन्द है वह दरवाज़ा। सव्यसाची दरवाज़े पर दस्तक देते हैं। पुकारने लगते हैं–'राजेन, राजेन'। कुछ देर बाद दरवाज़ा खुलता है। राजेन के चेहरे का आधा हिस्सा, दरवाज़े के पीछे से सव्यसाची को नज़र आता है। वह झुककर पूछते हैं–'कौन है?' सव्यसाची कहते हैं–'मैं सव्यसाची हूँ–सव्यसाची सेन।' राजेन झट से दरवाज़ा बन्द कर देते हैं, पर पूरा बन्द नहीं कर पाते हैं। तब वह भीतर भाग जाते हैं। पीछे-पीछे सव्यसाची भी। फिर वे राजेन को पकड़ लेते हैं। दोनों हाँफने लगते

हैं। तभी पीछे से राजेन की दीदी बीथी आकर खड़ी होती है। अधेड़ उम्र, आँखों में एक अनजाना क्रोध। वह सव्यसाची को बैठने को कहती है। फिर सव्यसाची कहते हैं :]

सव्यसाची : मैं सव्यसाची हूँ–सव्यसाची सेन। मैं राजेन का पुराना मित्र हूँ।

बीथी : *(जाने लगती है, फिर थोड़ा रुककर)* मैं राजेन की दीदी हूँ।

[कहकर वह भीतर चली जाती है।]

सव्यसाची : तू भाग क्यों रहा था मुझे देखकर? *(राजेन चुप रहते हैं)* क्या मैं शेर या भालू हूँ? *(राजेन फिर भी मौन रहते हैं।)* अच्छा, बीथी दी तो मुझे पहचानती हैं, तो फिर मुझे नहीं पहचानने का अभिनय उन्होंने क्यों किया?

राजेन : तू तो मर चुका था न? *(सव्यसाची मुस्करा देते हैं)* सुना था, तुझे जेल के भीतर ही शूट किया था?

सव्यसाची : मैं भी तो वही जानता था।

राजेन : तुझे उस दिन टी.वी. में देखा। पता चला, तू मरा नहीं है। राजलक्ष्मी को देखा। कितनी बदल गई है! खुद को देखता हूँ तो समझ नहीं पाता हूँ, पर जब दूसरों को देखता हूँ तो यकायक अहसास होने लगता है कि अब मेरी भी उम्र हो चुकी है। तेरी बेटी को भी देखा। बड़ी प्यारी है। पर इन्द्र को नहीं देखा! क्या करता है वह?

सव्यसाची : कोई छोटी-मोटी नौकरी करता है। मेरी बात छोड़, तू अपनी सुना।

राजेन : तू टी.वी. में उस तरह बिहेव क्यों कर रहा था? बिल्कुल किसी बेवकूफ की तरह टुकुर-टुकुर ताक रहा था।

सव्यसाची : मुझे कुछ समझ नहीं आ रहा था।

राजेन : हूँ। मुझे भी ऐसा ही लग रहा था। वैसे कौन लोग आए थे तेरे पास? किन्होंने इस साक्षात्कार का प्लान किया था–सनत्?

सव्यसाची : तुझे कैसे पता चला?

राजेन : मेरे पास भी आया था। सत्तर के जेल-बन्दियों को सम्मानित करना चाहता है। *(कड़वे स्वर में)* कमीना कहीं का!

सव्यसाची : जबकि यही सनत् सेवेंटी के दशक में पूरी तरह से निकम्मा बन बैठ गया था।

राजेन : इसीलिए तो फिर सामने आ गया है। मैंने उससे कहा–मैं नहीं जा सकता। मेरा पेट खराब है। पाखाना ठीक तरह क्लीयर नहीं होता है।

सव्यसाची : क्या?

राजेन : यही गैस-बदहज़मी-खट्‌टी डकार! लगा ही रहता है। बाहर कहीं जाऊँ तो लैट्रिन जाना ही पड़ता है। मस्ट! वह बोल रहा था–मुझे किसी कमेटी का मेम्बर बनाएगा। सफेद पाजामा-कुर्ता पहनकर जाना होगा। मैंने कहा–मेरा सफेद पाजामा पीला हो जाए, यह मैं किसी तरह से नहीं चाहता।

[बीथी चाय लेकर आती है।]

बीथी : भैया! मैंने कहा था न कि किसी तरह की राजनीति से जुड़ी बातें बाहरवालों के साथ नहीं करोगे? फिर?

राजेन : *(बड़े करुण भाव से)* कहाँ, कुछ भी तो नहीं कहा दीदी!

बीथी : कहा है तुमने। मैंने सब कुछ सुन लिया है। जब पुलिस फिर से पीछे से लोहे का रॉड घुसाएगी तब समझ में आएगी मेरी बात। गरीब की बात बासी होने पर मीठी लगती है।

राजेन : दीदी, चाय के साथ कुछ और नहीं दोगी?

बीथी : ठीक है, आमलेट बना देती हूँ। *(सव्यसाची से)* स्कूल से रिटायर हो जाने के बाद जो पेंशन मिलती है, उसी से किसी तरह चलाती हूँ। *(राजेन को दिखाकर)* इसका तो कुछ भी भरोसा नहीं है। *(भीतर चली जाती है।)*

राजेन : दीदी ने तो शादी ही नहीं की। मैं भी जेल से छूटकर वापस आ गया।

सव्यसाची : तू फिर क्यों इतना निष्क्रिय बन गया?

राजेन : तुझे क्यों बताऊँ, साले सुधारवादी सी.पी.एम. ...

सव्यसाची : राजेन, फिर तूने जेल के दिनों की डायलॉगबाज़ी शुरू कर दी? फिर से हल्ला हो जाएगा, याद रखना!

राजेन : चुप कर संसदीय लोकतंत्र के तलवे सहलानेवाले कुत्ते!

सव्यसाची : और तुम लोग क्या हो? हठधर्मी ऐंटी सोशलों का दल–कांग्रेस का दलाल–कांगशल!

[दोनों ज़ोर-ज़ोर से हँसते हैं।]

राजेन : फिर आपके आन्दोलन का क्या हुआ, कॉमरेड?

सव्यसाची : आप लोगों के आन्दोलन का क्या हुआ सर? चीन के चेयरमैन क्या बोल रहे हैं? 'सत्तर दशक, मुक्ति का दशक है'—या फिर और कुछ हो गया? आप लोगों के दल के कितने टुकड़े हुए हैं?

राजेन : *(अनमने ढंग से)* जेल में चारुबाबू और असीम चटर्जी के ग्रुप के लोग आपस में कई बार मार-पीट पर उतर आते थे। मैं किसी भी ग्रुप में शामिल नहीं होता था। इसीलिए दोनों दलों के लोग मुझे लगातार ताने देते थे। एक दल कहता—मैं उनका आदमी था। दूसरा दल कहता—मैं उनका। कुछ और लोगों का कहना था—मैं सुशीतल राय चौधरी के ग्रुप का था। कुछ लोग मुझे बिहार के सत्यनारायण सिंह का आदमी कहते। मेरा अपराध था कि मैंने कहा था कि पुलिस की हत्या करने से और चाहे कुछ भी हो जाए, क्रान्ति नहीं लाई जा सकती।

सव्यसाची : तू क्या उसके बाद से ही शान्त हो गया?

राजेन : हाँ; जेल से निकलते ही। उसके बाद जो बाकी लोग थे, उनमें से एक-दो को छोड़कर किसी से मेरी पटती नहीं थी। अगर निराश होना ही है तो घर पर अकेले बैठकर निराश होऊँगा। किसी के साथ बैठकर हताश होने का कोई मतलब नहीं। वह तो कुछ मिडियोकर लोगों की सामाजिक विकृति है। मेरी व्यक्तिगत विकृति को मैं घर पर रखना चाहता हूँ। समाज में उसे फैलाने का कोई अधिकार मुझे नहीं है।

[बीथी प्रवेश करती है। सव्यसाची को आमलेट का प्लेट पकड़ाती है]

बीथी : आमलेट जल्दी खत्म करके यहाँ से चले जाइए।

सव्यसाची : बीथी दी, आप मुझे इस तरह से क्यों कह रही हैं?

बीथी : बिल्कुल ठीक कर रही हूँ। वैसे, हो कौन?

सव्यसाची : बीथी दीदी!

बीथी : भाई को गिरफ्तार करने के बहाने जिस पुलिस ने मेरे पेट में सिगरेट से निशान बना दिया था, उसका चेहरा आपसे काफ़ी मिलता-जुलता है।

राजेन : दीदी, यह वह नहीं है...।

बीथी : उस चेहरे ने मुझसे पूछा था–ए कुत्ती, बता, तेरा भाई कहाँ है? जल्दी बता!

राजेन : दीदी!

बीथी : फिर उसने मुझे लात मारी थी–यहाँ, इस जगह पे।

राजेन : *(दीदी को हाथों से जकड़ लेता है)* दीदी, क्या कह रही हो! यह तो सव्य है! मेरा जिगरी दोस्त–सव्यसाची। हमारे श्रीगोपाल लेन के मकान में कई बार आ चुका है।

बीथी : *(जैसे कुछ याद आता है)* क्या कहा? अच्छा? पता नहीं! *(सव्यसाची से)* बहुत डर लगता है मुझे आजकल। जीवन के जितने दिन बाकी रह गए हैं, शान्ति से बिताना चाहती हूँ। प्लीज़, तुम लोग यहाँ मत आया करो! भाई बहुत ज्यादा बक देता है। *(बकबक करती हुई भीतर चली जाती है।)*

राजेन : *(म्लान हँसी हँसते हुए)* दीदी दरअसल बहुत डरपोक बन गई है। जेल से छूटने के बाद मुहल्ले के लोग हमें बहुत अजीब नज़रों से देखते थे, जैसे हम कोई चिड़ियाघर के प्राणी हैं! कोई मुँह से कुछ नहीं कहता था, पर उनके व्यवहार से यह स्पष्ट हो जाता था। मैंने आज के समाज को पहचान लिया है। किसी को किसी की परवाह नहीं है। मेरे पुराने साथियों में से कुछ फिर से मेइन स्ट्रीम में वापस आने में कामयाब हुए हैं, पर ज्यादातर असफल होकर अँधेरे में गुम हो गए हैं।

सव्यसाची : अच्छा, अमल क्या करता है?

राजेन : कौन अमल? प्रेसीडेंसी वाला अमल राय? सुना है, डलस में रहता है। किसी मल्टी नेशनल कम्पनी का चीफ एक्ज़ीक्यूटिव है। साथ ही लोककथाओं पर शोध भी कर रहा है।

सव्यसाची : और देवतोष?

राजेन : वह तो भारत में सर्वाधिक बिकनेवाला दैनिक समाचार-पत्र का प्रतिष्ठित पत्रकार है। सबेरे भूमि संस्कार की व्यर्थता पर अखबार के लिए सम्पादकीय लिखता है और शाम को स्कॉच ऑन रॉक्स पीता है। सुना है–काफ़ी पोस्ट-मॉडर्न बना फिरता है।

सव्यसाची : ललित चौधरी? जोड़ाबगान का? वह क्या करता है?

राजेन : वह तो अभी 'बंगभाषा रक्षा' कमेटी का प्रमुख कार्यकर्ता है। जेल में हम लोगों पर कैसे-कैसे अत्याचार किए जाते थे, इन सब पर अलग-अलग पत्र-पत्रिकाओं में फीचर लिखता है। इसके अलावा बांग्ला भाषा और वर्तनी में सुधार आदि को लेकर आन्दोलन करता है। वैसे अपने बेटे को उसने विदेश भेज दिया है पढ़ने के लिए। *(रुककर चाय पीता है)* चाय तो बिल्कुल ठंडी हो गई है—बिल्कुल मेरी तरह! ठंडी, फीकी... अजीब सा स्वाद! *(फिर थोड़ा उत्तेजित होकर)* मुझे लगता है—चाहे पॉलिटिकल नेतृत्व हो या फिर कल्चरल नेतृत्व, अन्ततः मध्यवर्ग के पाखंडियों ने ही तो हर प्रकार का नेतृत्व दिया है—जिन्हें कुछ मिलते ही चुप हो जाते हैं। यही लोग राजनीति करते हैं, नाटक लिखते हैं, आन्दोलन करते हैं, गीत भी गाते हैं, कविता भी लिखते हैं—घूम-फिरकर वही एक तरह के चेहरे—हमारे, केवल हमारे पाखंड की वजह से ही कुछ लोगों की सही माँगें पूरी नहीं हो सकीं। यहाँ तक कि दूसरे वर्गों के हाथ में पावर चला जाए तो कितना जाना चाहिए, यह भी हम ही तय करेंगे।

सव्यसाची : परन्तु आखिरकार तो यही मध्य वर्ग प्रोटेस्ट भी करता है।

राजेन : हाँ, जब उसे कुछ मिलता नहीं है, तब करता है। मिल जाने के बाद कुछ भी नहीं करता है। इनका तो काम ही है मैनिपुलेट कर पावर हथिया लो और फिर उसका दुरुपयोग करो। तुम्हारी पार्टी को तो खूब आता है इस मिडिल क्लास को कितना और किस प्रकार से देना चाहिए। उन्हें किस तरह से चुप करवाया जा सकता है! मुझे सिखाने मत आना सव्य! ये सब बातें मैं अच्छी तरह जानता हूँ।

सव्यसाची : राजेन, तू तो बिल्कुल सिनिक की तरह बातें कर रहा है?

राजेन : *(अनमने भाव से)* अच्छा, ये लोग डरते नहीं हैं? केवल मेरी दीदी ही डरेगी? इन्हें इस बात की चिन्ता नहीं होती कि नए जेनरेशन के जो लड़के आज भी भारत के विभिन्न गाँवों में फैले हुए हैं और लड़ रहे हैं—ये अगर सच में एक दिन संगठित होकर आवाज़ उठाएँ तब? अगर पश्चिम बंगाल, बिहार, उत्तर प्रदेश, आन्ध्र-प्रदेश, हरियाणा आदि प्रदेशों के भूमिहार किसानों ने अगर बन्दूकें उठाकर एकजुट होकर उन लोगों से कहा कि

जो तुम लोग अपने भोग-विलास में लगा रहे हो, वो हमारे ही रक्त से बना है–चलो, वापस करो सब कुछ, तब? तब क्या उत्तर देंगे हम?

सव्यसाची : राजेन, तू इतनी बातें मत कर। मुझे तू बीमार लग रहा है।

राजेन : *(बड़बड़ाने लगता है)* नक्सलवाड़ी की लाल आग श्रीकाकुलम में जल रही है। श्रीकाकुलम की लाल आग चम्पारण में जल रही है। चम्पारण की लाल आग कोरापुट में जल रही है। कोरापुट की लाल आग डेबरा में जल रही है। क्या-क्या हुआ उन सब दिनों में। *(रुकता है, हँसता है)* सव्यसाची, मुझे लगता है, मैं, तू, हम सब लोग असल में आँखें बन्द करके जीते हैं। और वह हमारी आँखों के आगे से दौड़कर निकल जा रहा है। सचमुच की रियलिटी, जो रियलिटी उपेक्षा के साथ हमें नकार देती है। हम सोचते हैं, हम उसे रिफ्यूज़ कर रहे हैं, पर असल में होता इसका विपरीत है। *(बीथी आती है।)*

बीथी : अच्छा, उस दिन मनोज तुझे इतनी खरी-खोटी सुनाकर गया–फिर भी तू बके ही जा रहा है?

राजेन : दीदी, प्लीज़!

सव्यसाची : कौन है मनोज?

राजेन : एक बच्चा है, समझो! बीस-इक्कीस साल उम्र होगी। ओड़िसा में रहकर हमारे ही किसी एक ग्रुप के साथ काम कर रहा है। उसने मुझसे क्या कहा, पता है? कहा–हम लोगों की ग़लतियों का बोझ अब उन्हें ढोना पड़ रहा है। और इतने शान्त भाव से उसने ये बातें कहीं, तू कल्पना नहीं कर सकता सव्यसाची। ज़रा सी घृणा नहीं थी उसकी आँखों में। मैंने सोचा, इतनी कम उम्र में घृणा को जीतने का मंत्र इसने कहाँ से सीखा? *(हँसकर)* इस मनोज में मैं अपने-आपको, हम सबको और अपने समय को भी देख पाता हूँ।

बीथी : रुक! तेरे देखने की ऐसी-तैसी! अब इस उम्र में तू मुझ बुढ़िया से मार खाएगा। *(सव्यसाची से)* अच्छा, सव्यसाची, तुम्हीं बताओ–हम लोग तो साधारण लोग हैं। आम जनता। खुद कुछ नहीं किया पर बहुत कुछ देखा है, इस बात को तो मानोगे? जो-जो किया है, जो-जो देखा है–इसके बाद दूसरों को लेकर

इतनी चिन्ता करने की कोई आवश्यकता नहीं। जिन्हें लेकर चिन्ता करोगे–वे ही तुम्हारे मुँह पर थूकेंगे। तब तुम्हारी भी इच्छा होगी उनके मुँह पर थूकने की। सच! इन सबको लेकर माथापच्ची करने की कोई आवश्यकता नहीं है।

सव्यसाची : चलो, आखिरकार तुमने मुझे पहचान लिया है, यह जानकर अच्छा लग रहा है।

बीथी : मैंने तो तुम्हें पहले ही पहचान लिया था। पर वो क्या है न, कि थोड़ा समझ-बूझकर चलना अच्छा होता है। खैर, अब सुनो– अभी चले मत जाना। यहीं दोपहर का भोजन करके, शाम को जाना। ठीक है? *(फिर राजेन से)* और आप नवाबज़ादे! कृपया उठकर नहा-धो लीजिए। कितना बज रहा है, पता भी है? *(बीथी भीतर चली जाती है।)*

सव्यसाची : *(मुस्कराकर)* बीथी दी बिल्कुल पहले जैसी ही हैं।

राजेन : हाँ, तेरे-मेरे जैसे ही। मेरी कभी-कभी इच्छा होती है कि अपने कुछ पुराने कॉमरेड्स को बुलाकर पूछूँ कि हम क्यों नहीं बदल सके? बुद्धि नहीं है इसलिए? तो फिर बुद्धि की परिभाषा क्या है? बुद्धिमान किसे कहा जाता है? तू बता सकता है मुझे?

सव्यसाची : तू बुरा मत मान। वास्तव में तुम लोगों में से अधिकतर कुछ ज्यादा ही बुद्धिमान थे–परिणामस्वरूप, तुम लोगों में जो जिन्दा हैं, उनमें से ज्यादातर लोग समझ गए हैं कि अपना उल्लू सीधा करना ही बुद्धिमानी का काम होगा, नहीं तो जी नहीं पाएँगे। और राजेन, तू तो अच्छी तरह से जानता है कि बुद्धिमान मनुष्य जब अपनी बुद्धि को चतुरता और छल में बदल देता है तब शैतान और उसके बीच में अधिक फर्क नहीं रहता है।

राजेन : तूने कहा–तुम लोगों में से। इसका मतलब?

सव्यसाची : नहीं–तू...।

राजेन : नहीं-नहीं, तू पहले मुझे यह बता कि 'तुम लोगों में से' कहने से तेरा मतलब क्या था?

सव्यसाची : अरे, तू तो यूँ ही उत्तेजित हो रहा है!

राजेन : होऊँगा ही। मैं खुद को या मेरे साथियों को लेकर क्रिटिसाइज़ कर ही सकता हूँ, पर तू कौन होता है हमारी आलोचना

करनेवाला? तूने ऐसा किया ही क्या है कि हम पर कमेंट कर रहा है?

सव्यसाची : राजेन! बचपना छोड़। चल बैठ! *(राजेन उत्तेजित होकर चहल-कदमी कर रहा है)*

राजेन : तू आमलेट खा। ठंडा हो गया है।

सव्यसाची : मैं नहीं खाऊँगा।

राजेन : *(खुद आमलेट उठा लेता है)* थैंक यू। *(कुछ देर चुपचाप आमलेट खाता रहता है, फिर मुँह पोंछ लेता है। फिर कुछ सोचते हुए जल्दी-जल्दी पलकें झपकाता है)*—अच्छा...।

सव्यसाची : तू तो 1970 के हावड़ा के शीशमहल में हो रहे डी.वाई.एफ.आई. के राज्य सम्मेलन में भाग लेने गया था न?

सव्यसाची : हाँ, गया था। तो?

राजेन : तत्कालीन स्टेट सेक्रेटरी ने रिपोर्ट कौन सी पेश की थी, बता? क्या हुआ, बता?

सव्यसाची : टाटा-बिड़ला या मल्टीनेशनल कम्पनियों की सम्पत्ति को जब्त करो...उद्योग के प्रसार के नाम पर पूँजी के अनुप्रवेश को रोको...नौकरी चाहिए, नौकरी दो—वरना बेकार भत्ता दो। क्यों?

राजेन : सही कहा। यानी बुर्जुआ को आने मत दो। उद्योग-धन्धे के नाम पर बेकार लड़कों के साथ मत खेलो। उस राज्य सम्पादक का नाम क्या था? क्यों सव्यसाची जी, नाम तो बताइए अपनी पार्टी के उस समय के स्टेट सेक्रेटरी का?

[थोड़ी देर चुप्पी! फिर सव्यसाची फुसफुसाकर कहते हैं—]

सव्यसाची : बुद्धदेव भट्टाचार्य।

राजेन : करेक्ट! और यही वजह है कि आनन्दबाज़ार समाचार-पत्र बुद्धदेव भट्टाचार्य को आज सही कहता है, पर उन दिनों नहीं कहा था।

[मंच पर अँधेरा छा जाता है। कुछ क्षण बाद कोने में प्रकाश। वही पागल फिर दिखाई देता है। उसने पूरे बदन में एक लाल फ्लैग (झंडा) लपेट रखा है। वह हँस रहा है। उसके हाथ में एक खिलौना-पिस्तौल है, जिसकी नली के मुख पर एक कांट्रासेप्टिव लगा हुआ है। पागल

उसे फुलाने लगता है। पीछे से राजेन की आवाज़ सुनाई देती है—'बन्दूक की नली में गोली नहीं तो क्या निरोध लगा हुआ होगा?' यह वाक्य बार-बार प्रतिध्वनित होता है। सव्यसाची दौड़कर पागल के पास जाता है और उसके दोनों हाथ पकड़ लेता है। फिर सव्यसाची पागल के हाथ से पिस्तौल छीनने की कोशिश करता है और फिर अपने सर पर गोली चलाने की कोशिश करता है, पर कामयाब नहीं हो पाता। कांट्रासेप्टिव फूलता रहता है। पागल की हँसी भी ज़ोर-ज़ोर से गूँजती रहती है। फिर मंच पर अँधेरा छा जाता है]

सातवाँ अंक

[मंच पर अँधेरा। कुछ स्लाइड दिखाए जाते हैं, जिनमें पूर्व-यूरोप और रशिया में कम्युनिज़्म के पतन के दृश्य दिखाए जाते हैं। बर्लिन की दीवार का तोड़ना, लेनिन की मूर्ति का तोड़ना, पार्टी-ऑफिस, के.जी.बी. का दफ्तर आदि दिखाए जाते हैं। अन्तिम स्लाइड में ढलती शाम और पंछियों के उड़ जाने के चित्र होते हैं। चिड़ियों की चहचहाहट सुनाई पड़ती है। फिर एक करुण रागिनी सुनाई देती है। मंच पर धीमा प्रकाश। सव्यसाची खाट पर सो रहे हैं। उन्हें दिखाते हुए प्रकाश फेड आउट होकर दूसरे ज़ोन में जाता है। वहाँ स्तालिन अपना वक्तव्य रखते हुए दिखाई देते हैं। सामने कई माइक्रोफ़ोन...]

स्तालिन : 'इसी कारण मैं समझता हूँ कि हमारे बोल्शेविक पार्टी ने पूरी पृथ्वी को एक नया सपना दिखाया है। मैं अपनी पार्टी को ग्रीक माइथोलॉजी के योद्धा वीर आंतियास की तरह मानता हूँ। पासिडॉन और पृथ्वी गिया के पुत्र, साहसी और वीर योद्धा आंतियास की शक्ति का उद्‌भव मिट्टी से था। आंतियास को मिट्टी से ऊपर उठा लो तो उसकी मृत्यु अवश्य हो जाएगी। और यही थी पराक्रमशाली वीर आंतियास की नियति। एक दिन हरक्युलिस यह राज़ जान गया और उसने आंतियास को मिट्टी से ऊपर शून्य में उठाकर वहीं गला दबाकर उसकी हत्या कर दी। आप लोग अब तक तो समझ गए होंगे कि मैंने

क्यों आंतियास की तुलना अपनी पार्टी से की है। क्योंकि जितने दिन पार्टी मिट्टी यानी जनता से सम्पर्क रखेगी, उतने दिन वह अपराजित रहेगी। लेकिन जिस पल वह मिट्टी यानी जनता से दूर हो जाएगी, उसी पल उसका पतन अनिवार्य है।'

[स्तालिन अपना वक्तव्य समाप्त करते हैं। पर कोई ताली नहीं बजती। वह सामने आते हैं। वहाँ छोटा यानी किशोर सव्यसाची बैठकर गन्ना चूस रहा था। स्तालिन उसे देखते हैं। अचानक किशोर सव्यसाची की आँखें स्तालिन पर पड़ती हैं। वह गन्ना चूसना बन्द कर उनकी ओर विस्मय से देखता है।]

किशोर : कॉमरेड स्तालिन!

स्तालिन : हूँ! क्या कर रहे हो?

किशोर : मैं...मतलब...गन्ना चूस रहा था।

स्तालिन : सँभलकर चूसना। नहीं तो गले में अटक सकता है।

किशोर : आपकी किताब मैंने पढ़ी है।

स्तालिन : कैसी लगी?

किशोर : अच्छी।

स्तालिन : *(उसके सामने घुटने टेककर बैठते हैं, फिर उसका हाथ पकड़ लेते हैं)* सुनो, यह कोई मिठाई नहीं कि अच्छी या बुरी कहोगे। ये दो शब्द यानी 'अच्छी' या 'बुरी' मैं या मेरी तरह जो लोग लिखते-पढ़ते हैं, उनके लिए सही नहीं हैं।

किशोर : तो फिर?

स्तालिन : कहोगे–यह आवश्यक है या अनावश्यक। *(मुस्कराकर)* गन्ना बहुत पसन्द है क्या?

किशोर : बहुत।

स्तालिन : तो फिर मुझे भी दो एक टुकड़ा...*(दोनों गन्ना चूसते हैं।)*

किशोर : अच्छा, आपके एक लेख में एक जगह मैंने पढ़ा कि पार्टी को कभी ब्यूरोक्रेटिक नहीं बनना चाहिए। पार्टी में ब्यूरोक्रेसी एक ट्यूमर की तरह होता है, जिसके चक्कर में पड़ने से मूल उद्देश्य से कम्युनिस्ट पार्टी दूर हट जाएगी। वैसे यह ब्यूरोक्रेसी का मतलब क्या है कॉमरेड? *(स्तालिन हँसते हैं)*...क्या हुआ, उत्तर दीजिए?

स्तालिन : इसकी प्रकृति अलग-अलग देश में अलग-अलग तरहं की होती है। फिर भी कुछ बातें एक सी होती हैं। पता है, एक बार कॉमरेड लेनिन ने मुझसे कहा था कि जिस तरह वह आदमी महत्त्वपूर्ण है जो तुम्हारा समर्थन कर रहा है, उसी प्रकार वह आदमी भी उतना ही महत्त्वपूर्ण है जो तुम्हारा विरोध कर रहा है। लेनिन के लेख में भी तुम्हें ये बातें मिलेंगी। उनके अनुसार जनतंत्र इसे ही कहते हैं। इसीलिए वे बार-बार कहते थे कि पार्टी कछुए की तरह अपने खोल में छिपकर बैठ न जाए। तब तो पार्टी के भीतर अमलातंत्र स्थापित हो जाएगा। सोचो तो कितना दुर्भाग्य है उस पार्टी का जो केवल कमरे में बैठकर हिसाब लगाते हैं कि किस प्रकार आनेवाला चुनाव बढ़िया से हो सके।

किशोर : और अगर कोई इस सिस्टम के साथ समझौता न कर पाए तो? तो फिर वह क्या करेगा?

[फिर अँधेरा हो जाता है। सव्यसाची जहाँ सोया है, उस खाट पर प्रकाश! सव्यसाची उठ बैठता है।]

सव्यसाची : फिर वह क्या करेगा, कॉमरेड? *(चारों ओर अन्धकार गहरा जाता है)* क्या करेगा वह? अगर मायाकोवोस्की बनने का साहस उसमें न हो तो? *(अँधेरा घना होता है)* मैं क्या करूँ, कॉमरेड? अच्छा एलिएनेशन क्या मज़दूरों में ही होता है, बुद्धिजीवियों में नहीं? हमारे जैसे आम इनसान यदि एलिएनेशन का शिकार हो जाए तो? तब क्या करना होगा, यह तो आपने नहीं बताया कॉमरेड? फिर मुझे क्या करना चाहिए?

[तब तक मंच पर पूरी तरह अन्धकार छा जाता है। अन्तिम पंक्ति सव्यसाची अँधेरे में ही बोलते हैं। तभी स्विच ऑन करने की आवाज़ आती है। मंच पर पूरी तरह से रोशनी फैल जाती है। सव्यसाची चौंककर देखते हैं। खाट के पास इन्द्र बैठा हुआ है। दोनों एक-दूसरे को देखते हैं।]

इन्द्र : तबीयत ठीक नहीं है क्या?

[सव्यसाची 'हाँ' कहते हैं।]

इन्द्र : माँ और बहन कहाँ गई हैं?

सव्यसाची : कहीं बाहर गई हैं।

इन्द्र : आप किससे बातें कर रहे थे? कॉमरेड सोसो? *(सव्यसाची के देखने पर)* सॉरी! मुझे लगा, आप किसी से पूछ रहे थे कि आप अब क्या करेंगे।

सव्यसाची : तुम्हारी माँ तुम्हारे लिए टेबल पर खाना ढककर रख गई हैं।

इन्द्र : मैंने देखा है। मेरी अभी इच्छा नहीं है खाना खाने की। असल में मैं माँ के कमरे में गया था। सच कहूँ, तो उनकी अलमारी में कुछ तलाश रहा था।

सव्यसाची : क्यों?

इन्द्र : *(उत्तर नहीं देता है। कुछ सोचता है, फिर कहता है)* इस तरह अन्धकार में आपको बात करते देख मेरे एक कॉफी-हाउस के मित्र की बात याद आ गई। उस दिन मिलने पर उसने मुझे बताया था कि इस वक़्त आदमी की सबसे बड़ी समस्या है 'कनफ्यूज़न'। आप भी काफ़ी कनफ्यूज़्ड हैं। *(सव्यसाची मुस्कराते हैं)* मैं जानता हूँ, मेरे साथ बात करने की आपकी अभी ज़रा भी इच्छा नहीं है। पर फिर भी मुझे आपसे बात करनी है।

सव्यसाची : मुझे एक ग्लास पानी पिलाओ।

[इन्द्र पानी ला देता है। सव्यसाची पानी पीकर गिलास टेबल पर रखते हैं। इन्द्र उन्हें देखता है।]

इन्द्र : आपको याद है—मैं जब बहुत छोटा था, आप मुझे सुलाते थे?

सव्यसाची : *(अनमने भाव से)* हाँ, छाती पर सुलाकर...

इन्द्र : बिल्कुल सही कहा। गीत भी गुनगुनाते थे। 'कारा का वह लौह कपाट तोड़ डाल, कर दे ग़ायब'—नज़रुल इस्लाम का गीत!

सव्यसाची : *(मुस्कराकर)* तुम भी तो गाते थे मेरे संग। 'ट' नहीं बोल पाते थे। 'त' बोलते थे—'कारा का वह लौह कपात'!

इन्द्र : हाँ। जब थोड़ा और बड़ा हुआ, स्कूल की पढ़ाई नहीं किया करता था। माँ बहुत नाराज़ होती। डाँटती। पर आप कहते थे अगर वह स्कूल की पढ़ाई नहीं करता तो कोई बात नहीं। बाहर की दुनिया की किताबें तो पढ़ता है। आप मुझे मित्रों से मेल-जोल बढ़ाने को कहते। जीवन को, दुनिया को जानने-पहचानने के लिए उत्साह देते।

सव्यसाची : कहता था क्या?

इन्द्र : कहते थे तो! मुझे हमेशा लगता था, मेरे पिता दूसरे बच्चों के पिताओं से बिल्कुल अलग हैं। और इसीलिए जब आप लम्बे समय तक बाहर रहते और मैं आपको देख नहीं पाता था, तब बड़ी तकलीफ होती। बहुत रोना आता था। *(सव्यसाची देखते रहते हैं)* फिर...फिर एक दिन पुलिस आई और आपको घर से गिरफ्तार कर ले गई। आप फिर कभी नहीं लौटे। मैं माँ से बार-बार पूछता—माँ, बाबा कब लौटेंगे? माँ रुलाई छुपाती और कहती—कल आएँगे तेरे बाबा। ऐसे कितने ही 'कल' बीत गए, पर आप नहीं आए। मैं काली माता की एक तस्वीर लाकर सबसे छुपाकर उनसे कहता—हे ठाकुरजी, मेरे बाबा को वापस ला दो। पर फिर भी आप नहीं आए।

सव्यसाची : *(क्लान्त स्वर में)* इतने दिनों बाद, ये बातें क्यों बता रहे हो मुझे?

इन्द्र : कह रहा हूँ, क्योंकि इतने दिनों बाद आप सचमुच वापस आ गए हैं। छब्बीस बरस बाद। जब हम यह मानने लगे थे कि आप अब इस दुनिया में नहीं हैं, ठीक उसी समय।

सव्यसाची : इससे क्या तुम्हें किसी प्रकार की असुविधा हो रही है?

इन्द्र : आप पूछ रहे थे न कि मैं माँ की अलमारी में क्या ढूँढ़ रहा था और क्यों? *(सव्यसाची मौन रहते हैं)* जानते हैं, हमारे आज के इस समय को क्या कहते हैं? एज ऑफ इन्फॉर्मेशन। जो जितना शिक्षित है, उसके पास उतने ही तथ्य हैं। मेरा एक मित्र कह रहा था कि विदेश में किसी विज्ञानी ने कहा है कि सारे गवेषणा पत्रों को प्रकाशित होने से रोका जाए। इनका प्रकाशन बैन कर दिया जाए वरना जानने और न जाननेवालों के बीच एक ऐसा व्यवधान बन जाएगा कि उसे फिर कोई पार नहीं कर पाएगा। उन्होंने और भी कहा है कि दुनिया में अभी दो तरह के लोग रहते हैं—इन्फॉर्मेशन हैव्स और इन्फॉर्मेशन हैवनॉट्स!

सव्यसाची : *(बड़बड़ाते हैं)* वी आर स्टाफ़्ड मैन—वी आर हॉलोमैन!

इन्द्र : फिर भी इन्हीं सबमें हम किसी तरह जी रहे थे। मैं परनिन्दा करके, खोखले मनुष्य की तरह कोरे तथ्य जुगाड़ कर, चोर के ऊपर नाराज़ होकर फिर भी जी रहा था। बहन भी बेवकूफों की तरह फैशन को लेकर व्यस्त रहती। चारों ओर की दुनिया के बारे में बेखबर रहकर किसी तरह जी रही थी। माँ भी ठीक ही

थी, स्मृतियों में जी रही थी–अपने पुराने विश्वासों को जकड़कर, हम लोगों पर प्यार बरसाकर तो कभी झगड़कर किसी तरह जिन्दा थी। पर ऐसे में आप वापस आ गए। आए और हमारे किसी तरह जी रहे ज़िन्दगी में इरिटेशन शुरू हो गया। हम डिस्टर्ब्ड होने लगे।

सव्यसाची : पर मैं तो तुम लोगों को इरिटेट या डिस्टर्ब करना नहीं चाहता था।

इन्द्र : पर हो तो रहे हैं। अँधेरे की तरह क्यों कमरे के एक कोने में पड़े रहते हैं आप? आपकी आँखें हम सबसे क्या कहती हैं, क्या मैं नहीं जानता? अपने आपको क्या समझते हैं आप–विवेक?

सव्यसाची : क्या कहना चाहते हो मुझे–अन्धकार या विवेक?

इन्द्र : इन दोनों में आजकल मुझे कोई फर्क नज़र नहीं आता। समझे आप?

सव्यसाची : पर पता है, हम लोग विश्वास करते थे कि मनुष्य और भी अच्छी तरह से जीएगा। हमारे चारों ओर खुशियाँ ही खुशियाँ होंगी। अपनी बात भूलकर कई मनुष्यों के साथ मिलकर खुश रह सकेंगे। मैं कभी-कभी खुद से ही पूछता–सव्यसाची, बताओ तो, तुम्हारा यह चाहना क्या बहुत ज्यादा आदर्शवादी बन जाना है? और मैं सोचता कि कोई माँग अगर बहुत ज्यादा आदर्शवादी है पर यथार्थ के साथ यदि उसका गहरा सम्बन्ध हो तब? तब इसमें हानि ही क्या है, बताओ? क्योंकि मैं हृदय की गहराई से यह विश्वास करता हूँ कि ये चीज़ें यथार्थ में हों, ऐसा केवल मैंने नहीं, मेरे माध्यम से मेरे समय ने, मेरे काल ने चाहा था।

इन्द्र : ये सब बातें आप मुझे मत सुनाइए। मेरे लिए इनका कोई अर्थ नहीं है।

सव्यसाची : तुम इतना उत्तेजित क्यों हो रहे हो?

इन्द्र : हो रहा हूँ, क्योंकि मृत व्यक्ति, मृत समय, मृत विश्वास डोडो चिड़िया की तरह अगर एक दूसरे समय या काल में वापस आता है तो उसे लेकर उस दूसरे समय या काल को असुविधा होती है।

सव्यसाची : समय किसका है, समय क्या है यह तय करेगा कौन?

इन्द्र : मैं तय करूँगा। हम लोग तय करेंगे। हमारा समय या काल यदि खोखला है, हम अगर खोखले हैं, तो फिर वह खोखलापन

यानी हॉलोनेस ही तय करेगा कि समय किसका है। जान लीजिए सव्यसाची बाबू, मैं अपने समय में खड़ा हूँ और इसीलिए सही हूँ। मैं भी अपनी तरह से जीवन का आस्वाद लेता हूँ, गन्ध लेता हूँ, उसे करीब से देखता हूँ। हो सकता है कि इसमें कोई महान आदर्श न छिपा हो, कोई महान व्यक्ति हमारे साथ न हो, पर इसीलिए हमें कोई टोपी भी नहीं पहना सकता और न ही आदर्श का टैबलेट निगलने को बाध्य कर सकता है। हमारे इस युग और समय में, हम अपनी तरह से ईमानदारी से जी रहे हैं। हम या आप कौन होते हैं यह तय करनेवाले कि कौन सा समय अच्छा है और कौन सा समय बुरा—बताइए? इतिहास का शरबत घोलकर पिलाना चाहते हैं मुझे? *(दम लेकर)* मेरा समय जीवित है और आपका मृत। और इसीलिए जीवित समय मृत समय की हत्या करेगा। *(पॉकिट से रिवॉल्वर निकालता है)* पहचानते हैं? जंग लग गई है—पर पहचान तो गए होंगे? यह आपकी जवानी का साथी है।

[सव्यसाची रिवॉल्वर लेता है, देखता है, वापस इन्द्र को लौटा देता है]

इन्द्र : याद आई? कई बार सुनी होगी इसकी आवाज़?

सव्यसाची : *(धीरे-धीरे)* मैंने जीवन में एक ही बार इसका इस्तेमाल किया है। मुझे इसकी आवाज़ याद नहीं है।

इन्द्र : कोई बात नहीं—अभी पता चल जाएगा—कैसी है इसकी आवाज़।

[सव्यसाची हँस पड़ते हैं। फिर गाना शुरू करते हैं काज़ी नज़रुल का वह विख्यात गीत—'कारा का वह लौह-कपाट...']

सव्यसाची : 'कारा का वह लौह कपाट, तोड़ डाल, कर दे ग़ायब, रक्तसना जंजीरों की पाषाण-बेदी...'

इन्द्र : यह गीत क्यों गा रहे हैं? आश्चर्य! बन्द कीजिए।

सव्यसाची : 'अरे ओ तरुण ईशान, बजा तेरी प्रलय विषाण...'

इन्द्र : यह गीत आप मत गाइए। मैं आपको मना कर रहा हूँ।

सव्यसाची : 'गाजन* का बाजा बजा कौन है मालिक, कौन सा राजा...'

---

* गाजन = शिवजी की पूजा के समय किए जाने वाले कर्मकांड।

इन्द्र : यह तो असहनीय है। आप बन्द नहीं करेंगे? मैं कुछ बुरा कर बैठूँगा, कह देता हूँ।

सव्यसाची : 'कौन देगा सज़ा, मुक्त स्वाधीन सत्य कौन है?'

इन्द्र : प्लीज़, बन्द कीजिए! मत गाइए...!

सव्यसाची : 'हा-हा-हा-हा, आती है हँसी—भगवान लगाएँगे फाँसी...'

इन्द्र : *(कानों को दोनों हाथों से दबाकर, घुटने टेककर बैठ जाता है)* अंतिम बार के लिए कह रहा हूँ—गाना बन्द कीजिए।...बाबा, तुम गाना बन्द करो...

[सव्यसाची गाते रहते हैं। क्रमशः उनकी आवाज़ तेज़ होती जाती है फिर उच्चतान में सुनाई देती है। गीत कोरस में गाया जाता है। अचानक गोली चलने की आवाज़! चारों ओर चुप्पी छा जाती है। मंच पर न सव्यसाची होते हैं और न इन्द्र। अन्धकार। केवल रस्ट्रम पर प्रकाश। वहाँ वही पागल बैठकर कुछ खा रहा है और हँस-हँसकर सर हिला रहा है। किशोर सव्यसाची उसके पास आकर बैठता है। दोनों साथ-साथ कुछ खाते हैं। बिना किसी संगीत के परदा गिरता है।]

मृत्यु ईश्वर यौनता

पात्र

अभिनेता
लड़का
महिला
अभिभावक
वृद्ध
यम
लड़की

[उदात्त कंठ से एक मंत्र पढ़ा जा रहा है। निर्देशक महोदय अपनी इच्छानुसार इस मंत्र का चयन कर सकते हैं। सिर्फ इतना याद रखना होगा कि इस मंत्र का मूल वक्तव्य यह हो—'अन्ततः जीवन महान है'। मंच की सज्जा कुछ एब्स्ट्रैक्ट (विमूर्त) सी हो। विषय के अनुसार। मंच पर एक अभिनेता है जो अब तक घुटने टेककर बैठा हुआ था और मंत्र-उच्चारण के साथ-साथ ध्यान में मग्न था। मंत्र-पाठ समाप्त होने पर वह धीरे-धीरे उठ खड़ा होता है। फिर सामने की ओर बढ़ते हुए कहता है :]

अभिनेता : मैं आज यहाँ बैठा हूँ नतमस्तक होकर
जैसे बैठता है घुटनों पर सन्तप्त व्यक्ति कोई स्वीकारोक्ति करने अँधेरे के सामने। ढूँढ़ता फिर रहा हूँ ईश्वर को, जानता हूँ हर भय, हर पाप का अतिक्रमण कर अरक्षित मैं यहाँ—
नतमस्तक मैं।
याद आ जाता है कोई पाप, हमारी आकांक्षा का फलवती विष मानो मेरे ही भीतर घुसकर मेरी हत्या करता है परवर्ती शुद्धता की खोज में।
आज वही पाप मैं आपके समक्ष रखूँगा, जो आपको अनुभव का धनी बनाएगा।
जो पुण्य है आपके लिए, वही पाप मेरी कहानी है। शुद्ध करो, पवित्र करो, स्वयं की हत्या करो।
कुछ हवाएँ ऐसी भी होती हैं, जिनके सामने खुद को बहुत अक्षम महसूस करता हूँ प्रतिदिन। लगता है जैसे बहुत शान्त रहकर अभी मर जाऊँगा। फिर भी आज मेरे भीतर कोई 'गतस्य शोचना नास्ति' किस्म का बोध काम नहीं कर रहा है।
घुटने टेककर बैठते हुए आप सबको बता दूँ—न कोई बेचैनी है, न कोई माया और न किसी प्रकार का सम्मोहक लोभ—
मैंने उन हवाओं को देखा है, नष्ट होते, पिंड बनते आज कुछ भी प्रत्याशित नहीं।

[संगीत]

आप सबको देखकर अच्छा लगा। आप लोगों को मुझे देखकर अच्छा लगा या नहीं, यह मैं नहीं जानता। आप अब तक समझ गए होंगे कि मैं यथार्थ की माया को नष्ट कर देना चाहता हूँ। इसीलिए तो आप लोगों से सीधे-सीधे बात कर रहा हूँ। है न? *(कुछ सोचकर)* नहीं, बात यह भी नहीं है। जैसे, मान लीजिए जब थर्ड बेल बजती है, आप लोगों की आँखों के सामने पर्दा उठता है, दोनों ओर से विंग्स निकल आते हैं, प्रकाश फैल जाता है, बैकग्राउंड म्यूज़िक बजने लगता है और एक विशेष वातावरण की सृष्टि करने की कोशिश की जाती है, तो ऐसे में क्या कुछ भी यथार्थ रह जाता है? उसे यथार्थ मानकर क्या हम उस यथार्थ से अयथार्थ के बुलबुले में प्रवेश नहीं कर जाते? इससे अच्छा है कि आइए, हम इसे एक खेल मान लेते हैं। ऐसा एक खेल जो यथार्थ नहीं है पर किसी भी प्रकार के यथार्थ से सुन्दर है। तो ऐसे में मेरा आपसे इस तरह रूबरू होकर बातें करने का अर्थ है कि मैं कुछ अजीब-सी बातें आपके समक्ष रखना चाहता हूँ या कोई अवास्तविक घटना प्रस्तुत करने जा रहा हूँ या फिर नहीं भी जा रहा हूँ, यह उसी की प्रस्तावना है। और इसीलिए आप सभी जो यथार्थ का आस्वादन चाहते हैं, जो जीवन को कहानी के माध्यम से देख अपने साथ सादृश्य ढूँढ़ना चाहते हैं, और फिर इन सबके माध्यम से तात्क्षणिक किसी सिद्धान्त पर पहुँचना चाहते हैं और फिर रात को घर पहुँचने के बाद नींद में उन सिद्धान्तों को धीरे-धीरे भूल जाना चाहते हैं, वे अभी, इसी वक़्त इस सभागार से जा सकते हैं। नहीं जनाब! टिकट और समय की कीमत मैं आपको वापस नहीं कर सकता, क्योंकि जिस प्रकार आपने मुझे कुछ समय तक सहा है, मैंने भी आपको उसी समय के लिए सहा है। और उसका भी एक मूल्य है। सोच लीजिए कि वही मैंने आप सबसे वसूल किया है। और जो दर्शक यथार्थ का प्रकाश पार कर अन्धकार के साथ बात करना चाहते हैं, उसे समझना चाहते हैं, और फिर समझने के बाद क्रोध के मारे, तंग आकर, अपमानित होकर, तो कभी मूर्ख बनकर, कभी बुद्धिमान बनकर, कभी शोक से व्याकुल होकर, सम्भवतः अपने लिए ही ज़रा सा

मुस्कराना चाहते हैं, वे यहाँ रह सकते हैं। नींद में निश्चित रूप से आपसे मेरी मुलाकात होगी।

देखिए, मैं दरअसल आप लोगों के समक्ष आया हूँ दो-चार बातें बताने के लिए—ऐसी बातें, जिनका कोई सुनिश्चित अर्थ नहीं है, उल्टे अनर्थ है। ज़रा सोचिए, ऐसा एक मनुष्य, जो बचपन से ही बड़ा हुआ है कई अन्य मनुष्यों की तरह सिर्फ अनर्थ करने और अनर्थ ढूँढ़ने के लिए। आपके परिचितों में भी सम्भवत: ऐसे कुछ लोग होंगे; या फिर हो सकता है, आपमें से भी कुछ ऐसे ही हों; ज़रा अपने भीतर झाँककर देखिएगा। और इसी तरह आप-मैं-हम लोगों ने कुछ चीज़ों को देखना सीखा है—'देखना'। जीवन के कई घाटों को पार करते हुए जो हमारी आँखों के सामने आता है, यादों में भी रह जाता है। मेरी आँखें, मेरा मन मैंने आप लोगों के सामने खोलकर रख दिया है। जिस तरह एक मामूली पतंगा पूरा एक दिन अपने पंख फड़फड़ाकर उड़ता रहता है और देखता रहता है, बचता है और फिर मरता है, ठीक उसी तरह। उस पतंगे के जलने का स्वाद आपकी जिह्वा को देना चाहता हूँ। और इसी प्रक्रिया में जैसे उस तुच्छ प्राणी के जीवन में भी कुछ घटनाएँ, कुछ कहानियाँ होती हैं, वैसे ही मेरे जीवन की तीन कहानियाँ मैं आपको सुनाऊँगा। ओह! मैंने ग़लत कहा—कहानी नहीं, असल में तीन तरह से जीवन को देखना। जैसे एक दिन, एक जन्म, एक महाकाश को सम्पूर्णता में देखना। इनके बारे में बताऊँगा और फिर इन्हें तोड़ भी डालूँगा। इन्हें महत्त्व दूँगा और फिर उठाकर दूर फेंक दूँगा—हमारे जीवन के अलग-अलग सम्बन्धों की तरह, जिन्हें हम प्यार से सँभालकर रखते हैं और फिर तोड़ भी देते हैं। तो याद रखिएगा, तीन कहानियाँ—तीन तरह से देखना—तीन तरह से पाना। मैंने इन तीनों के नाम दिए हैं—**सबेरा, शाम और रात**। याद रखिएगा—**सबेरा, शाम और रात**। हमारे यहाँ सूरज उगता है, सूरज डूबता है। हम सबके भीतर यही प्रक्रिया चलती रहती है—पृथ्वी के जन्म के आदि से आगामी अनन्त की ओर। ऋतुचक्र घूमता है मेरे ही भीतर। वही अनन्त आज मेरे भीतर से ही आपकी ओर देख रहा है। आइए, देखते हैं...

सबेरा : यौनता

शैवाल से क्यों ढक गया चेहरा
वह चेहरा किसका दिखता है?
बेलें क्यों लिपट गईं छाती से
वह छाती किसके रंगों से भरी है?

क्यों मेरे भीतर जगी वह नदी?
नदी-किनारे जटिल एक मोड़
मोड़ को आगोश में लिया यदि
स्पर्श को रहने दो थोड़ा और।

कल्पना में अस्त-व्यस्त हवा
हवा के रुख से पर्दा हटा, हुई भोर
पर्दा हटाकर और भी गहराई में तुम्हारा रोज चाहना
चाहने जाऊँ तो घहराता है बादल घनघोर।

शैवाल कुछ छा गया था चेहरे पर
सम्पूर्ण देह में दौड़ता था आकर्षण
ये आँखें किसी की आँखों से जा मिलीं
सबेरा रह जाए इस जीवन में और कुछ-एक क्षण!

[अभिनेता सामने की ओर आता है। थोड़ी जल्दी में बोलता है :]

अभिनेता : जीवन में पहली बार मैंने नग्नता देखी। आप सब समझ सकते हैं, मेरा सर घूमने लगा था। कान गरम हो गए थे, हाथ ठंडे। मेरी छाती के भीतर दुर्गापूजा की अष्टमी के ढोल बज रहे थे। मैंने अपने मित्र से कहा—सुन, आज मैंने उसे बिना कपड़ों के बाथरूम में नहाते देखा। मेरे मित्र ने कहा—तो चल, मैं भी देखूँगा। मैंने कहा—नहीं, मैं अकेला देखूँगा। मित्र ने कहा—तो फिर तूने मुझे बताया क्यों? मैंने मित्र से कहा—तुझे बिना बताए मैं रह नहीं पाता हूँ। मित्र ने कहा—तो फिर मैं कक्षा के सभी लड़कों से यह बात कह दूँगा। मैंने कहा—नहीं, मत बताना,

मुझे बहुत शर्म आएगी। और तब मेरे मित्र ने मुझसे सारी बातें जान लीं। मुझे समझ में आया कि वह भी मेरी ही तरह कल्पना में उड़ान भर रहा था।

[संगीत]

[अभिनेता घुटने टेककर बैठा है। उसके सामने उसका कोई अभिभावक है। अभिभावक उसकी भर्त्सना कर रहा है।]

अभिभावक : मैं तुम्हारे पिताजी को पत्र लिखूँगा। अवश्य लिखूँगा। उन्होंने तुम्हें यहाँ पढ़ने के लिए भेजा था, और तुम हो कि पढ़ने-लिखने का नाम नहीं। उसके बदले में ये कैसी किताबें पढ़ रहे हो तुम? यह कौन सी किताब है? *(जैसे कोई किताब उठा रहे हों)* लेडी चैटरलीज़ लवर? कितनी गन्दी-अश्लील किताबें!...रुको, मैं तुम्हारी नानी को बुलाकर तुम्हारी शिकायत करता हूँ। तुम्हारे मामाओं को भी बुलाता हूँ। छिः, छिः! इतनी छोटी सी उम्र में ऐसी किताबें पढ़ते हो? तुम्हें शर्म आनी चाहिए।

[अभिभावक चले जाते हैं।]

अभिनेता : पर देखिए, शब्दों की परतों में, अक्षरों के विन्यासों में तेज़ी से घुसे जा रहे थे चित्र न जाने कितने! शब्द भी इतनी उत्तेजना पैदा कर सकते हैं, इस क्षमता के बारे में मैंने पहली बार जाना। 'लोलिटा' ने मेरा उस शक्ति से, उस क्षमता से परिचय करवाया, 'विद्यासुन्दर' ने भी। और इसीलिए यथार्थ को स्पर्श करने की प्रबल इच्छा से मेरा मन उन्मत्त हो उठा। मामाजी के घर की छत वाली कोठरी ने मुझे दीवार से जबर्दस्ती चिपका दिया था। और फिर मैंने उसे बाहर लाकर कई-कई सर्दी की रातों में, बैरक के मैदान में खड़े होकर किसी घर की खिड़की से आती हुई छिटकती रोशनी में...।
मेरे बर्बाद होने की कहानी थोड़ी-बहुत सभी जान चुके थे।

[एक लड़का उस अभिनेता के पास आकर बैठता है। फिर दोनों आमने-सामने बैठते हैं।]

लड़का : चल, हॉल में बढ़िया एक अंग्रेजी फिल्म लगी है। बहुत धाँसू माल है। चलेगा क्या?

अभिनेता : चलूँगा। अच्छा, रंजन की माँ आज रंजन को स्कूल छोड़ने नहीं आई क्या?

लड़का : ओह! गुरू उधर भी तुम्हारी नज़र गई! यार, सच कहता हूँ। क्या ग़ज़ब की खुली पीठ वाली ब्लाउज पहनती है। देखने से सर चकराने लगता है।

अभिनेता : छिः! इस तरह से नहीं कहते। वह तेरी माँ जैसी है।

लड़का : चुप कर! माँ जैसी है! तो फिर तू उसके बारे में क्यों पूछ रहा था?

अभिनेता : मैं...मैं नहीं जानता।

लड़का : नहीं जानता! नखरे दिखा रहा है बड़ा! कमीने, क्या सोचता है, मैं तेरे बारे में कुछ जानता नहीं हूँ? हर शाम रंजन के घर क्यों जाता है तू?

अभिनेता : वह तो—रंजन को गणित बहुत अच्छी तरह से आती है।

लड़का : रंजन को गणित आती है! और तुम? तुम्हें क्या आती है—खुजली?

अभिनेता : छिः!

[संगीत]

(स्वगत कथन) आपके रूप ने मुझे बर्बाद कर दिया। आपकी देह को मैं स्पर्श करना चाहता हूँ। मैं पागल हो गया हूँ। मैं मर रहा हूँ। उस दिन आपकी साड़ी का आँचल मेरे चेहरे को छू गया। कैसी मदहोश करनेवाली खुशबू! मेरी चेतना बहक गई। मुझे आप एक बार अपने को स्पर्श करने देंगी? सिर्फ एक बार हाथ से ज़रा सा—और कुछ नहीं करूँगा।

[एक महिला आती है। जहाँ वह लड़का बैठा था, वहीं बैठ जाती है—उसके आमने-सामने।]

महिला : पढ़ाई-लिखाई कैसी चल रही है?

अभिनेता : ठीक-ठाक।

महिला : मन लगता है तो? *(अभिनेता सर हिलाते हैं)* उस दिन नीली-झील के किनारे तुम्हारी मामी के साथ मुलाकात हुई। उन्होंने कहा, तुम बिल्कुल भी नहीं पढ़ते हो।

अभिनेता : *(अस्फुट स्वर में)* नहीं तो, मैं तो पढ़ता हूँ।

महिला : घर जाओ। सर्दी का मौसम है। ठंड लग जाएगी। मुझे भी कुछ बुखार-बुखार सा लग रहा है।

[महिला बैठी रहती है। अभिनेता सामने आकर खड़ा हो जाता है।]

अभिनेता : फिर तो मैंने सोचा कि वे मुझसे कहेंगी, देखो तो मेरे माथे पर हाथ रखकर–कितना बुखार है मुझे। मैं धीरे-धीरे उठकर उनके पास जाऊँगा–माथे पर हाथ रखूँगा, फिर गालों पर, फिर गले को छुऊँगा–और फिर...आ:! मैं शैतान बन गया, बदमाश! मैं छुपाने लगा। कभी-कभी बहुत ग्लानि होती थी। बहुत। यह क्या हो गया है मुझे? यह सब क्या चाह रहा हूँ मैं, क्यों चाह रहा हूँ? मेरा अकेलापन, मेरी निर्जनता मुझे क्यों यह सब चाहने पर मजबूर कर रहा है? मुझे उस वक़्त इतना रोना आता कि मैं तकिए में मुँह छिपाकर रोता रहता। परन्तु जैसे ही सबेरा होता, सूरज की रोशनी मेरे चेहरे पर पड़ती–मेरे अन्तर की कामनाएँ फिर मुझ पर वार करतीं।

[फिर से उसके पीछे वही अभिभावक आकर खड़े हो जाते हैं।]

अभिभावक : तुम्हें डंडे से पीटना चाहिए–समझे? तब जाके तुम सीधे होगे। महिलाओं को सम्मान देना नहीं जानते–बदमाश छोकरे! मारकर हड्डियाँ तोड़ देनी चाहिए। देखिए महोदय, यह शैतान तब से मेरी पत्नी को घूरता जा रहा है। उम्र तो कम नहीं है। कॉलेज से भी पास करके निकल गया है। चेहरा देखकर तो ऐसा ही लगता है। पर अब तो तुम्हारे कारण मुहल्ले की औरतों का बाहर निकलना मुश्किल हो जाएगा, क्यों? चलो, अब बस से उतरते हो कि नहीं?

[संगीत]

अभिनेता : *(धीरे-धीरे कहता है)* तुम मुझे मना कर रहे हो, करो। परन्तु मैं तुम्हें सपने में, नींद में–अपनी आकांक्षाओं में ज़रूर पा

लूँगा। पाऊँगा ही पाऊँगा। जब रात को सोने जाता हूँ, अजीब सी निस्तब्धता मुझे घेरने लगती है। और तब अनन्य! तुम मुझे ही चाहते हो। मैं जानता हूँ—तुम मुझे ही पाना चाहते हो। मुझे, मेरे शरीर को। मैं निश्चिन्त हूँ। अनन्य, मैं तुम्हें पा लूँगा।

[वही पहले वाला लड़का फिर आता है। अभिनेता के सामने आकर खड़ा हो जाता है।]

लड़का : पता है—ये जो बंगाली लोग हैं न, इनका कोई मेच्योर्ड सेंस ऑफ सेक्स नहीं होता। जरा सोचो...एक देह के साथ दूसरे देह का मिलन। ओफ...*(ज़रा सा रुककर)* अभी इस पर पब्लिकली कुछ बोलने लगे तो या तो मुझे परवर्ट कहेंगे या फिर बुरा आदमी। इसीलिए,...इसीलिए हम लोगों की कोई उन्नति नहीं हुई। फ्री-सेक्स चालू नहीं हुआ तो हम लोगों का कुछ नहीं होने वाला।

[पीछे एक लड़की आकर खड़ी होती है। अभिनेता उसके सामने जाकर खड़ा होता है। फिर शंखध्वनि, जयमाला आदि होती है। अभिनेता लड़की का हाथ पकड़कर मंच के भीतर की ओर ले जाता है। लड़की अन्दर चली जाती है।]

अभिनेता : *(थोड़ी देर सोचता है, फिर कहता है)* वैसे यथार्थ के साथ कल्पना का कोई मेल सम्भव नहीं। जिनमें प्रबल कल्पना-बोध है उनका यथार्थ से कोई मेल नहीं। और जिनका यथार्थ-बोध बहुत प्रखर है, कल्पना से वे बहुत दूर हैं। और जिनमें ये दोनों बोध या तो कम या फिर दोनों ही अधिक हैं तब तो क्या कहना! वे बहुत भाग्यवान होते हैं। उनके भाग्य से मैं जलता हूँ। पर सभ्यता के बहिरंग में केवल यौनता के इतिहास में कोई प्रकट निक्षेप नहीं होता—यह इतिहास चोरी-छिपे लिखा जाता है, इस इतिहास पर प्रतिबन्ध लगा दिया जाता है। और इसीलिए यह प्रबल है। यह प्रबलता हम देख नहीं पाते, परन्तु अनुभव कर पाते हैं। हमारी इन्द्रियाँ,

कल्पना, गोपनीयता यहाँ तक कि विकृति–इन सबके माध्यम से अनुभव करते हैं।

[संगीत]

[एक वृद्ध का मंच पर प्रवेश। वे अभिनेता के सामने आकर बैठ जाते हैं।]

अभिनेता : वासना क्या है?

वृद्ध : जो तुम्हें आच्छन्न करके रखता है।

अभिनेता : पाप क्या है?

वृद्ध : जो सोच या विचार तुम्हारे मन को कलुषित कर दे, वही पाप है।

अभिनेता : समलैंगिकता सही है या ग़लत?

वृद्ध : जिससे तुम्हें आनन्द की प्राप्ति होती है, वह सही है और जिससे आनन्द की प्राप्ति नहीं होती वह ग़लत है–सम या विषम जो भी हो। पर ध्यान से सुनो–सुख नहीं, आनन्द।

अभिनेता : तो फिर यौनता का उद्‌देश्य क्या है?

वृद्ध : आग का और कोई उद्‌देश्य नहीं हो सकता–जलाने के सिवा।

अभिनेता : और जब जलना सम्पूर्ण हो जाता है?

वृद्ध : जिनका जलना सही अर्थों में सम्पूर्ण होता है, उनकी समृद्धि का आरम्भ होता है।

अभिनेता : प्रेम और काम में क्या अन्तर है?

वृद्ध : एक का जन्म होता है प्रयोजन से, दूसरे का प्रयोजन से परे।

अभिनेता : परिणामतः किसका अधिक प्रयोजन है?

वृद्ध : जल और वायु में अन्तर करना मूर्खता है।

अभिनेता : अच्छा, आप कौन हैं?

वृद्ध : वात्स्यायन! फूको! कामदेव!

अभिनेता : ग़ज़ब है!

वृद्ध : *(मुस्कराकर)* इस शताब्दी की सबसे बड़ी पहचान है आतंकवाद। निःसन्देह यौनता वह आतंक पैदा कर सकती है।

अभिनेता : मैं यौनता का परवर्ती अध्याय समझना चाहता हूँ।

वृद्ध : ईश्वर, इसे क्षमा करना। यह नहीं जानता कि यह क्या कह रहा है!

अभिनेता : क्या...क्या है वह परवर्ती अंश? बताइए–यदि आप जानते हैं तो कृपया बताइए मुझे।

वृद्ध : हाँ, हाँ, मैं जानता हूँ। मैं जितेन्द्रिय हूँ। इसलिए मैं यह जानता हूँ।

अभिनेता : तो फिर बताइए। बताइए मुझे!

[वृद्ध हँसते-हँसते उठ खड़े होते हैं। अभिनेता बार-बार उनसे जानना चाहता है। वृद्ध उसी तरह मुस्कराते हुए बाहर निकल जाते हैं। अभिनेता क्या कहता है, वह हिस्सा सुनाई नहीं देता। क्योंकि बैकग्राउंड म्यूज़िक के कारण, संवाद सुनाई नहीं पड़ते। अभिनेता फिर एक बार सामने आकर दर्शकों से मुखातिब होता है :]

अभिनेता : मैं नदी के पास गया
बैठा उसके किनारे। बैठा नीरव, निस्तब्ध!
पानी में रेखाएँ खींचता गया
देखा अपने ही प्रतिबिम्ब को कुछ देर
फिर ओम्-शान्ति स्थिर हुआ
इसी तरह भोर हुई। मेरे ही भीतर
तेन्दुआ जागा, फिर सो भी गया, सिर्फ उसके रोयें
कभी छू पाता हूँ, कभी नहीं।
हमारी अगरबत्तियाँ जलती रहती हैं भोर के समय
लाल मुँह उसकी राख के समीप,
चलो हम आज शाम के पास जाएँगे।

[संगीत]

[पीछे की कुर्सी पर वही महिला फिर से आकर बैठती है। अभिनेता सामने आकर खड़ा हो जाता है।]

महिला : क्यों बेटा, कैसे हो?

अभिनेता : ठीक हूँ। आप?

महिला : बस] किसी तरह चल जा रहा है। मेरा रहना न रहना...पर बेटा, तुम तो काफ़ी बदल गए हो! केश सफेद हो रहे हैं!

अभिनेता : नहीं होंगे? उम्र भी तो हो चली है। रंजन कैसा है, चाचीजी?

महिला : अच्छा है। विदेश में रहता है। अगले महीने आकर मुझे ले जाएगा अपने साथ। वैसे मैं जाना नहीं चाहती। तुम ही बताओ बेटा, पति का घर छोड़ कहाँ जाऊँगी!

अभिनेता : पर आप तो अकेली रहती हैं। अपनी तबीयत के बारे में भी तो सोचना होगा।

महिला : तबीयत! इस शरीर में अब बचा ही क्या है? चमड़ी सूख गई। बूढ़ी हड्डियाँ भी अब चिता में उठने को तैयार हैं। तब जाकर प्राणों को ठंडक मिलेगी।

अभिनेता : चाचीजी, कुछ दिनों के भीतर मेरी बड़ी बिटिया की शादी है। उसे आशीर्वाद दीजिएगा।

महिला : अवश्य बेटा, अवश्य।

[वे दोनों बातें करते रहते हैं। नेपथ्य में एक आवाज़ जैसे तैरती हुई आती है :]

आवाज़ : दीवार के उस पार रहता है चीता
कूदकर सामने आया, आवाज़ उसके गर्जन की उमम्...
दाँतों में फँसी हड्डी के टुकड़े, खून के धब्बे
दीवार के उस पार कूदता है एक मस्त चीता बाघ।
फिर नींद उतर आती है पलकों पर,
नाचती है अलौकिक छाया। निर्लज्ज माया के पानी में
सब्जियों के जैसे यह शरीर उबलता है
फिर स्थिर हो जाता है।
नींद आकर हमारी सभी कामनाओं को बुझा देती है
फिर भी दीवार के उस पार रह जाता है चीता
शरीर पर उसके पीले धब्बे, काली-आड़ी-तिरछी लकीरें
मैं उसे जीत लेता हूँ, अतिक्रमण कर जाता हूँ।
उसकी छलाँग, अब शायद हमें पकड़ नहीं पाएगा।
वह न पाना मेरे लिए पाने के ही समान है।
फिर भी रोएँ सो जाती हैं सुषुप्ति की तरह।
मेरे भीतर नींद को बुलाता है चीता,
मैं उसके कानों में कहता हूँ, तुम हो अरक्षित
और तुम हो मृत, ये दोनों ही सत्य हैं मेरे भीतर,
अतएव सोए रहो विजेता, सोए रहो।
सिर्फ परवर्ती प्रभात आने तक, मैं तुम्हें जगाऊँगा।

शाम : ईश्वर

[अभिनेता बैकग्राउंड म्यूज़िक के साथ-साथ स्थान परिवर्तन करता है। उसकी पोशाक में बदलाव आया है। वह मंच पर ही वस्त्र बदल लेता है। मंच भी थोड़ा बदल जाता है। अभिनेता म्यूज़िक समाप्त होने के बाद दर्शकों के सामने आता है। कुछ सोचता है :]

अभिनेता : ठीक सात वर्ष की उम्र में मैंने ईश्वर की उपस्थिति को अनुभव किया था। जी हाँ, उस समय मेरी उम्र सात साल की थी। हमारे घर की छत पर शतरंजी बिछाकर मैं लेटे-लेटे किताब पढ़ रहा था। अचानक मेरी आँखों में पानी भर आया। रोंगटे खड़े हो गए। मैंने अपनी आँखें बन्द कर लीं। समझ में आई कि 'वे' हैं। मैंने हाथों से महसूस करने की कोशिश की, पर किसी ने मेरा हाथ नहीं पकड़ा। तब और गहरा अहसास हुआ कि 'वे' हैं।

[एक महिला का प्रवेश। वह गाना गा रही है—'मैं यहाँ बैठी हूँ केवल गाने को तुम्हारे गीत।' गाना समाप्त होता है। अभिनेता उसके सामने बैठकर सुनता है। जैसे वह वही सात वर्ष का बालक बन गया है। महिला मुस्कराती हुई बैठी रहती है।]

अभिनेता : मझली दीदी, क्या आपने कभी भगवान को देखा है?

[महिला मुस्कराती है]

बताइए न? पता है, मैंने कल दोपहर को भगवान को देखा है। कितने शान्त और ओजस्वी! विश्वास कीजिए। उन्होंने मुझसे कहा—तुम अच्छे हो जाओ। और भी अच्छे। आप हँस रही हो? विश्वास नहीं होता न मेरी बात पर? पता है, कल मैंने पिताजी से कहा तो वे भी ज़ोर-ज़ोर से हँसने लगे। कितना बचपना है पिताजी में अब भी! है न दीदी! एक बड़े से डोंगे में दूध में रोटी भिगोकर खा रहे थे। मूँछों पर सफेद मलाई लग गई थी। हँसते-हँसते माँ को सुनाकर कहने लगे—देखो, तुम्हारा बेटा क्या कह रहा है! अच्छा दीदी, आप तो मेरी हर बात सुनती हैं, मानती भी हैं। बताइए तो—क्या मैं झूठ बोल रहा हूँ?

महिला : नहीं, क्यों झूठ बोलोगे तुम?

अभिनेता : तो फिर आप ही बताइए, ईश्वर है या नहीं?

महिला : बिल्कुल है।

अभिनेता : कैसे पता चला?

महिला : माँ कहती है–इसलिए है।

अभिनेता : नहीं, नहीं–माँ नहीं जानती है। माँ तो सिर्फ पूजा करती है और हम लोगों के भले के लिए प्रार्थना करती है।

महिला : वह तो वो करेंगी ही।

अभिनेता : पर भगवान ऐसा नहीं चाहते।

महिला : क्या कहता है? पगला कहीं का! चल, तेरे हाथ में एक ताबीज बाँध दूँ। उत्तर दिशा की ओर देखते हुए तीन बार हाथ जोड़ना और फिर ताबीज पहन लेना।

अभिनेता : नहीं, मैं नहीं बाँधूँगा ताबीज। हाथ भी नहीं जोड़ूँगा।

महिला : हाथ भी नहीं जोड़ेगा? अच्छा, जिद्दी लड़का है। तो फिर तुमने भगवान को क्या देखा?

अभिनेता : मैंने देखा है।

[महिला मुस्कराती हुई चली जाती है। अभिभावक फिर से प्रवेश करते हैं।]

अभिभावक : एः! बेवकूफ लड़के, इन्होंने ईश्वर को देखा है–हुँः! मारकर पीछे की चमड़ी उधेड़ दूँगा। वामपंथी परिवार का लड़का, पिताजी जनेऊ तक नहीं पहनते, उसका बेटा होकर, इन्होंने ईश्वर को देखा है! घर जाकर मन लगाकर गणित का अभ्यास करो। क्लास में जब सुशील बाबू तुम्हारी पीठ पर बेंत बरसाएँगे तब देखूँगा, तुम्हारे भगवान कैसे उस वक़्त तुम्हारी रक्षा करते हैं।

[वही पहले वाला लड़का फिर से मंच पर आता है।]

लड़का : जय निताई! जय गुरु! हे भगवान, गणित का सवाल हल करवा दो! तुम्हारे चरणों पर सवा रुपए का प्रसाद चढ़ाऊँगा।

[संगीत बजने लगता है।]

अभिनेता : पर तूने तो कल शाम को मैदान में टहलते वक़्त मुझसे कहा था, तू ईश्वर को नहीं मानता! तो फिर आज कैसे उसे याद कर रहा है?

लड़का : अरे, जब कोई आपदा आ जाती है तो ईश्वर–छींक–खाँसी–छिपकली–कुकुरमुत्ता–सब कुछ मानता हूँ गुरू। कल रात मुहल्ले में फंक्शन हो रहा था। रात भर वहीं था। घर आकर किसी तरह एक सवाल हल कर पाया हूँ। अब तो भगवान भरोसे! जय निताई, जय गुरुदेव! इस एक प्रश्न का समाधान किसी तरह कर दो प्रभु–तुम्हारे मन्दिर में सवा रुपए का भोग चढ़ाऊँगा।

अभिनेता : मेरे हाथ में है गुलाब का फूल
फूलों की खुशबू से भरा हुआ मैदान
मैदान के अन्धकार से भरे वृक्ष पर
तारे टूटते हैं, बन्द हुआ बाज़ार
बाज़ार से घर की ओर लौट रहे थे वो
उनके मन में नहीं है कोई विषाद की रेखा।
विषाद लेकर गुम हो गए वो
छत के ऊपर तारा टूटा जैसे ही।

कहते ही मैं देखता क्या हूँ माँ
मेरी माँ ने सुलाया बादलों में
बादलों में तुम भी आज जागो
तारे टूटेंगे गोधूली की रोशनी भरे बादलों में

अँजुरी भरे गुलाब के फूलों से
तोड़कर फैला दिए पँखुरियाँ उसकी
मेरे भीतर रात्रि वीणा बजने लगी
बजता ही जाए जुड़ रहे हैं जैसे छिन्न तार।

मेरे ये अनुभव–मैं कैसे किसी को समझाऊँ? क्यों समझाऊँ? यह जो रोज की बातें मैं लिखता हूँ–यह मैं अपने लिए लिखता हूँ। फिर भी उसी के बीच न जाने कैसे मेरे भीतर धीरे–धीरे स्पष्ट होने लगीं उसकी आँखें, उसका चेहरा, उसकी

शान्त नीरव हँसी। मैं निर्बोध हूँ–इसीलिए मैं अपनी ये अनुभूतियाँ व्यक्त करना चाहता हूँ। जो वास्तव में साधु प्रकृति के हैं, वे कभी अपनी अनुभूतियाँ किसी को बताना नहीं चाहते, सिर्फ धारण करते हैं–धारण। मैं प्रगल्भ-वाचाल-निर्बोध हूँ, इसीलिए मैंने अपनी अनुभूतियों को बाज़ार के सामने रख दिया।

[वही लड़की–शायद पहली वाली–आकर खड़ी होती है। शादी की शहनाई बज उठती है। लड़की घूँघट ओढ़ लेती है।]

अभिनेता : जानती हो, मैं ईश्वर में विश्वास करता हूँ। मेरे पिताजी एक बहुत ईमानदार वामपन्थी थे–स्वयं कभी पूजा-पाठ नहीं करते थे, पर माँ पूजा करती थीं तो उन्हें इसके लिए कभी अपमानित नहीं किया। मैं उन्हीं का बेटा हूँ। पर फिर भी मैं आस्तिक हूँ, सुन रही हो न? *(लड़की गर्दन हिलाती है)* बचपन में मुझे मौत से बहुत डर लगता था। सोचता था, मैं मर जाऊँगा। मैं जो घूम रहा हूँ, चल रहा हूँ, खेल रहा हूँ–मैं, वही मैं मर जाऊँगा। यह कभी हो सकता है! तब सोचता था, मेरे इस मृत्यु-भय से ही सम्भवतः ईश्वर पर विश्वास का आरम्भ हुआ। पर बाद में समझ आया, मृत्यु जीवन की ही तरह एक स्वाभाविक घटना है। और यह भी सच है कि ईश्वर का जीवन मेरे जीवन-चर्या में ही है। अतः मेरी मृत्यु के साथ-साथ मेरे ईश्वर की भी मृत्यु हो जाएगी। और जब से यह बात समझ में आई, मेरा मृत्यु-भय कम होता गया। मैंने उस डर को जीत लिया।

लड़की : *(धीरे-धीरे)* मृत्यु के बारे में जानते हो तुम?

अभिनेता : नहीं, पर जानना चाहता हूँ, समझना चाहता हूँ। बहुत शान्ति के साथ। मेरा मानना है, यदि मैं जीवन को यथार्थ रूप में समझ पाया किसी दिन तो एक दिन मृत्यु को भी समझ पाऊँगा। मैं जीवन के सूत्र से मृत्यु नहीं, मृत्यु के सूत्र से जीवन और फिर उसी के सूत्र से ईश्वर को समझना चाहता हूँ।

लड़की : बचपन में तुम्हारे मित्र तुम्हें पागल कहकर चिढ़ाया करते थे–है न?

अभिनेता : *(हँसता है)* हाँ, वे मुझे नापसन्द करते थे। मैं बचपन में ही समझ गया था कि मेरा कोई मित्र नहीं है। सिर्फ सहचर है। और जिन्दगीभर शायद ऐसा ही होगा। कभी अगर मेरा कोई मित्र बना, तो मैं उसका नाम 'ईश्वर बाबू' रखूँगा। वे मुझे गरमागरम भात और मसूर की दाल खिलाएँगे। साथ में आधा कटा हुआ प्याज़ और एक हरी मिर्च। मैं प्यार करूँगा तुमसे, उनसे, जीवन से और इस नाते और जो-जो मुझे समझ में आते जाएँगे, उन सबसे।

[लड़की चली जाती है। अभिनेता ऊपर की ओर देखते हुए इस शैली में बातें करता है, जैसे इंटरव्यू दे रहा हो।]

अभिनेता : नहीं-नहीं, इस मठ में नहीं हैं। पूरे विश्व में, कई धार्मिक स्थानों में, मैंने अच्छी तरह देख लिया, कहीं भी नहीं हैं।...क्या कहा? हाँ, श्मशान में भी देख लिया, कब्र में भी—नहीं है, नहीं है...भूत रह सकता है? क्या? क्या कह रहे हैं...कहाँ, बताइए?...क्या? नहीं? वे हैं, इस बारे में मैं पूरी तरह से निश्चिन्त हूँ। मैं यदि हूँ, तो वे भी हैं। कोई प्रश्न ही नहीं उठता। देखता हूँ...एक बार दूसरे ग्रहों में जाकर भी देखना पड़ेगा। नहीं-नहीं...कहा नहीं जा सकता...देखने में असुविधा क्या है भई...क्या? गाली दे रहे हैं...दीजिए। मैं भी आपको गाली दे सकता हूँ।...दन्त विकसित!

[पीछे अभिभावक आकर खड़े होते हैं। अभिनेता धीरे से उनके करीब जाता है।]

अभिभावक : बात क्या है, जानते हैं? रैशनलिटी। तर्क का सहारा लेकर विचार करने पर जो मिलेगा, उसी पर विश्वास कर सकते हैं।

अभिनेता : *(अनमने ढंग से)* सूरज निकल गया है। दिन चढ़ रहा है।

अभिभावक : हाँ! बर्फ पर धूप गिरने से कैसी आँखें चौंधिया जा रही हैं, देख रहे हैं? यह देखिए मैप। हम लोग करीब बारह हज़ार के ऑल्टिच्यूड पर खड़े हैं।

अभिनेता : हाँ। लग रहा है, जैसे सारे गिरि-शृंग हँस रहे हैं। देखिए, कैसे अद्भुत ढंग से हँस रहे है!

अभिभावक : हाँ। जो मैं कह रहा था आपसे। रैशनलिटी! यह जो आपको पर्वतों के शृंग इतने मुग्ध कर रहे हैं, क्यों, पता है? क्योंकि आपके भीतर एक सौन्दर्य-बोध है। यह कहाँ से आया है? आया है आपकी शिक्षा, रुचि, चिन्तन...

[म्यूज़िक बजता है। फिर अभिनेता सुर में कहता है :]

अभिनेता : पाया है, मैंने तुम्हें पाया है।
देखा है, जिस तरह देखता है आहत हिरण अपनी माँ को
अरण्य की सीमा के बाहर।
जाना है, मैंने तुम्हें जाना है।
जिस प्रकार बेसकैम्प से चला आरोही
जानता है कोहरे से ढके पर्वत को।
मेरे माथे को सहला रहा है
कोई शान्त सा हाथ।
अब मैं निश्चिन्त सो जाऊँगा।
समझा है, मैंने तुम्हें समझा है
जिस तरह नगर को समझता है इकतारा
किसी शीर्ष बिन्दु से।
सो जाऊँगा, अब मैं निश्चिन्त होकर सो जाऊँगा।

[कोरस में स्तोत्र-उच्चारण होता है। पूरा मंच भर जाता है। सबके हाथों में एक-एक मिट्टी का दीया है। फिर सब धीरे-धीरे पंक्ति बनाते हुए मंच से बाहर निकल जाते हैं। केवल एक दीया जलता रहता है खाली मंच पर। अभिनेता आगे आकर उस दीये को उठा लेता है। नेपथ्य से आवाज़ आती है।]

आवाज : 'मैं ही वह रात हूँ, मैं ही वह जल
सर से पाँव तक झिलमिला रहा है
मेरा ही कोई अतल।
और उसका कोई अन्त नहीं, सीमा नहीं, अक्ष रेखा नहीं।

सिर्फ हा-हा शब्द से फैल रही है देखो
अनन्त शून्य की हँसी
पर्वत शिखर पर, अरण्य में, जनपदों में,
पत्ते-पत्ते पर, मेरे ही पदचिह्न,
मेरी ही प्रतिध्वनि,
नहीं है कोई सन्देश, न कोई आत्मा, हरिध्वनि
भी नहीं है—है सिर्फ नीरव रहस्य—हर स्तब्ध लिपि पर
देखो उत्कीर्ण है कोई मंत्र।
वह है मेरा ही अनुभव।
मेरी ही शामों से दिन रात की ओर चल देती है।
यह रात आर्द्र, यह रात गाढ़ी
कितना अन्धकार है इस रात में, यह केवल मैं ही जानूँगा?

[अभिनेता उकड़ूँ होकर बैठता है, एक वृद्ध आते हैं। अभिनेता के सामने बैठकर बोलना शुरू करते हैं :]

वृद्ध : नहीं-नहीं, किसी काल के कारण नहीं, ऐसे ही तुम उन्हें समझने लगोगे। समझोगे—और धीरे-धीरे तुम्हारे भीतर की सारी कालिमा कब मिट जाएगी—यह तुम्हें पता भी नहीं चलेगा। सिर्फ उसे जानना होगा। नहीं-नहीं, किसी समय की वजह से नहीं, किसी युद्ध, दंगे, महामारी या पाप की वजह से नहीं, ऐसे ही, बस ऐसे ही तुम ईश्वर को जान जाओगे। और तब तुम समझने लगोगे कि अच्छा, तो इसीलिए मैं नीचे हूँ और मेरा मस्तक शीर्ष पर है। इस तरह स्वयं को भी समझ पाओगे। सिर्फ उसे महसूस करना होगा। नहीं-नहीं, किसी समय के कारण से नहीं, कहीं भाग जाने से भी नहीं। जीवन के आमने-सामने खड़े होकर तुम्हें यह एहसास होगा...

[उनकी बातें समाप्त होने से पहले ही स्तोत्रगान आरम्भ होता है। धीरे-धीरे पर्दा उतर आता है।]

रात्रि : मृत्यु

[थोड़ी देर के अन्तराल पर पर्दा खुलते ही मंच पर किए गए परिवर्तन नज़र आते हैं। मंच पर एक खाट है, जिस पर एक मृत शरीर है। उसके सिरहाने अगरबत्ती जल रही है। एक व्यक्ति पास बैठकर स्तोत्र पढ़ रहा है। पढ़ना समाप्त होता है। चार जन आकर मृत शरीर उठाकर ले जाते हैं। उनके मुँह से 'राम-नाम सत्य है' के बोल बहुत धीरे से सुनाई पड़ते हैं। मंच खाली हो जाता है। अभिनेता सामने आता है। उसकी सम्पूर्ण पोशाक का रंग काला है।]

अभिनेता : नहीं, मैं बुद्ध नहीं हूँ, और न कभी होना चाहता हूँ। फिर भी मृत्यु मुझे सोचने पर बाध्य करती है, और भी कई लोगों की तरह। जीवन का अन्तिम सत्य। सभी सत्यों का अनिवार्य सार–वही परम, वही महान मृत्यु। यह जो मैं आप लोगों के साथ शब्दों के माध्यम से बात कर रहा हूँ और आप लोग निःशब्द मुझसे विचारों का आदान-प्रदान कर रहे हैं–ये समस्त कोलाहल, स्तब्धता, भक्ति, प्रेम, घृणा, अवज्ञा–यह सब कुछ एक दिन उस मृत्यु गह्वर में विलीन हो जाएगा। मैं मर जाऊँगा, आप लोगों की तरह। आप लोग हँस रहे हैं, आप लोगों की हँसी एक दिन बन्द हो जाएगी। आप लोग दौड़ रहे हैं, आप लोगों का दौड़ना बन्द हो जाएगा। आप लोग प्रेम कर रहे हैं, झगड़ रहे हैं–यह सब एक दिन बन्द हो जाएगा, जब सब कुछ थम जाएगा। पिछले हज़ारों-लाखों वर्षों से यही हो रहा है–आगामी हज़ारों लाखों वर्षों तक यही होगा। आइए, मृत्यु को याद करते हुए, यहीं इस अकिंचन भूमि पर हम सभी के लिए एक मिनट की नीरवता का पालन करें!

[संगीत बजता है। अभिनेता सर झुकाए खड़ा रहता है। एक मिनट के पश्चात् संगीत बजना बन्द हो जाता है।]

तुम्हारी आसन्न शवगाथा रची है हमने, अव्यय।
त्यागकर तुम्हें दूर कहीं मैं जाऊँगा चला
दृष्टि न देख पाएगी मुझे।
जाऊँगा चला–त्वचा की गन्ध, मोह, लोभ सब कुछ छोड़,
जाऊँगा रखकर–जाते-जाते फिर मुड़कर देखूँगा–

यह सब निर्धारक स्मृति, हमारे छोड़े हुए
शान्त निःश्वास, कोई चकित दृष्टि गल जाएगी
मोम की तरह
मैं जाऊँगा चला।
जाऊँगा बहुत दूर स्वयं को तजकर।
अव्यय, तुम नहीं लोगे मुझे अपने साथ?

[बैकग्राउंड म्यूज़िक]

[अभिनेता बैठता है। उसके सामने वही लड़का। आँखों में सनग्लास, हाथों में शराब की बोतल। वह बहुत दृढ़ता के साथ बात करता है।]

लड़का : तुम्हें समझना होगा कि जीवन केवल एक बार जीने को मिलता है—एक बार! वह आता है अचानक से और चला भी जाता है अचानक। उसके बीच सफेद पन्नों की तरह हमारा यह जीवन—इसलिए इस नोटबुक के बन्द हो जाने से पहले सारे कोरे पन्ने लिख डाल—लिखकर भर दे। एक पन्ने पर लिख आनन्द, दूसरे पन्ने पर उन्नति, तीसरे पर भोग, चौथे पर उल्लास, पाँचवें पर आकांक्षा—और शेष पर और भी कई...

अभिनेता : और अन्तिम पृष्ठ पर? वहाँ क्या लिखूँगा मैं?

लड़का : अन्तिम पृष्ठ चित्रगुप्त के लिए छोड़ दो। वह अपना हिसाब-किताब सही ढंग से कर लेंगे *(रुकता है, शराब पीता है)* चुप रह, नचिकेता कहीं का!

अभिनेता : आज भोर के वक़्त अभिजीत मर गया—पानी में डूबकर। दो घंटे बाद उसका शरीर तैरने लगा। तब तक काफ़ी फूल चुका था।

लड़का : उससे क्या फर्क पड़ता है! इस तरह की मौत कहीं न कहीं हर वक़्त हो रही है। उससे भी बड़ी बात है यह हमारा यहाँ एक साथ बैठना और पीना। देखो, हम लोग अभी भी जिन्दा हैं।

अभिनेता : अच्छा, क्या मृत्यु एक तरह से हार जाना नहीं है?

लड़का : हाँ, कह सकते हो। डॉक्टर के लिए तो वैसा ही है। *(गुनगुनाता है)* 'मरण रे तुहूँ मम श्याम समान।'

अभिनेता : *(अनमने ढंग से)* मृत्यु के बाद फिर क्या होता है?

लड़का : *(गाना बन्द करता है)* चुप बे! *(गुस्से से)* मुझे क्या स्वामी अभेदानन्द पाया है—तब से लगातार प्रश्न किए जा रहा है?

अभिनेता : तुमने विभूतिभूषण का 'देवयान' पढ़ा है?

[पीछे से अजीब तरह की आवाज़ें आती हैं। मंच के पिछले हिस्से पर प्रकाश। संगीत बजने लगता है। प्रकाश में यम और शैतान बैठकर शतरंज खेल रहे हैं और हँस रहे हैं। शैतान आँखों से इशारा करते हुए अभिनेता को दिखाता है। यम अभिनेता को देखते ही क्रोधित हो उठता है।]

यम : यमालय में जीवित मनुष्य! यह कैसा मज़ाक है! जब उठाकर जलते राख में फेंक दूँगा, तब जाकर छठी का दूध याद आएगा बच्चू! ठीक-ठाक आग की लपटें जलाएँगी तब मृत्यु के बारे में जानने की सारी इच्छाएँ उड़नछूँ हो जाएँगी। जाओ, भागो यहाँ से—दूर हो जाओ!

[अभिनेता मंच के सामने आ जाता है। यम और शैतान उसे दिखाकर खिखियाकर हँसते हैं। फिर हवा में जैसे यकायक अदृश्य हो जाते हैं। अभिनेता सामने की ओर आकर सो जाता है। पास ही वह लड़की आकर लेटती है, जैसे किसी मिलन-दृश्य का परवर्ती हिस्सा हो!]

लड़की : *(कलाई पर चूड़ियाँ गिनती हुई)* बहुत दिनों बाद आए! इतना पसीना क्यों आ रहा है तुम्हें?

अभिनेता : यूँ ही। *(हँसता है।)*

लड़की : *(अभिनेता का चेहरा आँचल से पोंछ देती है)* तुम्हारा चेहरा पहले से काफ़ी खराब हो गया है।

अभिनेता : तुम अभी भी अकेली ही रहती हो?

लड़की : हाँ।

अभिनेता : डर नहीं लगता?

लड़की : *(हँसते हुए)* किसका डर?

अभिनेता : *(मुँह घुमाते हुए)* नहीं जानता।

लड़की : *(सिगरेट सुलगाते हुए)* पता है, पिछले महीने मेरी माँ चल बसी।

अभिनेता : क्या? कैसे?

लड़की : कैसे क्या! उम्र काफ़ी हो चुकी थी।

अभिनेता : तुम बहुत रोयी थीं न?

लड़की : *(सर हिलाकर)* नहीं।

अभिनेता : क्यों?

लड़की : उम्र हो चुकी थी। जानती थी, चली जाएगी।

अभिनेता : शायद भीतर ही भीतर वह भी यह सत्य जान चुकी थी।

लड़की : कैसा सत्य?

अभिनेता : यही मृत्यु के बारे में।

लड़की : हो सकता है! माँ भी तो अकेली रहती थी। आओ।

अभिनेता : क्यों?

लड़की : मुझे प्यार करो।

अभिनेता : *(चेहरा दूसरी ओर कर लेता है)* नहीं।

लड़की : क्यों?

अभिनेता : अच्छा नहीं लगता।

लड़की : कौन? मैं?

अभिनेता : नहीं। अपने आपको।

[अँधेरा छा जाता है। अभिनेता उठकर सामने आकर कहता है :]

स्वाभाविक मृत्यु
अस्वाभाविक मृत्यु
दुर्घटना से मृत्यु
राजनीतिक मृत्यु
जनता के हाथों मृत्यु
दुर्भिक्ष के कारण मृत्यु
खून-हत्या-संघर्ष

जन्म एक ही प्रकार से लिया जाता है। परन्तु मृत्यु कई प्रकार से होती है। जन्म और मृत्यु के बीच का यह अन्तर मुझे आश्चर्य में डाल देता है—युधिष्ठिर की तरह। मस्तिष्क की मृत्यु को यदि रोका जाए तो फिर एक दिन पृथ्वी पर मृत्यु प्रतिबन्धित हो

जाएगी। तब केवल जन्म होगा—जन्म। कई प्रकार से जन्म होगा। विज्ञान कहता है। परन्तु विज्ञान जो नहीं कहता है, उसी का अभ्यास करता हूँ मैं, और वन्दना भी करता हूँ।

[ग्रेगोरियन चैंट्स (मंत्र) बज उठते हैं। अभिनेता के पीछे से अभिभावक आकर खड़े होते हैं।]

अभिभावक : मैं समझता हूँ, मृत्यु का अर्थ है चिन्ता की मृत्यु। मैं समझता हूँ, मृत्यु का अर्थ है गति की मृत्यु। मेरे अनुसार मृत्यु का अर्थ है ज्ञान की मृत्यु और इसीलिए जितने लोग जीवित हैं, उनमें से कितने सही अर्थों में जीवित हैं?

[अभिनेता धीरे-धीरे मंच पर लेट जाता है। अभिभावक उसे सर से पैर तक चद्दर से ढक देता है। लड़की उसके सिरहाने बैठकर कुछ पढ़ती है। शववाहकों का दल आता है—अभिनेता को उठाकर ले जाता है। खील फैलाते हुए जाता है। मंच खाली हो जाता है। फिर अभिनेता को हम मंच के पिछले हिस्से में लेटा हुआ पाते हैं। उसे घेरकर जैसे आग की लपटें जल रही हैं।]

अभिनेता : मेरे अन्त के साथ-साथ तुम्हारा आरम्भ होता है, यही आकांक्षा है भविष्य की।

तुम्हारे ही मध्य मैं जन्म लूँगा—नियति ताड़ित ज्योतिष्क, क्या तुमने मृत्यु के संग किया है युद्ध ताकि कर सको उस पर जय, जीतते-जीतते तुम्हारे भीतर भी क्या होने लगा है निभृत क्षय? मेरे भी हाथों में देखो वृद्ध रेखाएँ, माथे पर भृकुटि अथाह गहराई में मृत्यु ने बसाया है घर, पदध्वनि जिसका है आसन्न। मेरे ही ध्वंस पर तुम्हारी उत्थान-भूमि, कदम बढ़ाओ हे सन्तान, चूमूँगा तुम्हारा माथा और फिर जन्म लूँगा तुम्हारे ही बीच हे भविष्य!

तो फिर समझ गए होंगे कि यही वह अयथार्थ है, यही वह अनर्थ है, यही वह अन्धकार है और यही वह देखना भी है। मेरा देखना मेरी आँखों से आपकी आँखों तक मैंने पहुँचा दिया है। सूर्योदय से दूसरे दिन के भोर होने तक यह देखने की प्रक्रिया चलती रहती है। जटिल अथवा सरल कुछ रंगोली की

रेखाएँ। यद्यपि सबेरे से रात तक केवल एक ही दिन की कहानी है। एक दिन। एक रात। मेरी तुच्छता इस क्षण में इस स्थान पर इस मुहूर्त में एक क्षणिक विशालता। मैं आँखें खोलता हूँ तो देखता हूँ कि पतंगा हरी घास पर पंखों को फैलाकर उड़ रहा है, एक तेज ध्वनि के साथ। उड़ता है, उड़ता है, फिर सूर्यास्त की ओर जाते हुए झर जाता है। फिर एक बार। फिर। फिर...। कुशल-मंगल हो। आनन्द में रहिए। कभी-कभी दुख में भी। आज ही आधी रात के समय फिर मिलना होगा हमारा। आपकी आँखों की पुतलियों में नींद उतर आएगी, कड़वी जीभ पर तृप्ति की मलाई होगी, यद्यपि अतृप्ति आपके हृदय के भीतर थरथराने लगेगी, ठीक तभी हम फिर से एक बार मिलेंगे। मिलेंगे ही। हे सुहृद, देखिए–हमारे जीवन का थर्ड बेल किस तरह इस निस्तब्ध सभागार में बज उठा। मिलेंगे सुहृद् हम दोनों एक दूसरे दिन, दूसरी शाम, दूसरी रात–या जन्मान्तर में कहीं निश्चिन्त रूप से। निःसन्देह।

आमीन!

दत्तम दम्यत दयध्वम्!

[प्रारम्भिक मंत्रोच्चारण के साथ-साथ परदा गिरता है।]

चतुष्कोण

पात्र

चन्द्रशेखर बटव्याल : उम्र पचास *(चालीस भी हो सकती है!)*, शराबी, स्थूल, सन्देह करना उसकी आदत है। वह कभी निष्ठुर है तो कभी निर्बोध। वह सभी को अपने नजरिए से देखना चाहता है। कभी सफल हो जाता है तो कभी असफल। यदि इस बात पर आप सबके मन में इनके प्रति करुणा उपजती है तो हमने व्यर्थ में कोशिश की।

नीपा बटव्याल : चन्द्रशेखर की पत्नी। उम्र?...*(प्लीज़, यह मत पूछिएगा!)* खूबसूरत, प्रवोकेटिव, सेनसेटिव–यानी सुन्दरियों के लिए जितना सेनसेटिव होना सम्भव है। प्रिय पालतू पशु...शायद बिल्ली! इन्हें देखकर अगर आप सबको क्रोध आता है, तब तो हमारी कोशिश व्यर्थ है।

सौम्य सरखेल : चन्द्रशेखर के अधीन काम करता है। उम्र तीस। नर्वस, निराश, नर्व का रोगी। अपने को बहुत बुद्धिमान और एक बुद्धिजीवी समझता है। परिणामस्वरूप एक बंगाली की तरह प्यार होने पर बुद्धू बन जाता है। सम्भवत: किशोरावस्था में लिविडो का सम्पूर्ण विकास नहीं हुआ। इन्हें देखकर यदि आपको परेशानी होती है, तब तो हमारी कोशिश बिल्कुल व्यर्थ है।

फारुख़ इम्तियाज़ : रावण का बेटा इन्द्रजीत, जिसका एक और नाम था मेघनाद।

अभिनय-पंजिका

चतुष्कोण

पहला अभिनय : 23 जुलाई, 2001
गणकृष्टि, कोलकाता में
अकादमी ऑफ फाइन आर्ट्स, सध्या 6.30 बजे।

चन्द्रशेखर बटव्याल : गौतम मुखोपाध्याय
नीपा बटव्याल : चान्द्रेयी घोष
सौम्य सरखेल : व्रात्य बसु
फारूख इम्तियाज़ : अमित राय

पहला अंक

[पर्दा उठता है। मंच पर एक अभिजात परिवार का सजा हुआ ड्राइंगरूम। मंच के बीच से एक चक्करदार जीना (सीढ़ी) ऊपर की ओर उठ गया है। सीढ़ी के लैंडिंग पर एक बाथरूम का दरवाज़ा। सीढ़ी के नीचे बाईं ओर एक फ्रिज़। डाउन राइट में एक मिनी बार। बाईं ओर कीमती सोफा-सेट। पूरे घर की सज्जा में विलासिता और स्थूल रुचि की स्पष्ट छाप थी। डाउन लेफ्ट में झुटपुटा अँधेरा-सा फैला है, जिसमें एक फ़ोन-बूथ नज़र आ रहा है। सोफे पर बैठे हैं मकान मालिक चन्द्रशेखर बटव्याल। उम्र पचास। चेहरे पर जंगलीपन की छाप। गर्दन इतनी मांसल है कि कन्धे के ऊपर गोल मुँह ही नज़र आता है, गर्दन नहीं। आँखों में एक सन्दिग्ध भाव। एक बिना बाँहों का टी-शर्ट और एक बारमुडा पहने हुए हैं। गले में सोने की चेन। सामने आधी गिलास व्हिस्की (पीकर रखी हुई है)। हाथ में कार्डलेस फ़ोन। बात कर रहे हैं। दबी आवाज़ में :]

चन्द्र : तुम्हारे होंठ मुझे सबसे ज्यादा पसन्द हैं। फैंटास्टिक! उस दिन जब तुम क्लब में अपने पतिदेव के पास बैठकर हँस रही थीं, ओह! गालों पर तुम्हारे जुल्फें खेल रही थीं, तुम्हारी चमकती आँखें खुशी से नाच रही थीं और तुम्हारे होंठ, ओफ! मुझे लग रहा था...इट्स डिलीशॉस! क्या...नहीं-नहीं, सन्तरे की फाँक, नहीं!...बिल्कुल अनार की तरह?...क्या कहा? जंगली? हा-हा-हा...जंगली कौन नहीं है डियर!...जंगलीपन तो हम सब में है *(गिलास उठाकर पीता है)*...नहीं, नहीं...अभी तो यह तीसरा पेग शुरू हुआ है!...यह नम्बर क्यों पूछती हो? पानी के साथ ले रहा हूँ!...वैसे, मैं तुम्हारा कितना नम्बर हूँ?...क्या कहा? दूसरा?...हा-हा...मैं क्या दो-नम्बरी हूँ क्या?...अच्छा, यह सब फालतू की बातें छोड़ो...अपनी सुनाओ...तुम अभी क्या पहनी हुई हो...वही नीला गाउन?...बिना

बाँहों वाला...अरे-अरे, नाराज़ क्यों होती हो?...हा-हा-हा *(हँसता है)*...क्या कहा? *(घबड़ाकर)* क्या? तुम्हारे पति कमरे में आ गए हैं? अरे, साहब आज बाहर नहीं गए? संडे है तो क्या हुआ?...देयर इज़ नो संडे इन बिजनेस!...सुनो, तुम उसे फ़ोन दो...हेलो, दास?...हाँ, अरे तुम्हें ही फ़ोन लगा रहा था...लकिली, तुम्हारी मिसेज फ़ोन पर आ गईं! क्यों, जलन हो रही है? हा-हा-हा...तो बताओ कोई नई खबर? अरे नहीं, तबीयत के बारे में कौन पूछ रहा है? मैं पूछ रहा हूँ, बिजनेस कैसा चल रहा है?... बुरा? देखो यार, मुझे क्या समझ रहे हो?...बाँगूर के डील के बारे में मैं नहीं जानता क्या?...अरे, ठीक है, मैं किसी को नहीं बताऊँगा! पर एक पार्टी का इन्तज़ाम जरूर करो...अपने बेटे की बर्थ-डे पार्टी में जैसे किया था...ओके देन?...बाय! *(कुछ देर गिलास हाथ में लिये चुपचाप बैठा रहता है। फिर पीने लगता है। जबड़ा भींच कर, कुछ देर सोचता है। फिर .फ़ोन उठाकर डॉयल करता है।)* अबे सूअर की औलाद! सुन कान खोलकर! बहुत शातिर समझता है अपने आपको? साले, तेरी माँ की...तेरी बीवी के पास सफेद साड़ी भिजवाऊँ क्या...साला...पूछता है मैं कौन हूँ?...अपने बाप से पूछ...कमीने, ध्यान से सुन...फिर अगर तुझे सिंघानिया के केस में माथापच्ची करते देखा तो वहीं ढेर कर दूँगा।...तुम जैसे सूअर के औलादों की वजह से ही बिजनेस का यह हाल है। *(ज़ोर से .फ़ोन रखता है। चेहरे पर क्रूर, पर एक अद्‌भुत हँसी। बड़े भद्‌दे ढंग से जाँघ खुजाता है। फिर .फ़ोन उठाता है, तभी अन्दर से नीपा की आवाज़ आती है। चन्द्र जल्दी से .फ़ोन रख देता है।)*

[नीपा अन्दर आती है। मोबाइल पर बात करते-करते फ्रिज खोलकर कुछ रखती है। वह अनर्गल बात किए जा रही थी। चन्द्र की पत्नी नीपा की उम्र समझ में नहीं आती। जितनी उम्र है, उससे कम ही दिखती है। पर तीस से ऊपर ही होगी। स्लिम, सुन्दर, चेहरा का.फी आकर्षक! आँखें बड़ी ही चंचल। नीपा ने एक टी-शर्ट और रंगीन ढीला पाजामा पहन रखा है। सर पर बाल टापनॉट किए हुए हैं। उसकी कमर में एक पाउच-बैग लटक रहा है।]

नीपा : हाँ...ठीक है...एक काम कीजिए। आठ बटर-नॉन पैक कर दीजिए। साथ में तीन चिकेन-भर्ता। क्या? बोटी-कबाब? नहीं-नहीं, मटन का कोई प्रिपरेशन भेज दीजिए।...पिछले दिन, मसाले ठीक से भूने नहीं गए थे।...अरे हाँ, प्रॉन भेजिए। टाइगर-प्रॉन है?...ठीक है, तीन प्लेट भेज दीजिए।...हाँ-हाँ...जल्दी ही पहुँच जाएँगे। आप रेडी रखिए। साथ में बिल भी रेडी करना।...ओके मिस्टर सामन्त, थैंक यू वेरी मच! *(नीपा फ़ोन पाउच-बैग में डालती है।)*

[इसी बीच चन्द्र सेलर (बार) से शराब लेकर आता है। नीपा एक बार चन्द्र की ओर देखती है। फिर वह बार के पास जाती है। अपने लिए व्हिस्की का एक पेग तैयार करती है। बर्फ डालती है। फिर चन्द्र के सामने सोफे पर आ बैठती है। दोनों एक-दूसरे को देखते हैं। दोनों की ही आँखों में एक-दूसरे के लिए वितृष्णा नज़र आती है। चन्द्र पीते-पीते अखबार पढ़ने लगता है।]

नीपा : कैशकार्ड खत्म हो गया है। फिर से भरना होगा। *(जम्हाई लेकर)* इस बार इतनी जल्दी खत्म हो गया। अच्छा, सुनिए आपको एक बार फूड-सर्विस के यहाँ जाना पड़ेगा। उन लोगों के यहाँ आज बेयरे कम हैं। कहा है, खाना मँगवा लेने के लिए। *(चन्द्र न तो देखता है न ही उत्तर देता है।)* कब आएँगे तुम्हारे गेस्ट? *(चन्द्र फिर भी उत्तर नहीं देते हैं।)* क्या हुआ? इतनी जल्दी आउट हो गए? *(चन्द्र गुस्से से देखते हैं।)* लिवर बेचारे का भी क्या दोष? बेचारा और ले नहीं पा रहा है। *(घड़ी देखती है)* दोपहर के तीन बजे से अगर इस तरह बूज़िंग चलता रहे तो...फॉर एवरीथिंग देयर शुड बी आ लिमिट न? आपके यहाँ गेस्ट आ रहे हैं और आप हाइली ड्रंक्ड होकर बैठे हो! यह कोई बात हुई?

चन्द्र : *(व्यंग्य से)* मेरे गेस्ट?

नीपा : नहीं तो क्या मेरे? *(चन्द्र हँसते हैं। उत्तर नहीं देते।)* क्या कहना चाहते हैं आप?

चन्द्र : कुछ भी नहीं। *(सिगरेट सुलगाते हैं। फिर मन ही मन बड़बड़ाते हैं।)* सीता किसका बाप है?

नीपा : क्या कहा? आपका इशारा बहुत वल्गर था।

चन्द्र : आश्चर्य! मैंने तो कोई इशारा नहीं किया।

नीपा : किया है। और क्या किया है, यह आप अच्छी तरह से जानते हैं। *(थोड़ी देर मौन रहती है)* किसे फ़ोन कर रहे थे?

चन्द्र : क्या...हाँ, सेन गुप्ता को। कल का फिनान्स वाला मामला रेडी है या नहीं, यही पूछ रहा था।

नीपा : *(व्यंग्य से)* अच्छा? मुझे तो लगा, आप किसी और से फ़ोन पर बात कर रहे थे?

चन्द्र : *(झट से गर्दन को टेढ़ी कर)* हाँ, तो चलो, अनमित्र से बतिया रहा था। *(व्यंग्य से)* क्यों, याद नहीं आ रहा है?...अनमित्र देव। हातिबगान में रहता था। याद आया कुछ?

नीपा : अनमित्र के साथ मेरा कोई सम्बन्ध नहीं था। उसी ने मेरे बारे में आपसे उल्टी-सीधी शिकायत की थी। आपने तो उसकी बातों पर विश्वास भी किया था।

चन्द्र : नहीं-नहीं, बिल्कुल भी नहीं।

नीपा : हाँ, किया था। हालाँकि आप कब, किस पर, क्यों विश्वास करते हैं, यह पूरी तरह से आपकी मर्ज़ी पर निर्भर करता है।

चन्द्र : शट-अप! फिर से थप्पड़ खाने के लिए, गालों में बहुत खुजली हो रही है न?

[नीपा उसकी ओर क्रोध से देखती है। चन्द्र परवाह किए बगैर उठ खड़े होते हैं। फिर अन्दर जाकर एक प्लेट में दालमोठ लेकर आते हैं। टेबल पर रखकर खाने लगते हैं। नीपा जम्हाई लेती है। फिर सोफे पर पड़े वुल और काँटे उठाकर बुनना शुरू करती है।]

नीपा : आसमान में बादल घिर आए हैं। बारिश आती ही होगी। *(मन ही मन)* जितनी जल्दी बारिश आए उतनी ही अच्छी बात होगी। इस बार बरसात आने में इतनी देर क्यों लगा दी? सुनिए, आठ तारीख का चेक क्लियर हो गया है? *(झुककर चन्द्र के बाँह में स्वेटर का नाप लेती है।)*

चन्द्र : हाँ।

नीपा : *(खुश होकर)* मुझे एक अकाउंट खोलना है। आप कल अपने उस सौम्य को बुला लीजिएगा।

चन्द्र : अभी तो थोड़ी देर में वह यहीं आता होगा। तुम ही कह देना।

नीपा : नहीं, नहीं! आज घर पर खाने को बुलाया है आपने। ऐसे में प्रोफेशनल बातें करना ठीक नहीं। *(स्वगत कथन)* पिछली बार का ट्रांजेक्शन अब तक पूरा नहीं हुआ। होने से कितना अच्छा होता। पता नहीं वैल्यू कितना हुआ है?

चन्द्र : क्या बुदबुदा रही हो? किस चीज़ का वैल्यू?

नीपा : पंडितिया रोड वाले घर का। प्रोमोटर के हाथों सौंप देते तो अब तक...खैर, छोड़ो। *(घड़ी देखकर)* लगता है, किसी भी पल बारिश होगी।...सुनिए न! वर्षा तो आ गई। चलिए न, कहीं घूमने चलते हैं। समुन्दर के किनारे, कहीं?

चन्द्र : *(उत्साहहीन आवाज़ में)* देखते हैं।

नीपा : उफ! पिछली बार चाँदीपुर के ट्रिप में बड़ा मज़ा आया था। परवल का क्या बढ़िया कोफ्ता बनाया था आपने! अच्छा, इतना बढ़िया कोफ्ता बनाना आपने कहाँ से सीखा? मैंने बहुतों के हाथों बनाई गई यह डिश चखी है पर आपके हाथों का स्वाद कहीं नहीं मिला। मिस्टर चन्द्रशेखर बटव्याल स्पेशल! सब लोग वाह-वाह कर रहे थे।

चन्द्र : और वापस आते समय टायर पंक्चर हो जाने से जो मज़ा किरकिरा हो गया था, उसका क्या?

नीपा : अरे, वह तो रास्ते में निकलो तो थोड़ा-बहुत हो ही सकता है।

चन्द्र : चाँदीपुर में ही शायद कॉनियक की बोतल तोड़ डाली थी मैंने। है न?

नीपा : नहीं तो क्या! रात को बीच में ही बेहोश हो गए थे आप। होटल के कमरे तक खींच लाने में मुझे बहुत तकलीफ़ हुई थी। वह तो अच्छा हुआ कि सौम्यजी ने मेरी बहुत मदद की थी। बहुत अच्छे व्यक्ति हैं वे।

चन्द्र : सौम्य को 'व्यक्ति', 'वे' मत कहो। अभी उम्र ही क्या है उसकी? बच्चा है! पर है बड़ा प्रॉमिसिंग!

नीपा : प्रॉमिसिंग?

चन्द्र : बिल्कुल! दो वर्ष पहले जब उसने मेरे ऑफिस में ज्वाइन किया तब वह था ही क्या—एक साधारण सा सेल्समैन! पर आज देखो!

नीपा : वह तो इसलिए कि आपने उसे रेकमेंड किया था वरना उसकी औक़ात ही क्या थी?

चन्द्र : अरे! वह तो मैंने कइयों को रेकमेंड किया है। मैं तो हमेशा युवाओं को प्रोमोट करता रहा हूँ, पर ये बंगाली लड़के–इनका न ही कोई लक्ष्य है, न कोई टार्गेट। किसी तरह से एक नौकरी हासिल कर ली, फिर शादी करके कुछ बच्चे पैदा कर लिये। कोई एम्बीशन नहीं जीवन में। इसीलिए न बाहर के लड़के यहाँ आकर फल-फूल रहे हैं! और हम? बैठ-बैठकर मक्खी मार रहे हैं। सौम्य इस दृष्टि से काफ़ी डायनॉमिक है। साथ ही बहुत रिस्पॉन्सिबल लड़का है।

नीपा : हाँ, वह तो वो हैं। चाँदीपुर में उन्होंने मेरी बहुत मदद की थी।

चन्द्र : मैं सच में बिल्कुल आउट हो गया था *(हँसते हैं)।*

नीपा : पूरी तरह। आँखों पर कितनी बार पानी का छींटा मारा, फिर भी आपको होश नहीं आया था। उस रात ज़ोरों की बारिश हो रही थी। बारिश होते ही मेरा मन न जाने क्यों उदास हो जाता है!

चन्द्र : क्यों?

नीपा : नहीं जानती। माँ की याद आती है। वर्षा के दिनों में माँ मुझे खाट पर बिठाकर रखती। उतरने ही नहीं देती थी। *(हँसती है)* एक ही कमरा था, जिसमें एक ही खाट थी। सर के पास दीवार पर काली माता का कैलेंडर, दीवार में ही एक ताक पर देवी की मूर्ति, सिन्दूर से लिपी-पुती। मैं खाट पर लेटे-लेटे खिड़की से बारिश की बूँदों को गिरते हुए देखती थी। *(उसकी आँखें जैसे दूर कुछ तलाश रही थीं)* पता है, मुझे न जाने क्यों ऐसा लगता है, जैसे वही सब कुछ आज भी कहीं और, किसी और की जिन्दगी में घटित हो रहा है। शायद अभी, इसी पल! बस, मैं देख नहीं पा रही हूँ।

चन्द्र : *(पीते हैं)* मे बी! अगर उसे तुम्हारी तरह वर्षा पसन्द हो तो!

नीपा : आपके साथ भी तो कितने ही बरसात के दिन हमने एक साथ बिताए हैं। कितने सुन्दर दिन थे वे...या फिर 'वे दिन कितने सुन्दर थे'–बिल्कुल प्रसाद की कविता की तरह...

चन्द्र : बरसात के दिन नहीं, कहो, तूफानी रात! मुझसे तो तुम्हें तूफान ही मिले हैं।

नीपा : यह सच नहीं है। मैं ऐसा कभी नहीं सोचती। आप मेरे जीवन में न आते तो...पता नहीं, मेरा क्या होता! काश, माँ आपसे मिल पाती! जिन्दगी के आखिरी कुछ दिन चैन से काट पाती!

चन्द्र : क्या तुम सचमुच मुझ पर इतना डिपेंड करती हो!

नीपा : *(सर हिलाती है)* हाँ, आपके सन्देह के बावजूद! आप नहीं होते तो जीवन में कुछ भी न मिलता। कुछ भी नहीं। आपके न रहने से मेरा क्या होगा, यह सोचकर भी काँप जाती हूँ।

चन्द्र : क्यों?

नीपा : नहीं जानती। अच्छा, अगर आप कहीं चले जाते हो, तो मुझे माफ करके जा पाओगे?

चन्द्र : क्या पागलों की तरह बक रही हो?

नीपा : नहीं, सच बताइए!

चन्द्र : यह क्या फालतू बातें कर रही हो नीपा?

नीपा : अच्छा, कम-से-कम यह तो विश्वास करते हैं न आप कि मैंने आपके साथ जो भी किया या फिर कर रही हूँ, वही आपके लिए ठीक है?

चन्द्र : *(हँसते हुए)* ओ, श्योर!

नीपा : आप मज़ाक कर रहे हैं। मज़ाक करने की आपकी आदत अब तक गई नहीं न!

चन्द्र : *(और भी ज़ोर से हँसते हैं)* और जाएगी भी नहीं। अभी इस उम्र में खुद को सुधारने की कोई गुंजाइश नहीं। *(थोड़ा रुककर)* वैसे, पहली बात, मेरा जो स्वास्थ्य है, उसे देखकर कोई भी बता देगा कि मैं अभी काफ़ी दिन जीऊँगा। और दूसरी बात, यदि मुझे कुछ हो भी जाता है तो भी तुम्हारे लिए जो कुछ छोड़ जाऊँगा, तुम आराम से चार-पाँच जेनरेशन तक बैठकर खा सकती हो।

नीपा : सिर्फ बुरी बातें, क्यों? शुभ-शुभ बोलिए न!

चन्द्र : नहीं, अगर नहीं मरा तो–इसीलिए तो कह रहा हूँ। *(हँसकर)* वैसे, तुम्हें छोड़कर तो मैं मर भी नहीं सकता। अगर मरना हो, तो तुम्हें साथ लेकर मरूँगा। मैं तो तुम्हारे बिना न कुछ जानता हूँ, न कुछ समझता हूँ।

नीपा : ओह, जैसे कोई और लड़की आपके मन को भायी नहीं!

चन्द्र : नॉट फॉर अ सिंगल डे, डार्लिंग! हो सकता है कि कोई अच्छी भी लगी हो पर वह तुम्हारी सब्स्टीट्यूट नहीं हो सकती। अरे, अभी हाल ही में क्लब में अग्रवाल कह रहा था कि तुम्हारी बीवी की तरह खूबसूरत लेडी क्लब में दूसरी कोई

नहीं। मैंने कहा—दूसरों की बीवी पर नज़रें क्यों जाती हैं, अग्रवाल? मुझे देखकर सीख नहीं सकते? जीवन में कभी किसी की ओर मुड़कर देखा है, अपनी 'लवली' को छोड़कर?

[चन्द्र नीपा को आलिंगन में लेना चाहते हैं, नीपा मुस्कराकर हल्के से धक्का मारती है।]

नीपा : जंगली कहीं के!

चन्द्र : कौन—मैं या अग्रवाल?

[उच्च स्वर में हँसता है। उसकी हँसी के बीच नीपा के पाउच बैग में मोबाइल बजता है। पीछे .फ़ोन बूथ पर प्रकाश डाला जाता है। एक ओवरकोट पहने व्यक्ति दर्शकों की ओर पीछे मुड़कर खड़ा है। वह .फ़ोन पर बात कर रहा है। इधर नीपा मोबाइल उठाती है।]

व्यक्ति : क्या हुआ? सामन्त से बात हुई?

नीपा : हाँ।

व्यक्ति : सब कुछ ठीक तो है?

नीपा : जी!...अच्छा, खाना रेडी है? ठीक है, मैं उन्हें भेजती हूँ।

व्यक्ति : ओह! पास ही बैठा है क्या?

नीपा : हाँ।

व्यक्ति : पी रहा है?

नीपा : हूँ।... सुनिए, दो पिश्ता-बार भी भेज दीजिएगा! *(व्यक्ति .फ़ोन पर हँसता है)* हाँ, वो थोड़ी ही देर में पहुँच रहे हैं।

व्यक्ति : सुनो...यहाँ सब कूल है! चिड़िया घोंसले से बाहर निकली है। आधा घंटा पहले। तुम्हारे वहाँ राइट टाइम में ही इन करेगी।

नीपा : ऑल राइट।

व्यक्ति : बेस्ट ऑफ लक! बाय!

[.फ़ोन बूथ और अनजान व्यक्ति पर से प्रकाश हट जाता है। वहाँ अँधेरा हो जाता है। नीपा .फ़ोन बैग में रखती है। उसका चेहरा भावहीन है। वह एक सुर गुनगुनाती है।]

चन्द्र : यह एजेंसी बड़ा बोर करता है! इतनी बार फ़ोन क्यों करता है?

नीपा : खाना रेडी है। यही कहने के लिए फ़ोन किया था।

चन्द्र : फिर भी! वेरी इरीटेटिंग! तुम्हारा मोबाइल तो चौबीसों घंटे बजता रहता है।

नीपा : अजीब बातें करते हैं आप–क्या लोग मुझे फ़ोन भी नहीं कर सकते?

चन्द्र : कर सकते हैं, पर कांटिन्यूअस?

नीपा : कहाँ! जब से आपके साथ बैठी हूँ, यह दूसरी बार कॉल आया है।

चन्द्र : पहली बार भी उन्हीं लोगों ने किया था?

नीपा : तो हुआ क्या?

चन्द्र : मैं नहीं जानता। मुझे अच्छा नहीं लगता।

नीपा : पर क्यों?

[चन्द्र नीपा को देखते हैं। उनकी आँखों में अजीब सा दृश्य है।]

चन्द्र : मुझे तुम पर शक करने का जी चाहता है। कौन...कौन लोग हैं वे, देखने में कैसे हैं? तुम्हारे साथ क्या बातें करते हैं वे? तुम्हारी प्रशंसा करते हैं–तुम्हारे शारीरिक सौन्दर्य की? तुम्हारी आँखों की? तुम्हारे होंठों की...?

नीपा : *(विरक्ति के साथ)* कैसे निर्लज्ज की तरह बातें कर रहे हैं आप! पेट में ज़रा सी शराब गई कि नहीं, बस–फिर तो जो मन में आए, बक देते हैं।

चन्द्र : ए...बिल्कुल फालतू बात नहीं। तब से एक ही रट लगा रखी है।...यह मेरा चौथा पेग है। और हाँ,...तुम्हारा प्रिय सौम्य आएगा तो और भी चार-पाँच पेग...समझीं?

नीपा : आप फिर से मेरा अपमान कर रहे हैं!

चन्द्र : जो स्वयं अपमानित हैं *(थकी हुई आवाज़ में)*, वे भला दूसरों को अपमानित करने के सिवा कर ही क्या सकते हैं!

नीपा : आपको अचानक हुआ क्या?

चन्द्र : दूसरों का अपमान करना, उन्हें नीचा दिखाना यही तो मनुष्य का सबसे प्रिय खेल है। द ओल्डेस्ट स्पोर्ट। कितनी ही पद्धतियाँ,

नए-नए तरीके...नया-नया आप्शन! क्यों...क्यों लोगों को अपमानित करने में मज़ा आता है? इतनी घृणा क्यों छिपाकर रखते हैं लोग? कहाँ छिपाकर रखते हैं?

नीपा : कोई तुमसे घृणा नहीं करता है। यह सब तुम्हारी कोरी कल्पना है।

चन्द्र : नहीं, मैं जानता हूँ, तुम खुद मुझसे घृणा करती हो। तुम्हारी आँखों में उस घृणा को देख पाता हूँ मैं।

नीपा : ओफ!

चन्द्र : हाँ, मैं सच कह रहा हूँ। तुम्हारे पूरे चेहरे पर वह चिपकी रहती है। जब तुम बहुत स्वाभाविक आवाज़ में मुझसे बात करती हो तब भी वह कभी-कभी बाहर निकल आती है—यह घृणा!

नीपा : रबिश! डार्लिंग, मैंने कभी आपसे नफरत नहीं की। आप मुझे बिल्कुल नहीं समझते हैं।

चन्द्र : अगर कभी किसी को समझ पाया हूँ, तो वह तुम हो नीपा! तुम्हें छोड़ मैं किसी और के बारे में सोच भी नहीं सकता।

नीपा : मैं जानती हूँ, पर आप मेरे प्रेम को नहीं समझते हैं। समझना ही नहीं चाहते हैं।

चन्द्र : मैं जानता हूँ, पर डरता हूँ। पता नहीं, कब कोई तीसरा हमारे बीच आ जाए!

[नीपा का फ़ोन फिर बज उठता है। नीपा फ़ोन निकालती है। डिस्प्ले चन्द्र को दिखाती है। चन्द्र इशारे से पूछते हैं, 'कौन है?' नीपा धीरे से 'रत्नाजी' कहती है। फ़ोन कान के पास ले जाती है। चन्द्र बाथरूम की ओर जाते हैं।]

नीपा : हाँ, रत्नाजी, बोलिए। कैसी हैं?...हाँ, बस चल रहा है। अगली मीटिंग का कुछ हुआ?...कब?...थर्सडे, शाम पाँच बजे? ओ के!...अरे, मैं भला क्या कर पाऊँगी...अच्छा, देखती हूँ...सेमिनार? कब?...विषय क्या है?...हम लोगों का ही इश्यू है?...मैं तो कह रही थी कि मार्जिनल वूमेंस प्रॉब्लम पर कुछ कीजिए।...नहीं, यह भी एक अच्छा विषय है। *(चन्द्र वापस आते हैं।)* ठीक है रत्नाजी, कीप वेल! आप अच्छी रहेंगी तो

महिला समिति भी अच्छी तरह से काम करती रहेगी। *(.फ़ोन रख देती है)* रत्नाजी से बात करती हूँ तो बहुत अच्छा लगता है। इस उम्र में भी क्या स्टेमिना है! अकेले के बल पर हमारे ऑर्गनाइज़ेशन को चला रही है।

चन्द्र : *(हँसते हुए)* तुम्हारे एक्ज़िक्यूटिव कमेटी में आने का मतलब है मेरे डोनेशन का रेट भी बढ़ेगा, क्यों?

नीपा : छोड़िए भी! कौन चाहता है आपका पैसा? हमारा ऑर्गनाइज़ेशन भिखारी नहीं है। काफ़ी बैंक बैलेंस है।

चन्द्र : ओके। *(हँसते हुए)* तब तो मुझे कुछ कहना नहीं है। *(सिगरेट बुझा देते हैं)* चलो, एक काम करते हैं–सौम्य को आने दो। सब लोग मिलकर कहीं घूमने जाने का प्लान करते हैं। चलो, वाइजॉग चलते हैं।

नीपा : जा तो सकते हैं, पर वादा कीजिए, वहाँ आप समुन्दर में नहीं उतरेंगे। वहाँ सुना है, समुन्दर बहुत वायोलेंट है?

चन्द्र : अरे, कुछ नहीं होगा।

नीपा : नहीं, वादा कीजिए, वरना मैं नहीं जाऊँगी। समुन्दर देखते ही आपको होश नहीं रहता है। और वहाँ अगर कुछ हो गया तो?

चन्द्र : ठीक है, देखता हूँ।

नीपा : नहीं। वादा करते हैं कि नहीं?

चन्द्र : ओफ! बिना वादा किए तुम मानोगी? अच्छा, चलो, वैसा ही सही। फ्लाइट से जाएँगे।

नीपा : इश्! क्या मज़ा आएगा! मैं तो सोचकर ही पागल हुए जा रही हूँ। अच्छा, ये आपके भद्र व्यक्ति आ क्यों नहीं रहे हैं?

चन्द्र : कौन? मेरा गेस्ट?

नीपा : यस! आपका गेस्ट। ऑलसो माइ गेस्ट! *(चन्द्र के गाल को होंठों से स्पर्श करती है)* आवर गेस्ट! ऑलराइट?

[दोनों एक साथ हँसते हैं। चन्द्र नीपा को अपनी ओर खींचते हैं, तभी कॉलिंग-बेल बज उठती है।]

चन्द्र : वो देखिए, आ गए हैं आपके गेस्ट। *(उठते हुए गिरने लगते हैं।)*

नीपा : *(चन्द्र को पकड़ लेती है)* बैठो, मैं खोलती हूँ दरवाज़ा।

चन्द्र : क्या बात करती हो यार! क्या सोचा तुमने–मैं आउट हूँ? चाँदीपुर की तरह? तुम ग़लत हो, बिल्कुल ग़लत। *(उठकर जाते हैं। गाना गाते हुए)* 'आओ मनाएँ जश्न-ए-मुहब्बत, जाम उठाओ, जाम के बाद...'

[चन्द्र बाहर निकल जाते हैं। नीपा पूरे घर पर एक बार अच्छे से नज़र डालती है। फिर फ़ोन को देखती है। अपना मेकअप व बाल ठीक करती है। थोड़ी देर बाद चन्द्र की आवाज़ सुनाई पड़ती है। चन्द्र और सौम्य सरखेल एक साथ कमरे में प्रवेश करते हैं। सौम्य की उम्र सत्ताईस-अट्ठाईस साल। दुबला-पतला पर स्मार्ट। क्लीनशेव्ड। कैज़ुअल पोशाक पहने हुए है। वह थोड़ा नर्वस दिखता है।]

चन्द्र : बैठो-बैठो। इतनी देर क्यों लगा दी?

[सौम्य बैठता है।]

सौम्य : टैक्सी नहीं मिल रही थी।

नीपा : शायद कोई इस ओर आने को राज़ी नहीं हो रहा था?

सौम्य : हाँ। कह रहा था, इस ओर आने से वापस जाते वक़्त कोई पैसेंजर नहीं मिलता है। वैसे भी आज संडे है। फिर दस रुपए एक्स्ट्रा देने का लालच दिखाकर एक को राज़ी करवाया। क्या मिज़ाज था उसका! लग रहा था, जैसे मुझ पर दया दिखा रहा है!

चन्द्र : *(कुछ पल मौन रहकर)* गोली मार देनी चाहिए। *(सौम्य और नीपा उसकी इस बात पर चौंककर एक-दूसरे की ओर देखते हैं, चन्द्र खिसिया जाते हैं)* सॉरी! पर आदमी की बेबसी का इस तरह फायदा उठानेवालों की बात सुनता हूँ तो दिल करता है, उस फायदा उठानेवाले को ठोक दूँ। खैर, इन लोगों से समय की पाबन्दी पर बात करना ही अनुचित है। पर सौम्य, व्हाई आर यू नॉट बाइंग अ कार–अ फियाट ऑर मारुति एट हंड्रेड, एट लीस्ट? इट्स नाउ अ नेसेसरी इविल। *(नीपा को इशारा करते हैं। नीपा उठकर सौम्य के लिए एक ड्रिंक बनाने जाती है।)* या फिर सेकंडहैंड भी खरीद सकते हो। देखो,

चालीस–पचास के भीतर पुरानी पर अच्छी एम्बेस्डर भी मिल सकती है। वैसा ही वैल्यू है शायद! क्यों?

सौम्य : आपकी तबीयत कैसी है?

[चन्द्र हँसकर सर हिलाते हैं। नीपा ड्रिंक लाकर सौम्य को देती है। सौम्य गिलास लेकर 'चियर्स' कहता है। चन्द्र भी धीरे से 'चियर्स' कहते हैं।]

नीपा : बिल्कुल भी ठीक नहीं है। एक तो उन्हें क्रॉनिक आज़मा है, ऊपर से...। पता है, परसों ही उनका प्रेशर दो सौ के आसपास था। फिर दवा लेने के बाद कुछ आराम मिला।

सौम्य : रेगुलर चेक–अप ज़रूरी है।

नीपा : सर्टेनली। बार–बार कहती हूँ पर मेरी बात सुनें, तब न! कल ही फिज़िशियन को कॉल करूँगी।

चन्द्र : इसकी कोई ज़रूरत नहीं नीपा!

नीपा : आप मेरी बात नहीं मानेंगे न?

चन्द्र : फिर तो मेरी भी एक शिकायत है। कई दिनों से कह रहा हूँ कि कफ सिरप रेगुलर्ली लिया करो, सुनती हो?

नीपा : देखा आपने *(सौम्य को)*! क्या करूँ बताइए तो?

सौम्य : पर उन्होंने सही कहा है।

चन्द्र : अरे, मैं अभी बहुत साल जीऊँगा। अच्छा, अब ये फालतू की बातें छोड़ो। सिंघानिया के साथ डील का क्या हुआ?

सौम्य : लगता है, परचेज़ करेंगे, पर अभी कुछ और समय लगेगा। इस बीच दो–एक मीटिंग की ज़रूरत पड़ेगी। चिन्ता मत कीजिए।

चन्द्र : मैं चिन्ता नहीं कर रहा हूँ। पर सिंघानिया है बड़ा कमीना। *(उठकर फिर ड्रिंक बनाने जाते हैं)* पिछली बार उसने बहुत घुमाया था। उसे प्रॉपर्ली टैकल करना पड़ेगा। ज़रूरत पड़े तो उन्हें स्पेशल ट्रीट दो। *(ड्रिंक लेकर सोफे पर आ बैठते हैं)* अ स्पेशल ट्रीट। आई थिंक यू वेल अंडरस्टैंड वाट आई मीन टु से। उनका कॉन्ट्रैक्ट हमारे लिए बहुत वैल्यूएबल है।

सौम्य : वैल्यूएबल?

चन्द्र : ऑफकोर्स! सक्सेना ताक लगाए बैठा है, इसके लिए। मौका पाते ही निगल जाएगा। सौम्य, यह कॉन्ट्रैक्ट तुम्हें हासिल करना ही होगा, फॉर दी सेक ऑफ ऑवर कम्पनी।

नीपा : ओफ्! आप लोग अपना ये बोरिंग बिजनेस टॉक बन्द करेंगे?

चन्द्र : ओः श्योर! ठीक है। लेट्स चेंज द टॉपिक। पर किस चीज़ पर बात की जाए? राइट, व्हाट अबाउट द लेडी, सौम्य?

सौम्य : *(सकपकाकर)* लेडी?

चन्द्र : यस! योर गर्लफ्रेंड?

सौम्य : मैं...

नीपा : चन्द्र सुमोना की बात कर रहे हैं।

चन्द्र : राइट! सुमोना! हमसे एक बार भी मिलाया नहीं? वेरी पजेसिव लवर!

सौम्य : अरे वैसा कुछ भी नहीं है। ...वैसी कोई बात होती तो जरूर मिलवाता।

नीपा : अच्छा? झूठ मत बोलिए—कह दीजिए, परिचय करवाना नहीं चाहते। बिना वजह झूठ बोलेंगे तो पाप का बोझ और बढ़ेगा! *(हँसती है।)*

सौम्य : झूठ और मैं?

चन्द्र : एक दिन मेरे ऑफिस ही ले आओ! जमकर अड्डेबाज़ी करेंगे।

नीपा : फिर वही ऑफिस? आपके दिमाग में ऑफिस के अलावा और कोई बात नहीं है क्या? *(चन्द्र कुछ कहते-कहते रुक जाते हैं, सौम्य हँसता है।)* हर वक़्त ऑफिस और ऑफिस! मैं तो सचमुच बोर हो जाती हूँ। न कहीं जा पाती हूँ, न घूमना-फिरना, न सिनेमा देखने जाना...

चन्द्र : सिनेमा! अरे, हमारे बीच सौम्य है! वह तो सिनेमा का कीड़ा है! क्यों सौम्य, योर हॉबी?

नीपा : हॉबी?

चन्द्र : क्यों, सिनेमा सौम्य का हॉबी नहीं है?

नीपा : कभी नहीं।

चन्द्र : देन पास टाइम?

नीपा : *(भौंहें टेढ़ी कर)* पास टाइम?

चन्द्र : तो फिर क्या?

नीपा : पैशन! सिनेमा इज़ हिज़ पैशन! हिज़ ओरिजिनल आइडेंटिटी।

सौम्य : *(शरमाकर)* नहीं-नहीं, वैसा कुछ नहीं। *(चन्द्र से)* मेरा मतलब है, कुछ कर नहीं पा रहा हूँ—बड़ा कुछ।

चन्द्र : तुम्हारा ड्रीम प्रोजेक्ट? फिल्म बनाने का सपना देखते हो न?

सौम्य : सपना देखने के लिए भी समय लगता है। *(नीपा से)* आपको पता है, सर की *(चन्द्र की ओर इशारा करके)* आँखों में धूल झोंककर मैंने फसबिन्दर का एक पूरा पैकेज देख लिया।

चन्द्र : क्या? क्या किया?

सौम्य : फसबिन्दर नाम के एक डाइरेक्टर हैं जिनकी कई फिल्में देख लीं।

चन्द्र : फसबिन्दर? कोई पंजाबी-निर्देशक?

सौम्य : नहीं, नहीं। रेने फसबिन्दर। जर्मन डाइरेक्टर! वंडरफुल! इतना मॉरबिड डाइरेक्टर मैंने बहुत कम देखा है।

नीपा : इन पर शायद आप कुछ लिखने वाले थे?

सौम्य : सोच रहा हूँ। एक पत्रिका के लिए बात भी हो चुकी है। उनके लिए मैंने पहले भी लिखा है। बुनुयेल पर!

नीपा : बुनुयेल कैसे डाइरेक्टर हैं?

सौम्य : मैं भला उनके बारे में क्या कह सकता हूँ! बुनुयेल ऑलरेडी वन ऑफ द ग्रेटेस्ट डाइरेक्टर्स के रूप में एसटैबलिश्ड हो चुके हैं। सोशल कमिटमेंट के साथ-साथ तीव्र सैटायर! इन्क्रेडिबल! उन महाशय ने तो हमारे कान्वेंशनल सेंस ऑफ वैल्यू को बिल्कुल तोड़-मरोड़कर रख दिया है।

नीपा : वैल्यू?

सौम्य : जी हाँ, हमारे वैल्यूज़। मैं आप लोगों को उनकी मूवीज़ दिखाऊँगा।

चन्द्र : रुको, चाट खत्म हो गया है। *(खड़े होते हैं और जम्हाई लेते हैं। सौम्य और नीपा एक दूसरे को देखते हैं।)* हॉलीवुड की मूवीज़ एक ज़माने में बहुत देखा करता था। ग्रेगरी पेक, आंथनि क्वीन, मार्लो ब्रैंडो–फिर वो लड़की–क्या नाम है उसका–हाँ, सोफिया लॉरेन। देखा है? *(सौम्य हँसता है)*। रुको, मैं आता हूँ। डू यू नीड नैपकीन, सौम्य?

सौम्य : ला सकते हैं।

[चन्द्र अन्दर जाते हैं। सौम्य और नीपा एक-दूसरे को देखते रहते हैं। सौम्य कुछ बोलने जाता है। नीपा होंठों पर उँगली रखकर उसे चुप रहने का संकेत देती

है। कुछ क्षण बाद चन्द्र वापस आते हैं। एक हाथ में प्लेट और दूसरे में नैपकीन। टेबल पर रखते हैं। फिर सिगरेट सुलगाते हैं। इसी बीच सौम्य अपनी बात शुरू करता है :]

सौम्य : दरअसल जैसे-जैसे दिन बीतते जा रहे हैं, मेरी समझ में यह बात आ रही है कि एक आर्ट फार्म अपने समय को डेपिक्ट कर सकता है। यह डेपिक्शन किसी भी शेप में हो सकता है। कोई मोनोलिथिक ऑबवियस रूप में करना ही होगा, ऐसी कोई बात नहीं। परिणामस्वरूप वह समय अच्छा है या बुरा है, इस बारे में डाइरेक्ट कोई राय देने का अधिकार कम-से-कम किसी कलाकार को नहीं है। ही शुड बी अ नरेटर ओनली, अ फाइंडर ओनली। वैसे यह फाइंडिंग भी उसके भीतर कभी-कभी एक पिक्यूलियर रिडल तैयार कर सकता है—कौन किसे फॉलो करेगा—उसी का एक अद्‌भुत रिडल।

नीपा : मैं इसका मतलब नहीं समझी?

सौम्य : मेरा मतलब है, कौन किसे क्रियेट करेगा। जीवन कला को या फिर कला जीवन को? *(हँसता है)* इस वक़्त तो मुझे यही जानने की सबसे अधिक इच्छा हो रही है। पर वो क्या है न कि किसी एक बड़े आदमी ने कभी कहा था—सबसे ज़्यादा बदनसीब वह कलाकार है जिसे अपनी कला की व्याख्या करनी पड़ती है।

चन्द्र : *(गिलास में शराब डालते हुए)* करेक्ट। उन्होंने बहुत सही कहा है। *(रुककर)* सच सौम्य, तुम्हारी यह हॉबी, आई मीन पैशन—सचमुच प्रशंसा करने योग्य है। यह मनुष्य को कल्चर्ड बनाता है। मैं तो इन सबके बाहर हूँ, पर तुम्हारी प्रशंसा किए बिना नहीं रह पा रहा हूँ।

सौम्य : अरे नहीं, मैं कहाँ कुछ...

चन्द्र : नहीं, मैं ऑनेस्टली कहता हूँ, तुम्हारा अध्ययन, यह सिनेमा देखने का अभ्यास—इन सबने तुम्हें एक हाइट पर पहुँचा दिया है। खैर, मैं कह रहा था कि तुम इतना जानते हो, इतना समझते हो, तो फिर खुद एक सिनेमा डाइरेक्ट करने का सपना नहीं देखते हो?

सौम्य : *(हँसता है)* मैंने तो आपको बताया था कि सपना देखने के लिए समय और साधन दोनों की आवश्यकता है।

चन्द्र : तो फिर मैंने भी तुमसे कभी कहा था कि यह सब अरेंज करना बहुत मुश्किल नहीं है। *(थोड़ा रुककर)* वैसे एक फिल्म बनाने का बजट कितना होता है?

नीपा : फिर आप लोग फिल्म बनाने की बात लेकर बैठ गए?

चन्द्र : तुम चुप रहो। हाँ, तो सौम्य, मैं कह रहा था कि यह फिल्म हम लोग बनाएँगे। ओके?

सौम्य : जी, अवश्य!

नीपा : *(व्यंग्य करते हुए)* बटव्याल कॉन्स्ट्रक्शन लिमिटेड विल बी द प्रोड्यूसर! प्रोड्यूसर चन्द्रशेखर बटव्याल, डाइरेक्टर सौम्य सरखेल।

चन्द्र : राइट! पर सौम्य, फिल्म तुम जैसी भी बनाओ, मुझे कोई आपत्ति नहीं, पर एक सामाजिक वक्तव्य रहना आवश्यक है। *(पीते हैं)* शॉर्ट ऑफ सोशल मैसेज! वरना मैं इसमें नहीं रहूँगा। और हाँ, क्या कहा था तुमने?...हाँ, कमर्शियल एलिमेंट भी होना चाहिए।...सुपर-डुपर हिट होगा।

सौम्य : वह तो ठीक है। पर इस विषय पर थोड़ा और सोचना होगा।

चन्द्र : सोचो न, मना किसने किया है? वैसे पिछले दिनों क्या कहा था तुमने–एक हत्या की कहानी यानी थ्रिलर बनाओगे। वैसे जो भी बनाओ, उसमें चटनी मस्ट! अच्छा, परकीया पर फिल्म कैसी रहेगी?

नीपा : क्या कहा?

चन्द्र : अवैध सम्बन्ध! परकीया प्रेम! बाज़ार में हैवी डिमांड है आजकल। इसमें फिर कुछ खून-खराबा डालकर मसाला फिल्म...बस पीछे मुड़कर देखने की जरूरत नहीं पड़ेगी।

नीपा : नहीं, बिल्कुल नहीं। गन्दी बातें। आपके दिमाग में ये बातें आती हैं कैसे?

सौम्य : इसके अलावा दूसरी समस्या भी है। वह क्या है न, हम बेसिकली दूसरों की समस्या पर विचार करना ज्यादा पसन्द करते हैं, रैदर देन आवर ओन प्रॉब्लम। फिर ऐसी फिल्म बनाने से बुद्धिजीवी आपकी फिल्म देखने नहीं आएँगे, क्योंकि इस सेक्शन के आधे से ज्यादा लोगों के अफेयर्स हैं–

किसी-न-किसी तरीके से आइडेंटीफाइड हो जाने का डर रहता है। और तब या तो वे गाली-गलौज शुरू कर देंगे या फिर खुद मौन होकर हमें भी मौन कर देने की कोशिश करेंगे।

चन्द्र : अरे, बाप रे-बाप! तब रहने दो। बहुत बुरा हो जाएगा।

[तभी नीपा का सेलफ़ोन बज उठता है। बैक स्टेज में फ़ोन बूथ उभरकर आता है। उस पर तेज प्रकाश। वह अनजान व्यक्ति फिर दिखाई देता है।]

नीपा : हैलो!

व्यक्ति : पहुँच गया है?

नीपा : हाँ। क्या खबर है?

व्यक्ति : उसे जल्दी भेजने की कोशिश करो। रात अधिक होने से समस्या भी अधिक होगी।

नीपा : हाँ।...क्या? नहीं-नहीं, मीटिंग नेक्स्ट वीक रखिए। रत्ना दी ने फ़ोन किया था थोड़ी देर पहले।

व्यक्ति : लगता है वे लोग...।

नीपा : हाँ। ठीक है, मैं देखती हूँ, क्या कर सकती हूँ।

व्यक्ति : ओके! टा-टा!

[बूथ पर से प्रकाश हट जाता है। बैक स्टेज में फिर अँधेरा।]

नीपा : *(हँसते हुए चन्द्र से बोलती है)* देवलीना थी। उसे पता ही नहीं, रत्ना दी ने मीटिंग पोस्टपोन कर दी है। पता नहीं, ये लोग एक्जिक्यूटिव कमेटी में क्यों रहते हैं? किसी और तरीके से भी तो अपना स्टेटस बना सकते हैं...पर वैसा नहीं करेंगे। उल्टे हमारे ऑर्गनाइज़ेशन में भीड़ जमाने की कोशिश करेंगे। *(फिर आवाज़ में थोड़ी नरमी लाकर)* अच्छा, अब डिनर कर लिया जाए? ज़रा घड़ी की ओर देखिए, क्या बज रहा है? जाइए, खाना लेकर आइए।

चन्द्र : अरे, नाइट इज़ स्टिल इयंग। इतनी जल्दी क्या है? क्यों सौम्य, भूख लगी है?

सौम्य : नहीं, मेरा मतलब है-अभी उतनी भूख नहीं लगी है। *(नीपा की ओर देखकर)* पर अगर आप चाहते हैं तो खाना लेकर आ सकते हैं।

चन्द्र : अरे, चला जाऊँगा। पास ही तो है। चलो, फिलहाल वही खेल खेलते हैं।

नीपा : फिर कौन सा खेल?

चन्द्र : अरे वही।

सौम्य : मेमोरी गेम?

[नीपा सौम्य की ओर देखती है।]

चन्द्र : राइट, मेमोरी गेम। चलो, खेलते हैं।

नीपा : नहीं, मुझे नहीं खेलना।

चन्द्र : नीपा, प्लीज, खेलो न! वादा करता हूँ। खेलने के तुरन्त बाद मैं खाना लेने चला जाऊँगा। तब तक के लिए मेरा यह रिक्वेस्ट है।

नीपा : पता नहीं, जब भी ड्रिंक करते हो, यह मेमोरी गेम खेलने का शौक क्यों बढ़ जाता है?

चन्द्र : अरे भई! नशा होने से सब कुछ याद आ जाता है। जो लोग यह कहते हैं कि शराब पीने से आदमी सब कुछ भूल जाता है, वे दरअसल कुछ नहीं जानते। चलो, लेट्स स्टार्ट!

नीपा : खेल सकती हूँ, पर आज इस खेल में थोड़ा सा बदलाव लाना चाहती हूँ।

चन्द्र : कैसा बदलाव?

नीपा : लोगों के नाम पर हम नहीं खेलेंगे। हम अलग-अलग 'मूड' को लेकर खेलेंगे।

सौम्य : मैं समझा नहीं?

नीपा : जैसे मैंने कहा 'क्रोध'। आप बोलेंगे, 'क्रोध', 'भय'। फिर चन्द्र बोलेंगे, 'क्रोध', 'भय', 'स्नेह'। बस, इसी तरह खेलना है।

चन्द्र : वाह! एक्सेलेंट! नीपा, यू आर सो क्रियेटिव!

नीपा : खेलने के बाद आपने कहा है, खाना लेने जाएँगे।

चन्द्र : ऑफकोर्स! चलो—अच्छा, कौन शुरू करेगा? ठीक है—मैं ही करता हूँ—...क्रोध। नीपा, तुम बोलोगी इसके बाद?

नीपा : ओके! मैं बोलती हूँ। क्रोध-प्रेम। *(सौम्य की ओर देखती है।)*

सौम्य : क्रोध-प्रेम-संकोच।

चन्द्र : क्रोध-प्रेम-संकोच-परकीया प्रेम।

नीपा : क्रोध–प्रेम–संकोच–परकीया प्रेम–घृणा।

सौम्य : क्रोध–प्रेम–संकोच–परकीया प्रेम–घृणा–ईर्ष्या।

चन्द्र : अरे बाप रे! क्रोध–प्रेम–संकोच–घृणा–*(नीपा 'आउट–आउट' कहकर चिल्लाने लगती है। चन्द्र नाराज़ हो जाते हैं)* नहीं–नहीं, मैं ठीक से बताता हूँ–क्रोध–प्रेम–संकोच–परकीया प्रेम–घृणा–फिर क्या कहा था तुमने? हाँ...वो...ईर्ष्या...और...और सन्देह!

नीपा : ओके! क्रोध–प्रेम–संकोच–परकीया प्रेम–घृणा–ईर्ष्या–सन्देह–दबाकर रखना।

चन्द्र : वो क्या होता है?

नीपा : मेरा मतलब है 'डोमिनेट करना'। वैसे 'डाँटना' कहूँ तो ठीक नहीं लगेगा।

सौम्य : नहीं–नहीं, 'दबाकर रखना' ठीक है। ओके–क्रोध–प्रेम–संकोच–परकीया प्रेम–घृणा–ईर्ष्या–सन्देह–दबाकर रखना–यौनता।

चन्द्र : गुड गॉड! लगता है, अब बच नहीं पाऊँगा। अच्छा लेट मी ट्राई। नपुंसकता!

नीपा : क्या? यह सब क्या हो रहा है चन्द्र?

चन्द्र : क्यों, पहला शब्द भी तो ऐसा ही कुछ था!

नीपा : कभी नहीं। पहला शब्द था 'क्रोध'। ऐसा अश्लील शब्द नहीं था।

चन्द्र : अश्लील शब्द? नहीं था?

नीपा : नहीं, बिल्कुल भी नहीं। आप हार गए हैं। आउट! अच्छा, अब मैं बोलती हूँ–क्रोध–प्रेम–संकोच–परकीया प्रेम–घृणा–ईर्ष्या–सन्देह–दबाकर रखना–यौनता–पश्चात्ताप।

सौम्य : क्रोध–प्रेम–संकोच–परकीया प्रेम–घृणा–ईर्ष्या–सन्देह–दबाकर रखना–यौनता–पश्चात्ताप–लोभ।

नीपा : क्रोध–प्रेम–संकोच–परकीया प्रेम–घृणा–ईर्ष्या–हत्या...

चन्द्र : नहीं। ग़लत कहा...'हत्या' शब्द वहाँ था ही नहीं। 'सन्देह' होना चाहिए था। बस! अब तुम हार गई हो।

नीपा : ठीक है। मैं हार गई। अब आप जाकर खाना ले आइए, प्लीज़! काफ़ी रात हो चुकी है।

चन्द्र : ओके–ओके! ठीक है सौम्य, मैं थोड़ी देर के लिए आज्ञा चाहता हूँ। तब तक तुम अपनी भाभी के साथ 'परकीया प्रेम' करते रहो!

नीपा : क्या उल्टी-सीधी बातें करते हो!

चन्द्र : सॉरी डार्लिंग! ठीक है, तुम लोग बातें करो। दरअसल इस गेम में इतना इन्वाल्व्ड हो जाता हूँ...डोंट माइंड सौम्य, मुझे तो तुम जानते ही हो...मस्ती के बिना मैं जी नहीं सकता।

[उठकर गाड़ी की चाबी हाथ में लेते हैं। फिर 'क्रोध-प्रेम-संकोच-परकीया प्रेम-घृणा-ईर्ष्या...ओफ्फ! कितनी तरह की अनुभूतियाँ...!' कहते-कहते बाहर निकल जाते हैं। बाहर से गाड़ी स्टार्ट करने की आवाज़ आती है। नीपा सौम्य की ओर देखकर मधुर हँसी हँसती है। फिर उठकर उसके पास आती है।]

सौम्य : *(नीपा का हाथ पकड़कर)* चलो, कमरे में चलते हैं।

नीपा : आज नहीं। आज के बाद जितनी इच्छा...।

सौम्य : अच्छा! तुम जान-बूझकर मुझे फॉल्स पोजीशन में क्यों डालती हो, बताओ तो?

नीपा : किस बारे में?

सौम्य : अरे वही...सुमोना वाली बात क्यों की? तुम खुद भी अच्छी तरह से जानती हो, ऐसा कुछ भी नहीं है, फिर भी यह सब कहकर तुम्हें मजा आता है।

नीपा : *(आँखों में मस्ती)* नहीं है क्या?

सौम्य : डोंट मेक अ सिली जोक।

नीपा : *(सौम्य का हाथ पकड़ते हुए)* ओह! नाराज़ क्यों होते हो?

सौम्य : नहीं, मुहल्ले की लड़कियों को लेकर इस तरह का मज़ाक मुझे पसन्द नहीं है।

नीपा : आलराइट डीयर! *(सौम्य की आँखों में झाँककर)* मैं जानती हूँ, ऐसा कुछ भी नहीं है। पर क्या करूँ, बोलो–मुझे अच्छा लगता है मज़ाक करना। पर अब नहीं करूँगी, ओके? *(पीछे से सौम्य की गर्दन पर बाँहें डालते हुए)* यह गेम जब मैं खेल रही थी, पर्सनल रेफरेंस बार-बार चला आ रहा था।

सौम्य : आएगा ही। गेम भी तो एक तरह का आर्ट है। आर्ट क्या है–पर्सनल टॉक। उसे हम लोग एक सोशल फ्रेम देते हैं।

नीपा : मुझे बहुत डर लग रहा था। अगर वे समझ जाते तो? बहुत शक्की स्वभाव है उनका। पर सच में तुम बहुत बहादुर हो।

सौम्य : चलो, छोड़ो भी। समझने के लिए एक दिमाग की ज़रूरत होती है। इंटेलेक्ट! उस मूर्ख के पास एक छटाँक भी नहीं है। पर वह क्या समझ जाएगा? मैं पूछना चाहता हूँ कि तुम्हारी इस बात का मतलब क्या है?

नीपा : *(पास आकर बैठती है)* तुम नहीं जानते?

सौम्य : सच, नहीं जानता। क्या है?

नीपा : डोंट जोक!

सौम्य : *(ड्रिंक खत्म करता है)* आर यू रियली सीरियस?

नीपा : नहीं तो क्या? तुम कुछ और सोच रहे हो क्या?

सौम्य : नहीं। मतलब, हमारे पास कितना समय है?

नीपा : समय नहीं है। मैं पहले सोचती थी, 'आज', 'अभी' को किसी तरह से टालना है। जितनी भी तकलीफ हो। कल या परसों या फिर नरसों अथवा एक साल बाद...सब कुछ ठीक हो जाएगा। पर मैंने देख लिया है, कुछ ठीक नहीं होता है। अब मैं समझ गई हूँ–नाउ आर नेवर! जो करना है–अभी, वरना जो तुम्हें चाहिए, वह कभी नहीं मिलेगा।

सौम्य : पर हम चाहते क्या हैं? क्या हम दोनों ने ठीक से सोचा है कि हमें सच में क्या चाहिए?

नीपा : डोंट गिव मी सच फिलोज़फिकल बुल-शिट्स! मैं अच्छी तरह से जानती हूँ कि मुझे क्या चाहिए। वैसे पहले नहीं समझती थी, पर अब समझती हूँ। रादर! समझना सीख गई हूँ।

सौम्य : *(शराबी आँखें)* मैं तुम्हें कभी समझ नहीं पाया नीपा। बिल्कुल भी समझ नहीं पाया।

नीपा : *(झूठा गुस्सा दिखाकर)* समझने की जरूरत ही क्या है? मैं तुम्हारे साथ बातें करती हूँ, तुम्हें प्यार करती हूँ, फिर और क्या बाकी है समझने में? अच्छा, मैंने तो अपना सब कुछ समर्पित कर दिया है तुम्हें! मेरी इंटिमेट गोपनीयता तक। फिर मेरी कौन-सी बात तुम्हें समझ नहीं आती है?

सौम्य : फिर भी, फिर भी! जिसने मुझसे प्यार किया है, ढेर सारी बातें की हैं, वही तुम हो तो? मेरा मतलब है वास्तव में तुम वही हो न? तो फिर बीच-बीच में सब कुछ इतना अस्पष्ट क्यों हो जाता है?

नीपा : क्यों? बताओ मुझे।

सौम्य : नहीं! नहीं जानता, नहीं कह सकता। हो सकता है, मैं खुद ही कन्फ्यूज़्ड हूँ। मैं खुद को भी वैसा ही समझता हूँ–कन्फ्यूज़्ड! लगता है–यह जो मैं चल रहा हूँ, काम कर रहा हूँ, बोल रहा हूँ–ये सब कुछ असल में एक सपने की तरह है। मैं बहुत दूर, कहीं और हूँ और वहीं से अपनी छाया को मैं देख पा रहा हूँ। वही छाया कभी चल रही है, तो कभी काम कर रही है, बातें कर रही है, प्यार कर रही है, और फिर घृणा भी कर रही है।

नीपा : और वही घृणा वास्तव में असली है। वही सच है। और उसी सच को अगर तुम ठीक से देखना चाहते हो तो...*(बैग से रिवॉल्वर निकालती है)* यह लो। इसे पकड़ो–चिन्ता मत करो। इसका लाइसेंस नहीं है और इसमें एक ही गोली है। *(सौम्य उसे देखता रहता है। नीपा हँसते हुए कहती है)* ऐसे क्या देख रहे हो? मैं कितनी बुरी हूँ–यही तो? *(धीरे-धीरे टहलते हुए मंच के बाईं ओर जाती है)* ठीक! मुझे खुद भी अपने-आपको इस रूप में देखना अच्छा नहीं लगता है। बहुत असुविधा होती है। *(फिर धीरे-धीरे, पर स्पष्ट उच्चारण में बोलती है)* पर विश्वास करो, मैं...मैं इसके अतिरिक्त कुछ और नहीं सोच पा रही हूँ। जानते हो, उस दिन आधी रात को मेरी नींद अचानक खुल गई। आँखों में पानी के छींटे मारते वक़्त मैंने बेसिन के ऊपर टँगे आईने में अपना चेहरा देखा और मैं चौंक गई। सौम्य, मैं तुम्हें बता नहीं सकती कि उस समय मेरे मन में क्या चल रहा था। मुझे लगा, मेरे गालों की त्वचा खिंच रही थी, जैसे झुर्रियाँ पड़ने लगी थीं। आँखों के नीचे काले धब्बे, नमकीन पानी सूखकर दाग बन गए थे।...सौम्य...सौम्य,...मुझे लग रहा था–यह मैं क्या कर रही थी अपने साथ! मेरा सबसे अच्छा समय बेमौत मारा जा रहा था। हाँ, सौम्य, मैं उसे अपने हाथों से मार डाल रही थी। मेरे सबसे अच्छे, सबसे उज्ज्वल समय की मैं हत्या कर रही थी। और ठीक उस वक़्त मुझे तुम याद आए। उसी रात–हाँ, उसी पल मैंने निर्णय लिया कि मेरी जैसी साधारण औरत का भी हक बनता है अपनी तरह से जिन्दा रहने का। मैंने तुम्हें याद किया। याद है, तुमने मुझसे कहा था कि जिन मृत्युओं को

हम देख नहीं पाते हैं, उनका बोझ जिन मृत्युओं को हम देख पाते हैं, उनसे कई गुणा ज्यादा है।

[कहते हुए नीपा सौम्य के पास आती है और उसके हाथों में रिवॉल्वर पकड़ा देती है।]

सौम्य : नीपा, सुनो।

नीपा : नहीं। तुम जानते हो, मैं तुम्हें एक कायर के रूप में देखना पसन्द नहीं करती हूँ।

सौम्य : पर तुम मेरी बात तो सुनोगी। वह इनसान...

नीपा : सौम्य, और कुछ भी कह लो पर उसे इनसान मत कहो। वह...वह एक जानवर है। सैडिस्ट। खुद को छोड़कर उसे और किसी से प्यार नहीं है। दिन-पर-दिन जिस तरह से उसने मुझे टॉर्चर किया है...

[उसकी बात खत्म नहीं होती। रुलाई फूट पड़ती है। सौम्य उसकी पीठ पर हाथ रखता है।]

सौम्य : मैं जानता हूँ नीपा!

नीपा : तो फिर? पिछले कुछ महीनों से जिस तरह से हमने प्लानिंग की है, जिस तरह से घटनाओं को रूप दिया है, आज तुम्हारे सेंटीमेंट की वजह से सब कुछ नष्ट हो जाएगा? *(सौम्य की गर्दन में बाँहें डालकर)* तुम...तुम मुझसे प्रेम करते हो न? बोलो? रोज़-रोज़ इस तरह छिपकर मिलना अब मुझे अच्छा नहीं लगता। और फिर तुम्हारा भी मेरे प्रति कुछ दायित्व है कि नहीं?

सौम्य : मैं कब उसे अस्वीकार कर रहा हूँ?

नीपा : नहीं कर रहे हो, पर तुम्हारी मानसिकता वैसी ही है। याद करो वह चाँदीपुर की रात, सौम्य! आधी रात को जब मैं तुम्हारे कमरे में गई तो पहले-पहल कितने घबराए थे तुम। फिर धीरे-धीरे...! ओफ! पूरी रात टेंशन में बीती। अभी कहीं वह आ न जाए, यह सोचकर। और फिर बाद के वे दिन...कैसा पागलपन था...!

सौम्य : *(बच्चों की तरह)* हाँ...और फिर एक बरसात के दिन तुम मेरे फ्लैट में जब आईं...

नीपा : *(लम्बी सी साँस लेकर)* सच, कितने बहाने करके तब मिलने जा पाती हूँ तुमसे! कितने दिन...कितने दिन हम लोग चोरों की तरह छिप-छिपकर मिलते रहेंगे सौम्य? अपार्ट फ्रॉम दिस, हम दोनों का ही स्वार्थ है इसमें।

सौम्य : तो तुम डिवोर्स क्यों नहीं माँगतीं?

नीपा : वे नहीं देंगे सौम्य। कभी नहीं देंगे। और फिर डिवोर्स मिल जाने से उनके पैसे तो हमें नहीं मिलेंगे न सौम्य!

सौम्य : हम लोगों को उनके रुपयों की ज़रूरत ही क्या है नीपा?

नीपा : हाँ, मैं जानती हूँ कि किसी भी हालत में हम दोनों सुखी ही रहेंगे। परन्तु तुम ही बताओ सौम्य, उनके साथ रहते-रहते मैं भी कुछ विलासिताओं की आदी हो गई हूँ। और फिर ये विलासिता मैं छोड़ूँ ही क्यों? यह सब हो जाए एक बार तो मैं सारे रुपए तुम्हारे नाम फिक्स्ड कर दूँगी। फिर तुम आराम से एक के बाद एक अपनी मनपसन्द फिल्म बनाते रहना। क्यों?

सौम्य : *(थोड़ा विचलित होकर)* वो बात तो ठीक है। हमें फिल्म बनाने के लिए पैसों की आवश्यकता है। मेरे सपनों की फिल्में अगर मैं बना पाऊँ...। पर मैं जजमेंट देनेवाला होता कौन हूँ! मेरे कहने का मतलब है, यह काम तो किसी प्रोफेशनल किलर से भी करवाया जा सकता है।

नीपा : क्यों सौम्य? क्या ज़रूरत है किसी थर्ड पर्सन को इन्वॉल्व करने की? पता नहीं, किसी नए झमेले में पड़ जाएँ। फिर कोई ब्लैकमेल ही कर बैठे! क्या जरूरत है, फिर तुम जब साथ हो! तुम्हारे जैसा कूल ब्रेनवाला आदमी! तुम ही यह काम कर सकते हो सौम्य, और कोई नहीं।

सौम्य : *(माथे पर पसीना। वह खड़ा हो जाता है)* नहीं-नहीं, यह नहीं हो सकता। यह ग़लत होगा।

नीपा : तुम डर गए? अभी परसों ही तो तुमने मुझसे वादा किया था कि तुम डरोगे नहीं। ठंडे दिमाग से काम लोगे।

सौम्य : मेरा दिमाग ठंडा ही है।

नीपा : सौम्य...सौम्य, तुम एक बार...सिर्फ एक बार मेरी ओर देखो। तुम भूल रहे हो कि उसने किस निर्दयता से मुझ पर अत्याचार किया। अगर शारीरिक अत्याचार की बात छोड़ भी दूँ तो भी,

मेंटल टॉर्चर की बात ज़रा सोचो। मैं जब भी कुछ कहती हूँ, वह समझने की कोशिश तक नहीं करता है। स्टुपिड की तरह बिहेव करता है। मैं जब फोटोग्राफी की बात करती हूँ तो बेवकूफ की तरह मेरे चेहरे को ताकता रहता है। कोई अनुभूति नहीं, बोध नहीं–सिर्फ अपने बारे में बड़ी-बड़ी बातें करना, रुपयों और पैसों का बखान करना। और अश्लील बातें करना तो कोई उससे सीखे। मैं अगर प्रकृति की बात करूँ, तो वो ग्रील्ड फिश कैसे बनाया जाता है, उसकी रेसिपी बताएगा।...यह पाशविक अत्याचार अब मुझसे सहा नहीं जाता...। *(उसका गला भर आता है।)*

सौम्य : *(घृणा से)* कुत्ता कहीं का!

नीपा : वास्तव में यही नाम सही है उसके लिए। इस दुनिया से उसका नामोनिशान मिटा देना होगा। उसके मर जाने से सिर्फ हमारा ही नहीं, पूरी दुनिया को फायदा होगा।

सौम्य : पर फिर भी–नीपा, इस तरह किसी की हत्या कर देना।...यह अनुचित है...यह अन्याय है। हाँ-हाँ, अन्याय!

नीपा : ओह! अब मुझे समझ में आ रहा है। वह सुमोना नाम की लड़की सच में ही ऐक्ज़िस्ट करती है! है न? तुम यहाँ मेरे साथ सम्बन्ध बनाते हो और उधर अपने मुहल्ले में सुमोना के साथ। यही न? मैं क्या तुम्हारी फिक्स्ड डिपोजिट हूँ?

सौम्य : क्या बक रही हो?

नीपा : चन्द्र ने जो मुझे बताया था कि ऑफिस में सुमोना तुम्हें प्रायः फ़ोन करती है, तो यह सच है?

सौम्य : बिल्कुल भी नहीं। यह सब झूठ है।

नीपा : अगर झूठ है, तो मेरी बात क्यों नहीं सुन रहे हो? हमने जिस तरह से प्लान किया है, कोई इसके बारे में जान नहीं पाएगा। पुलिस तो दूर की बात, पड़ोसियों को भी भनक नहीं लगेगी।

सौम्य : पुलिस बहुत भयानक चीज़ होती है, नीपा! उन्हें सब पता है।

नीपा : कुछ पता नहीं चलेगा, सौम्य! उन्हें लगेगा कि चन्द्र ने सुसाइड किया है। तुम देखना, हमारी शादी के बाद इसी बात पर हम लोग घंटों हँसेंगे।

सौम्य : *(कुछ सोचते हुए)* अच्छा नीपा, ऐसा भी तो हो सकता है कि चन्द्र तुम्हारे ऊपर अत्याचार करता है, इसलिए तुम उसके नाम से थाने में एक एफ.आई.आर. कर दो। वह आदमी ही ऐसे स्वभाव का है कि सब लोग इस बात पर विश्वास करेंगे।

नीपा : उफ्! तुम भी न!

सौम्य : जब केस दर्ज होगा या फिर वह जेल में होगा, तब तो तुम आसानी से डिवोर्स के लिए...

नीपा : *(एक झटके के साथ खड़ी होकर)* कायर कहीं के! एस्केपिस्ट!

सौम्य : नीपा! चिल्लाओ मत।

नीपा : चिल्लाऊँगी। सौ बार चिल्लाऊँगी। ज़रूरत पड़ने पर माइक भाड़े पर लाकर चिल्लाऊँगी। लालची, नीच कहीं के! शर्म नहीं आती दूसरों की पत्नी को स्पर्श करते हुए?

सौम्य : *(हैरान होकर)* नीपा!

नीपा : जब दूसरे की पत्नी के साथ मज़े लूटने होते हैं, तब बहुत महान प्रेमी बन जाते हो, और दायित्व निभाने की बारी आती है तब भागना चाहते हो? निर्लज्ज, कमीने!

सौम्य : इस तरह से मुझे गाली मत दो नीपा!

नीपा : दूँगी! जब तक तुम यह काम पूरा नहीं करते। मेरे लिए, अपने लिए, यह काम तुम्हें करना ही होगा। अरे बेवकूफ! इसमें डरने की क्या बात है?

सौम्य : मैं डर नहीं रहा हूँ।

नीपा : पर मुझे तो यही लग रहा है कि तुम डर गए हो। देखो, तुम्हारे कान लाल हो रहे हैं, चेहरे पर पसीने की बूँदें छलछला रही हैं, होंठ काँप रहे हैं। बताओ, ऐसा कब होता है? बताओ मुझे!

सौम्य : वो मैंने शराब ज़्यादा पी ली है इसलिए, शायद!

नीपा : सौम्य, याद करो। याद करो वह बरसात की दोपहर! हम दोनों ने पहली बार जिस दिन प्यार किया था, तुम्हारे कमरे में। तुमने मुझसे वादा किया था, मैं जो कहूँगी वो तुम करोगे। किया था न?

सौम्य : हाँ, किया था।

नीपा : उस दिन भी तुमने बहुत पी ली थी। पर उस दिन तो तुम्हें डर नहीं लगा था, तो फिर आज क्या हो गया है तुम्हें?

वैसे भी तुम मुझे बहुत सुलझे हुए नौजवान लगते हो, सौम्य! विश्वास करो, किसी को शक नहीं होगा हम पर—किसी को नहीं।

सौम्य : मैं...

नीपा : सौम्य इतना टैलेंटेड है कि मुझे विश्वास नहीं होता कि उसका क्राइम कभी लोगों के सामने आएगा, वरना उसके टैलेंट का वैल्यू ही क्या है?

सौम्य : वैल्यू?

नीपा : यस! प्लीज़, तुम डरो मत सौम्य! मैं तुम्हारे साथ हूँ। आज तुम यहाँ आए हो, इसकी ख़बर किसी को नहीं है। मेरा भी एलिबाई तैयार है। ग्लोब सिनेमा में मैंने नाइट-शो की टिकट खरीदकर रखी है। पूरी दुनिया जानती है, चन्द्र घर पर अकेले हैं। सौम्य, सौम्य! यही मौका है। तुम उसे इस दुनिया से हटा दो।

सौम्य : हाँ। सही कहा तुमने। हटा देना होगा—बिल्कुल एक जानवर की तरह।

नीपा : और जानवर जो खूँखार है, उसे मार देना ही न्याय है। वही सही है। क्या तुम जानते हो, रोज़ रात को वह मेरे साथ जानवरों से भी बदतर सलूक करता है। मैंने कभी तुम्हें बताया नहीं। सुनकर तुम्हें तकलीफ होगी, इसलिए। रोज़ रात वह मुझे काँच के टुकड़े से हाथ पर निशान बनाने को कहता है। खून की धार देखने में उसे एक अजीब तरह की खुशी मिलती है। वह एक सैडिस्ट है। बाहर से देखने पर निहायत शरीफ दिखता है, पर जब वह अपने बूट से मुझे लात मारता है, मेरी पीठ पर बेल्ट से घाव बनाता है, मेरे गालों पर थप्पड़ के निशान बना देता है, तब समझ में आता है उसका वहशीपन। उसकी एक ही सज़ा है सौम्य—वह है...

सौम्य : *(गुस्से से काँपते हुए)* खून, हत्या!

नीपा : हत्या! मौत!

सौम्य : *(सामने रखा गिलास खाली कर देता है)* वही उसे मिलनी चाहिए। हाँ! और वह मैं उसे दूँगा। देखना तुम नीपा! आखिरकार जीवन देकर ही तो वास्तव में कला का निर्माण होता है। है न?

नीपा : यही तो सौम्य सरखेल की तरह बात हुई न! एक आर्टिस्ट, एक वास्तविक कलाकार की तरह! यह लो रिवॉल्वर, अपने पॉकेट में रख लो। *(टेबल से रिवॉल्वर उठाकर सौम्य को देती है। सौम्य उसे पॉकेट में रख लेता है।)* यह देखो, तुम्हें एक और चीज़ दिखाती हूँ। *(अपने पर्स से एक छोटा-सा टेप रिकॉर्डर निकालती है और हाथों में ग्लव्स पहन लेती है।)* मैं इसे चलाती हूँ। तुम ज़रा सुनो।

[नीपा टेप 'ऑन' करती है। चन्द्र की आवाज़ आती है—'मैं कुछ दिनों से मानसिक रूप से परेशान हूँ। इस जिन्दगी का भार अब वहन नहीं होता। इसलिए विदा ले रहा हूँ। आप सबका जीवन सुखमय हो। मेरी मृत्यु के लिए कोई उत्तरदायी नहीं है।' नीपा टेप बन्द करती है।]

नीपा : हाँ! बताओ तो, क्या था यह? *(सौम्य अवाक् रह जाता है)* नहीं समझ पाए? चन्द्रशेखर बटव्याल का सुसाइड नोट। कैसे मिला? बताओ-बताओ, कैसे मिला होगा? *(हँसती है।)*

सौम्य : *(धीरे से)* नहीं बता सकता।

नीपा : *(हँसते हुए)* कल के अख़बार में छपी एक कहानी की कुछ पक्तियाँ। कहानी पढ़ते ही मुझे लगा, उससे ये पंक्तियाँ पढ़वानी होंगी। तब हमारा प्लान फुलप्रूफ होगा। सबेरे नाश्ते के वक़्त मैंने उससे कहा—ज़रा आज की कहानी पढ़के सुनाइए न! उसने पढ़कर सुनाया। बस, फिर क्या था। ये पंक्तियाँ जैसे ही आईं, मैंने रिकॉर्ड कर लिया। अब तो तुम्हें निश्चिन्त हो जाना चाहिए। यह कैसेट और यह टेप रिकॉर्डर इस सोफे के नीचे मैं रख दे रही हूँ। ओके? अरे, अब क्या हुआ तुम्हें? ऐसे क्यों देख रहे हो?

सौम्य : *(विह्वल भाव से)* जानती हो नीपा, मुझे कभी-कभी विश्वास करने की इच्छा होती है कि नियति होती है।...जो पहले से ही तय करके रखती है कि क्या होना है। हम क्या करेंगे, क्या होगा हमारा, हम कैसे जीवन जीएँगे, कैसे मरेंगे—ये सब कुछ पहले से ही तय किया गया होता है। कोई ग्रह-नक्षत्र-ताबीज,

कुछ भी बदल नहीं सकता उसे। वह निश्चित है। अव्यर्थ है। और वही नियति यह भी तय करती है कि किससे हमारा मिलना होगा, और किससे नहीं।

नीपा : *(हल्की आवाज़ में)* फिलहाल, मेरी नियति मुझसे कह रही है कि मैं बहुत जल्दी मिसेज सौम्य सरखेल बनने जा रही हूँ। ओके, टा–टा! चलती हूँ।

सौम्य : *(हैरान होकर)* तुम कहाँ जा रही हो?

नीपा : अभी तो जा रही हूँ किचन के पीछे स्टोर रूम में। पहले ड्रेस चेंज करूँगी। तुम तब तक अपना काम पूरा करके दरवाज़े के पीछे से 'येल' लॉक खींचकर भाग लेना। मैं भी किचन के पीछे की खिड़की से कूदकर ग्लोब सिनेमा पहुँच जाऊँगी। वहाँ से लौटकर घर का दरवाज़ा सामने से खटखटाऊँगी। ज़ाहिर सी बात है कि भीतर से कोई नहीं खोलेगा। तब दरवाज़े पर धक्का मारूँगी। फिर पड़ोसियों को बुलाऊँगी। वे भी मेरे साथ दरवाज़े पर ज़ोर–ज़ोर से धक्का मारेंगे। *(हँसते हुए)* फिर पुलिस को फ़ोन करेंगे। पुलिस आएगी और दरवाज़ा तोड़ेगी। मैं अन्दर घुसते ही बेहोश हो जाऊँगी। कितना सहज हिसाब है! है न? तो फिर तैयार हो जाओ। चन्द्र के आने का समय हो गया है। मैं चली। सिनेमा की स्टोरी कभी तुम्हें मज़ा ले–लेकर सुनाऊँगी। ओके?

सौम्य : एक सेकंड रुको। मुझे...मुझे एक बार टॉयलेट जाना है।

नीपा : जल्दी करो। *(सौम्य टॉयलेट जाता है। नीपा चारों ओर देखती है। फिर मोबाइल ऑन कर किसी से दबी आवाज़ में बात करती है।)* निकल पड़े हो?...बहुत अच्छी बात है। इधर ऑपरेशन सक्सेसफुल होने ही वाला है...नहीं, अभी तुम्हें कॉल बैक करने की ज़रूरत नहीं है।...हाँ, आधा घंटा ही सही...क्या? ओह!...शट अप, यू...!

[तभी सौम्य आ जाता है। नीपा झट से मोबाइल का स्विच ऑफ कर देती है।]

सौम्य : क्या हुआ? किसके साथ बात कर रही थीं?

नीपा : *(घबड़ाहट छिपाते हुए)* अरे वही, उस रेस्तराँ में। पता लगा रही थी कि चन्द्र वहाँ से निकले हैं या नहीं।

सौम्य : पता नहीं! *(वह नीपा को पकड़ लेता है। उसके पाँव लड़खड़ाते हैं)* मुझसे तुम सच में प्रेम करती हो नीपा?

नीपा : *(हँसकर)* कितनी बार कहना पड़ेगा?

सौम्य : आई नो। मैं जानता हूँ। पर मैं यह नहीं जानता कि मुझसे कोई सार्थक काम भविष्य में हो पाएगा भी या नहीं? क्या मैं सच में एक कलाकार के रूप में कभी प्रतिष्ठित हो पाऊँगा?

नीपा : मुझे विश्वास है कि तुम ही कर पाओगे। एक दिन तुम्हें इस दुनिया के एक बेहतरीन आर्टिस्ट के रूप में सभी स्वीकार करेंगे, देखना।

सौम्य : *(नीपा को छोड़ देता है)* पता नहीं। विश्वास नहीं होता है। मुझे कभी–कभी लगता है, जिसे मैंने 'कर सकता हूँ' सोचा है, वह सही में 'सकना' है क्या? मैं किसी भी चीज़ के बारे में निश्चित क्यों नहीं हो पाता हूँ?

नीपा : ठीक है। इस पर हम बाद में बात करेंगे। यह सीरियस डिस्कशन का विषय है। इसमें समय लगेगा। *(वह सौम्य को चुम्बन करने जाती है। सौम्य हट जाता है। नीपा सौम्य का गाल दबा देती है।)* गेट रेडी। मैं निकलती हूँ। वह आए तो कह देना, एक जरूरी काम के लिए मुझे बाहर जाना पड़ा है। *(अचानक लाइट ऑफ हो जाती है)* अरे! यह तो लोडशेडिंग हो गया। ओफ् ओ! सब कुछ ऐन वक़्त पर ही होना है? ठीक है, कोई बात नहीं। मैं इनवर्टर चला देती हूँ। तब तक सोफे पर बैठे रहो। उसके आने का समय हो गया है।

सौम्य : ओह, कितना अँधेरा है!

नीपा : कह तो रही हूँ, इनवर्टर चला देती हूँ। हमेशा टेंशन *(उसकी आवाज़ क्रमश: दूर जाने लगती है।)* वैसे टेंशन करना अच्छी बात है। माँ को देखती थी। जब भी कोई बड़ा काम करने जाती, उससे पहले बहुत टेंशन में रहती। *(उसकी आवाज़ बहुत दूर से सुनाई पड़ती।)* फिर पूरा काम इतने सही तरीके से करती कि पूछो मत। सौम्य, सोमू–माई डार्लिंग। डरो मत डियर! देखो, मैं तुम्हारे साथ हूँ। साथ रहूँगी। हम एक साथ जीएँगे, साँस लेंगे। एक पूरी जिन्दगी साथ मिलकर खुशी–

खुशी बिताएँगे। ओह! सोमू डार्लिंग! मेरे प्यारे सोमू...*(उसकी आवाज़ धीरे-धीरे शून्य में विलीन हो जाती है।)*

[सौम्य मंच पर अकेला है। नीरवता। अँधेरा। थोड़ी देर बाद फुसफुसाहट सुनाई पड़ती है।]

सौम्य : *(फुसफुसाकर)* मुझे...मुझे बहुत सर्दी लग रही है नीपा। मैं...मैं बीमार महसूस कर रहा हूँ। मेरी तबीयत ठीक नहीं लग रही है। लग रहा है, जैसे अभी उल्टी हो जाएगी! यह क्या हो रहा है मुझे, क्यों हो रहा है? कॉलेज में पढ़ते समय एक बार ब्राउन शुगर खा लिया था। बिल्कुल वही घटना याद आ रही है। उफ, कोई जैसे आलपिन बेध रहा है! कितनी जलन हो रही है मुँह में और आँखों में! इतनी सर्दी क्यों लग रही है मुझे? लग रहा है, जैसे हाथ-पाँव टूटकर पेट में घुसे जा रहे हैं! नीपा, तुम कहाँ हो? तुम चली मत जाना। और थोड़ी देर रह जाओ। थोड़ी देर, बस थोड़ी देर। आह! कल्पना को कल्पना के स्तर पर ही रहने देना उचित है नीपा–उसे नीपा, क्यों हम उसे बार-बार ज़मीन पर खींच लाते हैं? *(थोड़ी साँस लेकर)* जब मैं बहुत छोटा था, हाफपैंट पहनकर स्कूल जाता था–जल्दी छुट्टी हो जाने पर तालाब के किनारे बैठकर कितना कुछ सोचा करता! सोचता, अभी मुझे कितना कुछ करना है–अपने से करना है–और मैं ही कर सकूँगा–लोग मेरे भीतर कितनी सम्भावनाएँ देख पाते थे।...मैं सोचता था, मेरी ये छोटी-छोटी उँगलियाँ, ये एक दिन कुछ महान कार्य करेंगी। लोग मेरे काम को देखकर चकित रह जाएँगे, परन्तु यह मैं क्या करने जा रहा हूँ नीपा? क्या करने जा रहा हूँ? यही क्या होना था मेरे हाथों? क्या यही करना था मुझे? *(थोड़ा रुककर)* वो...वो सुनो, गाड़ी की आवाज़। एक हेडलाइट का प्रकाश भी दिखाई दे रहा है। ओह, ईश्वर! क्या इसे ही पाप कहते हैं? मुझे डर लग रहा है नीपा! तुमने ठीक ही कहा था, मुझे बहुत डर लग रहा है।

[गाड़ी की हेडलाइट का तीव्र प्रकाश मंच पर आ गिरता है। गाड़ी के रुकने की आवाज़ आती है। मंच पर प्रकाश। चन्द्र आ खड़ा होता है। परदा गिरता है।]

दूसरा अंक

[वही स्थान। मंच फिर से आलोकित होता है। सोफे पर सौम्य आतंकित-सा बैठा है। चन्द्रशेखर खड़ा है। उसके हाथों में खाने के पैकेट्स हैं।]

चन्द्र : अरे, लोडशेडिंग है क्या? इनवर्टर किसने चलाया, नीपा ने? *(सौम्य ने उत्तर नहीं दिया)* क्या हुआ? तबीयत ठीक नहीं है क्या? *(सौम्य ने सर 'ना' में हिलाया)* तो फिर?

सौम्य : *(खाँसता है)* इनवर्टर मैंने ही चलाया है।

चन्द्र : अच्छा! नीपा कहाँ है?

सौम्य : पता नहीं। कहा कि बाहर जा रही हैं। कुछ ज़रूरी काम है।

चन्द्र : *(स्वगत कथन)* तो फिर क्या तुम दोनों अँधेरे में एक साथ नहीं थे?

सौम्य : कुछ कहा?

चन्द्र : नहीं! *(हँसते हुए)* सोच रहा था, नीपा को बाहर जाने की जरूरत क्यों पड़ी? वैसे सबेरे बता रही थी, कुछ छोटी-मोटी चीज़ें खरीदनी हैं उसे। मुझे ही कह देती। मैं तो निकला ही था। *(फिर हाथों में रखे पैकेट्स की ओर देखते हुए)* अरे, ये पैकेट पहले किचन में रख आता हूँ। सब ठंडा हो जाएगा।

सौम्य : *(थोड़ा डरते हुए)* आप अभी किचन में जाएँगे?

चन्द्र : नहीं तो क्या टॉयलेट जाऊँगा?

[चन्द्र अन्दर जाते हैं। सौम्य रूमाल निकालकर चेहरे का पसीना पोंछता है। फिर पॉकेट से रिवॉल्वर निकालता है। उसका हाथ काँपता है। वह फिर उसे पॉकेट में घुसा देता है। तभी चन्द्र वापस आ जाते हैं।]

कितनी अनमाइंडफुल है यह नीपा! किचन की खिड़की खुली छोड़ गई है। अगर कोई घुस जाता तो? यह तो अच्छा हुआ कि मैंने देख लिया। *(टेबल के ड्राअर में गाड़ी की चाबी और मनीबैग रख देते हैं।)* दमे का मरीज़ हूँ। आज थोड़ी ज्यादा ही तकलीफ हो रही है। बहुत खाँसी हो रही है शाम से। *(बार के पास जाते हैं)* और यह नशा तो उड़नछू हो गया। और एक पेग बढ़िया-सा बनाता हूँ। *(गिलास में डालते हैं)* कितनी अजीब

बात है! है न? पेग बनाना पड़ता है, फिल्म भी बनानी पड़ती है और फिर बातें—वह भी तो बनानी पड़ती हैं। यह जिन्दगी साली बनाते-बनाते ही बीत जाती है। *(सोफे के पास आकर)* रास्ते में आते-आते लगा, बारिश आ रही है। आकाश में काफ़ी बादल हैं। यह क्या, तुम्हारा गिलास? टूट गया है क्या? *(नीचे देखकर)* फर्श पर ये काँच के टुकड़े बिखरे पड़े हैं। रुको, साफ़ करता हूँ। *(मेज़ पर रखे एक कार्ड पर काँच के टुकड़े उठाकर रखने लगते हैं।)* ये टुकड़े कहाँ फेंकूँ, बताओ तो?

सौम्य : फेंक देंगे?

चन्द्र : मतलब क्या है तुम्हारा? फेंकूँगा नहीं तो क्या सजाकर रख दूँगा? बोगस, *(कूड़ेदान में फेंक देते हैं)* चलो, तुम्हारे लिए भी एक पेग रेडी करता हूँ। *(बोतल और गिलास मेज़ पर रखते हैं। फिर गाना गाते हैं)* 'रात भर जाम से जाम टकराएगा। जब नशा छाएगा...'। रम्मी खेलोगे सौम्य?

सौम्य : क्या?... नहीं।

चन्द्र : अरे भई, पैसे लेकर नहीं खेलूँगा। जुआ खेलकर तुम्हारे चरित्र पर कोई दाग नहीं लगाना चाहता हूँ। ऐसे ही प्लेन गेम खेलते हैं। आओ।

[सौम्य हामी भरता है। चन्द्र मेज़ पर पड़े एक बंडल लेकर ताश बाँटना शुरू करते हैं।]

सौम्य : *(घड़ी देखकर)* मेरी घड़ी थोड़ी स्लो चल रही है। आपकी घड़ी में कितना बज रहा है?

चन्द्र : *(हँसते हैं)* घड़ी?

सौम्य : क्यों, क्या हुआ? आपके हाथ में तो घड़ी थी। आप तो पहनकर गए थे न?

चन्द्र : हाँ, गया तो था!

सौम्य : तो फिर गई कहाँ?

चन्द्र : रेस्तराँ से निकला ही था कि एक छोटे से बच्चे ने आकर भीख माँगी। मैं कभी भीख-वीख नहीं देता हूँ। पर उस बच्चे के चेहरे पर ऐसी एक असहाय छाया थी कि मुझे उस पर बहुत दया आ गई। मुझे मेरा बचपन याद आ गया। मनीबैग निकाला तो देखा, कुछ खुदरे पैसों के अलावा कुछ भी नहीं है। तब लगा—छोड़ो,

पैसे नहीं हैं तो क्या हुआ! चलो, घड़ी ही दे देता हूँ। जानते ही हो, मेरा मिज़ाज राजा का मिज़ाज है।...सौम्य! जीवन में मैंने बहुत कुछ देखा है। अब किसी पर विश्वास करने से डरता हूँ। सभी पर थोड़ा-बहुत सन्देह करना चाहिए। तुम्हें कुछ नामचीन लोगों के पर्सनल लाइफ के बारे में बताऊँगा। सुनकर तुम हैरान हो जाओगे।

सौम्य : *(सिगरेट सुलगाता है। उसका हाथ काँप रहा होता है।)* अच्छा, इस 'चरित्र' के बारे में आपका क्या खयाल है?

चन्द्र : वेल! मैं तो कहूँगा, अपने चरित्र को ठीक रखने का मतलब, अपने आपको सँभालकर रखना यानी कि पैर नहीं फिसलने चाहिए। वैसे ये सब बातें तुम लड़कों को समझ नहीं आएँगी। हम जब यंग थे, तब इन सब बातों का कुछ मतलब हुआ करता था। वैल्यूज़, यू नो! पर अब? अब मिडिल क्लास, अपर मिडल क्लास के पास बहुत सारा पैसा है। झट से यह वर्ग अमीर बन गया है। पहले जो लोग नाश्ते में रोटी-सब्ज़ी खाते थे, अब बर्गर, मर्मलेड, बेक्ड बीन्स, कोक–ये सब लेते हैं। अब वे हमारे संस्कारों यानी कि वैल्यूज़ को गोली मारकर उड़ा देते हैं।

सौम्य : गो-गोली?

चन्द्र : ऑफकोर्स! थ्री नॉट थ्री। दन्-दन्-दन्! पर हमारे समय में ऐसा नहीं था। आपस में प्यार था, विश्वास था, श्रद्धा थी। सम्मान देना जानते थे हम। पर अब? आज के जेनरेशन के पास आइडियोलॉजी नाम की कोई चीज़ नहीं है, बड़ों के प्रति कोई श्रद्धा नहीं, साथ में रहनेवाले पर कोई विश्वास नहीं–सब फालतू हो गया है। खाली कल्चर को लेकर बड़ी-बड़ी बातें करना। अरे भई, इन सब बातों से भला होगा क्या, तुम ही बताओ?

सौम्य : आपने ठीक ही कहा है। हम लोग एक दूसरे पर विश्वास नहीं करते। सन्देह, ईर्ष्या यही रह गया है। और वह भी हम सॉफिस्टीकेटेड तरीके से करते हैं। इसके अतिरिक्त, प्रेम-प्यार-विश्वास-आस्था–इनका अर्थ बदल गया है। परन्तु वह केवल हमारे जेनरेशन के लिए ही हुआ है, ऐसा नहीं है। यह एक टोटलिटी का प्रश्न है। और शायद समय यानी युग का भी प्रश्न है।

चन्द्र : अरे, जाओ! सारी समस्याएँ तुम्हारे जेनरेशन को लेकर हैं—तुम लोगों के बारे में जितनी कम बातें की जाएँ, उतना ही अच्छा है। तुम लोगों का कुछ भी ठीक नहीं है। कब तुम्हें क्या चाहिए और क्यों चाहिए, यह तुम लोगों को ही ठीक से पता नहीं है। तुम लोग पश्चिम का अन्धा अनुकरण करने में लगे रहते हो। पर भीतर से हो वही दकियानूसी गाँव का सड़ा हुआ माल।

सौम्य : लगता है, शहर और गाँव के बारे में आपकी धारणा स्पष्ट नहीं है।

चन्द्र : बहुत स्पष्ट है। यह सब ज्ञान की बातें मुझे मत सिखाओ। सुनो—यह जो कलकत्ता है न, यह वास्तव में एक बड़ा-सा गाँव है। बाहर से चमक-दमक पर भीतर-ही-भीतर गन्दगी से भरा। यहाँ लोग मौका मिलते ही एक-दूसरे पर थूकने लगते हैं। और द थिंग इज़, तुम लोगों में यह आदत ज्यादा है।

सौम्य : हो सकता है, आप लोगों को देखकर ही हमने यह सीखा है।

चन्द्र : ये फालतू बातें छोड़ो। आदमी को खुद पर कंट्रोल रखना चाहिए, वरना वह आदमी ही नहीं है, समझे? *(खाँसता है।)*

सौम्य : आपके पैर कभी नहीं फिसले?

चन्द्र : नॉट फॉर आ सेकंड। हम लोग दूसरी चीजों से बने हैं छोकरे! पत्नी को छोड़ दूसरी औरत की ओर आकर्षित होना, धन्धेबाज़ी करना, ग़लत रास्तों पर चलना—ये सब हम लोगों को नहीं आता। मेरा बचपन बहुत तकलीफ में बीता है। दो वक़्त का खाना भी ठीक से नहीं मिलता था। हम लोगों के संस्कार ही कुछ और थे। *(ताश के पत्तों की ओर एक बार देखकर सौम्य की ओर क्रोध से देखते हैं।)* हम लोग तुम लोगों के जेनरेशन की तरह 'इम्मॉरल स्पाइनलेस नहीं हैं। वी हैड ऑवर ओन डिगनिटी। हम लोग सोच भी नहीं सकते कि हमारे समय में देश के किसी प्रधानमंत्री के विरुद्ध घूस लेने का इल्ज़ाम लगा हो अथवा किसी प्रेसीडेंट के इल्लीसीट रिलेशन या टेली-सेक्स करने के लिए उसे इमपीचमेंट किया जाएगा, ऐसा कहा जा रहा हो।

सौम्य : वे सब के सब लेकिन आपसे उम्र में बड़े ही थे।

चन्द्र : *(क्रोध से)* उल्लू के पट्ठे की तरह बात मत करो। जो बात समझ नहीं आती, उसे लेकर बकवास मत करो। *(सौम्य का*

जबड़ा अपमान से सख्त हो जाता है।) मेरी औरत को भी यही रोग है। हर मामले में जुबान लड़ाएगी। फैशन से लेकर पॉलिटिक्स–हर मामले में सर खपाएगी। *(ताश के पत्ते मेज़ पर रखकर)* यह लो। मामला ख़त्म। दिखाओ अपने पत्ते। *(फिर सौम्य के पत्ते देखकर)* अरे! तुम्हारा तो हो चुका था, फिर शो क्यों नहीं किया?

सौम्य : *(ताश के पत्ते हटाते हुए)* मेरी...मेरी इच्छा नहीं हो रही है।

चन्द्र : तुम्हें हुआ क्या, बताओ तो?

सौम्य : कुछ नहीं।

चन्द्र : मैंने तुम्हें गाली दी, इसलिए नाराज़ हो गए? अरे बाबा! मैं ठहरा एक सीधा-सादा आदमी। जो मन में आता है, कह देता हूँ। भीतर कुछ नहीं रखता हूँ। भई, इतना नाराज़ होगे तो कैसे चलेगा? चलो, शेकहैंड कर लेते हैं। नीपा भी मुझसे कहती है–तुम्हारा सब कुछ बढ़िया है सिर्फ तुम्हारी बोली के सिवा। इसी के कारण लोग मुझे ग़लत समझते हैं। पर मैं जो कहता हूँ, वह मैं मीन नहीं करता। देखो, एक तरह से मैं ही सबसे ज्यादा मिसअंडरस्टुड पर्सन हूँ। आई एम अ लोनर, सौम्य। लोनर इन टू सेंस। पता है, जब पहली बार नीपा से परिचय हुआ था, तब भी नीपा को मैंने गाली ही दी थी।

सौम्य : भाभीजी के साथ आपका परिचय कहाँ हुआ था?

चन्द्र : डायमंड होटल, सिलीगुड़ी। वह वहाँ पर रिसेप्शनिस्ट थी। मैं वहाँ बिज़नेस के सिलसिले में गया था। पहले परिचय हुआ, फिर प्यार। तीन दिन के अन्दर शादी। यह सब कुछ चन्द्रशेखर बटव्याल होने के कारण ही सम्भव हो सका था। पुरोहित को बुलाया, साक्षी को तैयार किया, माला पहनाई, फिर माथे पर सिन्दूर के साथ सीधा दार्जिलिंग! *(गाता है)* मेरे सपनों की रानी...

सौम्य : भाभीजी के साथ उनके परिवार का कोई नहीं था?

चन्द्र : नहीं, कोई नहीं था। माँ के साथ रहती थी। माँ की मृत्यु के बाद बिल्कुल अकेली पड़ गई थी।

सौम्य : पर भाभीजी के बारे में कुछ जाने बिना ही आपने उनसे विवाह कर लिया–आपके मन में कोई उलझन नहीं थी?

चन्द्र : कैसी उलझन? ओह! तुम पहचान की बात कर रहे हो? अरे भई, पहले से जान-पहचान होने से ही फायदे में रहेंगे, ऐसी

कोई बात नहीं है। सुनो, पेट भरने के लिए अगर पर्याप्त मात्रा में रोटी का बन्दोबस्त रहे तो औरतों को जानने-पहचानने की बहुत आवश्यकता नहीं होती है। *(रुककर)* वैसे मेरी भी उम्र हो चली थी। एक पत्नी का होना जरूरी था।

सौम्य : अच्छा, आपको क्या लगता है, नीपा भाभी आपसे बहुत प्रेम करती हैं?

चन्द्र : क्यों, ऐसा सवाल क्यों आया तुम्हारे मन में?

सौम्य : ऐसे ही!

चन्द्र : यही तो मुश्किल है। *(हँसते हुए)* पेट में ज़रा सी पड़ी नहीं कि फालतू बातें शुरू कर दीं। अरे, एक हसबैंड से उसकी वाइफ जितना प्रेम कर सकती है, उतना ही करती है।

सौम्य : कभी भाभीजी से झगड़ा नहीं हुआ?

चन्द्र : अरे यार, तुम तो पुलिस की तरह सवाल कर रहे हो। पहली बात, तुमसे ये बातें शेयर क्यों करूँ? दूसरी बात, अगर हुआ भी है तो भी सीरियस कुछ नहीं।

सौम्य : जब झगड़ा होता है, तब आप क्या करते हैं?

चन्द्र : क्या करता हूँ? शराब पीता हूँ, डिनर करता हूँ, फिर जाकर सो जाता हूँ। जानता ही हूँ, दूसरे दिन सब कुछ ठीक हो जाएगा! पर क्यों?

सौम्य : और भाभीजी? वह क्या करती हैं?

चन्द्र : वह क्या करेगी! वह भी खा-पीकर सो जाती है। पर ऐसे सवाल तुम पूछ क्यों रहे हो? वैसे भी, सोएगी नहीं तो क्या बैठकर रोएगी?

सौम्य : हो भी तो सकता है! शायद...शायद वो खिड़की के पास बैठकर रोती होंगी?

चन्द्र : तुम भी क्या बात करते हो सौम्य! आदमी को कोई काम नहीं है क्या कि सब कुछ छोड़छाड़ खिड़की पर बैठकर रोएगा? जीवन जीवन ही है, कोई फिल्म नहीं।

सौम्य : *(ना में सर हिलाते हुए)* नहीं, यह आप सही नहीं कह रहे हैं।

चन्द्र : क्या?

सौम्य : मैं कह रहा हूँ, आप ग़लत बोल रहे हैं। भाभीजी सच में रोती हैं। मैं निश्चित रूप से कह सकता हूँ।

चन्द्र : *(व्यंग्य से)* अच्छा! तुम तो इस तरह से बोल रहे हो, जैसे तुमने खुद उसे रोते हुए देखा है!

सौम्य : सब कुछ देखने की जरूरत नहीं पड़ती। समझ में आ जाता है।

चन्द्र : *(थोड़ा सीरियस होकर)* तुम आखिर कहना क्या चाहते हो?

सौम्य : कहना चाहता हूँ, रोनेवाले का दर्द केवल वही जानता है जो खुद कभी-न-कभी रोया है। बताना चाहता हूँ, रोनेवाले का दर्द वही समझता है जिसमें संवेदनाएँ हों। *(क्रोध से)* बताना चाहता हूँ...*(नर्वस सी हँसी हँसते हुए)* अरे, मैं तो मज़ाक कर रहा था। आप इतने सीरियस क्यों हो गए?

चन्द्र : *(दबी आवाज़ में)* सरखेल, डोंट फॉरगेट योर डेज़िगनेशन एंड माई पोजीशन! मेरे साथ जोक कर रहे हो? *(रूमाल निकालकर चेहरा पोंछता है।)* मेरे नर्व पर बहुत प्रेशर पड़ता है।

सौम्य : *(पास बैठकर)* आपको बुरा लगा सर?

चन्द्र : तुम लोगों को ये बातें समझ नहीं आएँगी। मुझे वैसे ही प्रेशर का प्रॉब्लम है, ऊपर से क्रॉनिक आज़मा का पेशेंट हूँ।

सौम्य : आप डर गए क्या?

चन्द्र : जिस तरह का चेहरा बनाते हुए तुम ये भद्दा मज़ाक मेरे साथ कर रहे हो, कोई भी देखेगा या सुनेगा तो डर जाएगा।

सौम्य : मैं क्षमा चाहता हूँ। मुझे पता नहीं था।

चन्द्र : इट्स ओके। पता है, मुझे कभी-कभी जानने की इच्छा होती है कि यह जो डर है, यह आदमी के मन में जगह कैसे बनाता है? क्योंकि देखो, जब पुलिस डराती है और भूतों की कहानी सुन लोग डर जाते हैं—मेरे लिए दोनों एक ही तरह का डर है।

सौम्य : क्या कह रहे हैं आप! आप क्या 'डर' को लेकर एक डिस्कोर्स तैयार करना चाहते हैं? जरा सोच-समझकर बात कीजिए। सुनिए, स्टेट आपके भीतर एक डर जिस तरह से पैदा करता है, और जिस तरह से आप डर जाते हैं, दोनों के बीच किसी-न-किसी अर्थ में एक मल्टीपल...बहुस्तरीय सम्बन्ध होता है।

चन्द्र : *(अँगूठा दिखाते हुए)* यह होता है। ज्यादा इंटेलेक्चुअल बनने की कोशिश मत करो। खैर, मेरे लिए पुलिस का डर और भूतों से डरना एक ही बात है।

सौम्य : *(काँच के टुकड़े से उसका हाथ कट जाता है)* ओफ्...!

चन्द्र : क्या हुआ?

सौम्य : काँच के टुकड़े से हाथ कट गया। *(उँगली मुँह में डालता है)* खून!

चन्द्र : ठीक ही हुआ है। और ज्यादा मज़ाक करो।

सौम्य : मेरा हाथ कट गया है और आप कह रहे हैं–ठीक ही हुआ है?

चन्द्र : नहीं तो और क्या कहूँ? तुम्हारे जैसे लड़के का हाथ काट लेना चाहिए।

सौम्य : ओह! तो आपके बारे में जो मैंने सुना था, वह सच है?

चन्द्र : क्या...क्या सुना था तुमने?

सौम्य : यही कि आपको खून बहते देखना अच्छा लगता है!

चन्द्र : क्या?

सौम्य : खासकर अगर वह किसी औरत के शरीर से बहे तो। है न? एक नरम देह की मुलायम त्वचा कटकर गहरा लाल खून टपक-टपक कर गिरता है, फिर वह घाव सूखकर एक दाग बन जाता है–यह देखते हुए आपको बहुत प्रसन्नता होती है। है न?

चन्द्र : *(क्रोध से)* क्या बक रहे हो!

सौम्य : बाहर के दाग तो सूख भी जाते हैं चन्द्रशेखर बटव्याल, पर अन्दर के दाग? जो दाग बहुत गहरे होते हैं और भीतर रह जाते हैं–आधी रात को दीर्घश्वास के साथ जो बाहर निकल आते हैं, उनका हिसाब कौन चुकाएगा, बटव्याल? कौन, बोलो?

[सौम्य पॉकेट में हाथ डालता है।]

चन्द्र : तुम!

[दोनों एक-दूसरे को देखते रहते हैं। सौम्य ज़ोर से हँसता है।]

सौम्य : आप फिर से मूर्ख बन गए। मैं फिर आपके साथ मज़ाक कर रहा था।

चन्द्र : *(घबराई हुई आवाज़ में)* नहीं...नहीं, इस तरह का घटिया मज़ाक मत किया करो। तुम्हारा चेहरा कितना बदल गया था! तुम कितने क्रूर लग रहे थे!

सौम्य : पर मैं तो मज़ाक कर रहा था सर!

चन्द्र : झूठ मत बोलो। मैं जानता हूँ, तुम लोगों में कोई मोरल वैल्यू नहीं है। मैं जानता हूँ, तुम मुझे क्यों इस तरह डिस्टर्ब कर रहे हो।

सौम्य : क्या?

चन्द्र : हाँ, मैं समझ गया हूँ।

सौम्य : क्या समझ गए हैं?

चन्द्र : यह जो तुम मुझे इरिटेट कर रहे हो।

सौम्य : क्यों कर रहा हूँ?

चन्द्र : क्योंकि...क्योंकि मैंने तुम्हें उल्लू का पट्ठा कहा था।

सौम्य : *(और भी ज़ोर से हँसता है)* धुर्रर...! क्या कह रहे हैं आप!

चन्द्र : मैं ठीक ही कह रहा हूँ। तुम...तुम लोग...आजकल के छोकरे अपने मन में घृणा के बीज बोकर रख देते हो। हाथ से हाथ मिलाते हो, मुँह से बोलते हो—सब भूल चुके हो, पर मन-ही-मन डसने को हमेशा तैयार रहते हो।

सौम्य : *(हँसते हुए)* आप तो मज़ाक भी नहीं समझे। आपमें कोई सेंस ऑफ ह्यूमर ही नहीं है।

चन्द्र : *(डर और गुस्से से)* जो सेंस ऑफ ह्यूमर तुम जैसे जानवर को जन्म देता है, मुझे उसकी आवश्यकता नहीं है।

सौम्य : क्या?

चन्द्र : हाँ, जानवर, पशु। उस वक़्त तुम्हारा चेहरा पशु की तरह ही दीख रहा था।

सौम्य : *(बहुत क्रूर आवाज़ में)* तो फिर सुनो, जानवरों के साथ जानवर जैसा ही सलूक करना चाहिए चन्द्रशेखर बटव्याल! जिस तरह तूने नीपा पर दिन-पर-दिन अत्याचार किया है, उसी का बदला ले रहा हूँ मैं—यह जानवर जैसा चेहरा, जानवरों जैसे दाँत और नाखून के आघात ही तुझे मिलने चाहिए।

चन्द्र : देखो...*(हैरत से भरी आवाज़)* अब...अब तुम मुझे टोपी नहीं पहना सकते। फिर मुझसे मज़ाक कर रहे हो?

सौम्य : *(पॉकेट से रिवॉल्वर निकालते हुए)* मज़ाक? अच्छा, मज़ाक है? मैं उल्लू का पट्ठा हूँ? सूअर की औलाद? सुन हरामी का पिल्ला, मेरे पिता गरीब क्लर्क थे। पर उनमें और कुछ हो न हो, तेरे जैसा कमीनापन नहीं था, समझे?

चन्द्र : *(रोनी सूरत बनाकर)* यह क्या कह रहे हो तुम! इस तरह का घटिया मज़ाक अच्छा नहीं है!

सौम्य : *(चन्द्र का कॉलर पकड़ लेता है)* अच्छा? मज़ाक? घटिया मज़ाक लगता है तुझे? और जब तू नीपा के बदन पर ब्लेड चलाता है, वो किस तरह का मज़ाक होता है? नीपा पर जब कोड़े बरसाता है, वो क्या होता है रे? चन्द्रशेखर बटव्याल, आज तेरे सामने यम आकर खड़ा हुआ है। यह तू अच्छी तरह से

जान ले। समाज में भद्र बनकर घूमने का तेरा दिन अब खत्म होने वाला है।

चन्द्र : *(घुटने टेकते हुए)* ये सब तुम्हें किसने कहा है? उसने...उसने तुमसे झूठ कहा है! मैं ऐसा नहीं हूँ...सच कहता हूँ, मैं ऐसा नहीं हूँ!

सौम्य : तुझे यह किसने कह दिया कि नीपा ने ही मुझे ये बातें बताई हैं?

चन्द्र : *(हाँफते हुए)* मैं जानता हूँ। इससे पहले भी उसने तुम्हारे ही जैसे मेरे एक और जूनियर ऑर्डर सप्लायर को पकड़ा था– अनमित्र देव। वह मुझे बहुत मानता था। उसने मुझे सब कुछ बता दिया था। हालाँकि ये सब पता चलने के बाद मैंने उसे नौकरी से हटा दिया था। सोचा था, यह नीपा की दिमागी समस्या है–कुछ दिनों बाद ठीक हो जाएगी।

[चन्द्र रिवॉल्वर छीनने जाते हैं। सौम्य धक्का मारकर उन्हें नीचे गिरा देता है।]

सौम्य : दिमागी हालत ठीक नहीं थी उसकी? क्यों, झूठ बोलने के लिए और कोई नहीं मिला? वह मेंटल पेशेंट है और तुम बिल्कुल ठीक हो–ईमानदार हो? अशिक्षित, प्रतिभाहीन! हिन्दी फिल्मों का गीत गाकर, अश्लील जोक्स कहकर, गरीब आदमी को हाथ की घड़ी देकर, उदारता दिखाकर सस्ता प्रचार पाने की कोशिश में कोई अच्छा आदमी नहीं बन जाता, समझे?

चन्द्र : *(दुखी आवाज़ में)* कृतघ्न! नमकहराम!

सौम्य : सही कहा तूने, मैं नमकहराम ही हूँ। सिर्फ अपने बारे में सोचता हूँ–और कुछ जानना-समझना नहीं चाहता हूँ। सुन कमीने, इसीलिए मैं ही इस सोसायटी में एक्सिस्ट करूँगा, मैं ही विक्ट्री लैप दूँगा और तेरा कुत्सित घावों से भरा मूर्खों सा चेहरा और तेरा यह शरीर सोया रहेगा किसी ठंडे मर्ग में। सुन चन्द्रशेखर बटव्याल, तेरे मरने के बाद तेरी यह सिक्यूरिटी और प्रोटेक्शन छोड़ नीपा चली जाएगी उत्तर कलकत्ते के एक छोटे-से दो कमरों के फ्लैट में–शहर कलकत्ते के श्रेष्ठ प्रतिभाशाली सौम्य सरखेल के बनाए हुए फिल्मों की अनुरागिनी बनकर!

चन्द्र : मुझ पर दया करो सौम्य, रहम खाओ मुझ पर! मेरे पास जो कुछ भी है, सब तुम्हें दे दूँगा! मुझे मत मारो!

सौम्य : रोकड़ा...रोकड़ा दिखा रहा है मुझे? तेरे पास कितना माल है कि तू हमें रुपयों से खरीदेगा?

चन्द्र : इनसानियत के नाते मुझ पर दया करो!

सौम्य : *(चन्द्र को खींचते हुए सीढ़ी के पास ले जाता है)* पत्नी को कुछ नहीं समझता है। उसके लिए तेरे पास कोई समय नहीं है। फ्रीज, वी.सी.पी., गाड़ी, फ्लैट की तरह वह एक दिखावे की चीज़ नहीं होती है। नहीं...नहीं, तुझे जिन्दा रहने का कोई अधिकार नहीं है।

चन्द्र : देखो, मैं उससे प्यार करता हूँ। हो सकता है, वह प्यार बहुत मूर्खों की तरह हो, पर प्यार तो करता हूँ। हो सकता है कि मैं उसे समझ नहीं पाया, पर क्या बिना समझे किसी से प्रेम नहीं किया जा सकता?

सौम्य : *(सीढ़ियों से चन्द्र को खींचते हुए)* आपकी ये सारी बातें मेरे लिए अब कोई मायने नहीं रखती हैं। आप जैसे लोगों का कोई एथिक्स नहीं है।

[लैंडिंग पर पहुँचकर चन्द्र के माथे पर रिवॉल्वर लगाता है।]

चन्द्र : सौम्य, एक आखिरी बार सोच लो, क्या तुम ठीक कर रहे हो? मुझे नीतिहीन कह रहे हो, पर खुद परायी स्त्री से प्रेम कर रहे हो। मुझे गैर-जिम्मेदार कह रहे हो, पर नीपा की बातों में आकर तुम खुद गैर-जिम्मेदारी का काम कर रहे हो। मुझे वायोलेंट कह रहे हो, पर खुद वायोलेंस पर चल रहे हो। *(सौम्य का कॉलर पकड़कर)* शैतान, दरअसल तू खुद एथिक्सलेस है।

[सौम्य गोली चलाता है। चन्द्र के गिर जाने की आवाज़ आती है। सौम्य दो-एक बार 'सर-सर' कहता है, फिर वह बैठ जाता है और चन्द्र को गौर से देखता है। उसका पूरा बदन काँप रहा होता है। फिर वह थोड़ा ठीक महसूस करता है। उठकर बाथरूम का दरवाज़ा खोलता है। फिर चन्द्र को खींचते हुए बाथरूम के भीतर ले जाता है और दरवाज़ा बन्द कर देता है। फ्लैश करने की आवाज़ आती है। कुछ मिनट बाद सौम्य बाथरूम से बाहर आता है। उनके चेहरे पर पानी के हल्के छींटे होते हैं। वह सोफे पर बैठ जाता है। सोफे के पीछे से एक आवाज़ आती है। सौम्य मुड़कर देखता है, किचन के पैसेज से नीपा निकलकर आ रही है। उसने अपनी पोशाक बदल ली

थी। साथ ही एक रेनकोट भी पहन लिया था। कन्धे पर एक बैग लटक रहा था। सौम्य उसे देख आश्चर्यचकित रह जाता है।]

नीपा : किचन की खिड़की खोलकर निकलने ही वाली थी कि वो वापस आ गए। मैं पास वाले स्टोररूम में छिप गई थी। *(सौम्य हँसने की कोशिश करता है)* क्या हुआ? अभी भी नर्वस फील कर रहे हो? सुनो–बी स्टेडी। मैं निकल रही हूँ। नाइट शो शुरू होने ही वाला है।

[सौम्य नीपा का हाथ पकड़कर खींचता है। नीपा सोफे पर गिरने को होती है, पर सँभल जाती है। वह एक झटके के साथ सौम्य से दूर हट जाती है। फिर गुस्से से कहती है :]

नीपा : यह सब अभी छोड़ो। वक्त–वेवक्त यही सब...*(सौम्य हैरान रह जाता है। नीपा आवाज़ में थोड़ी नरमी लाती है।)* सुनो सौम्य, यह सब तो होता ही रहेगा। मैं निकल रही हूँ। तुम ठीक आधा घंटा इन्तज़ार करना। बाथटब भर जाए तो फ्लैश खींचकर बन्द कर देना। देख लेना, तुम्हारे हाथ में रिवॉल्वर है या नहीं। फिर दरवाज़ा बन्द कर निकल जाना। ऑटो–लॉक के कारण दरवाज़ा खुद–ब–खुद बन्द हो जाएगा। ओके?

सौम्य : *(सोफे पर बैठे–बैठे)* एक बार देख तो लो, मैंने काम ठीक–ठाक किया है या नहीं?

नीपा : नहीं...नहीं, बाबा! मैं यह खून–वून बिल्कुल देख नहीं पाती हूँ। तबीयत खराब हो जाती है।

सौम्य : पता है नीपा, अब समझ पा रहा हूँ कि सच में खून कर पाना भी एक टू मेकिंग ऑफ आर्ट है। इट्स...इट्स लाइक अ सिम्फनी।

नीपा : *(खिड़की से बाहर देखती है। उसकी आवाज़ भारी हो जाती है। बाहर वर्षा होने लगती है।)* अच्छा, क्या ऐसा दिन भी कभी आएगा जब बारिश होगी पर हमारा मन उदास नहीं होगा?

सौम्य : *(अनसुना करके)* तुम सोचो ज़रा! मैंने उस पर जब गोली चलाई, उसका चेहरा जैसे पत्थर का हो गया था। उसकी आँखों में न कोई डर, न पश्चात्ताप, यहाँ तक कि रत्ती भर अविश्वास भी नहीं–स्थिर आँखों से मुझे देख रहा था। उसके बालों का

तैलाक्त स्पर्श मेरे हाथों में जैसे चिपक सा गया था। उसकी कनपटी पर बन्दूक की नली जैसे फिसल–फिसल रही थी। मैंने ट्रिगर पर उँगली रख धीरे से उसे दबाया, एक दबी सी आवाज़ निकली—आह, वह मेरी कमीज़ का कॉलर पकड़कर धीरे–धीरे नीचे लेट गया, नीपा! उस वक़्त उसका सर बिल्कुल मेरी छाती के करीब आ गया था। क्या...वह आखिर क्या सुनना चाह रहा था नीपा? मेरी धड़कनों को? पता नहीं! पूरी घटना ऐसे ही घटनी थी! मुझे साफ़ समझ में आ रहा था कि कैथरसिस असल में दर्शकों को नहीं, कलाकारों को होता है।

[वह हाँफने लगता है। नीपा खिड़की से बाहर की ओर देखती रहती है। कुछ देर की खामोशी। नीपा ने जैसे सौम्य की बातें सुनी ही नहीं थीं, इस लहजे में बोलने लगती है :]

नीपा : *(जैसे बहुत दूर से उसकी आवाज़ तैरती हुई आती है)* वर्षा को लेकर एक गीत गाती थीं, मेरी माँ। माँ रात को देर से घर वापस आती थीं। उनके आने तक बिस्तर पर लेटी–लेटी मैं एक पुराने रेडियो पर गाने सुनती रहती थी—विविध भारती! फिर माँ आतीं, मुझे खाना देतीं, और बरसात के दिनों में गुनगुनातीं। मुझे आज भी बारिश होते देख माँ की याद आती है। ऐसा लगता है, जैसे माँ ऊपर से मुझे देख रही हैं! यह वर्षा उनकी आँखों से बह रही है!

सौम्य : *(नीपा के करीब आकर)* तुम्हारा मन उदास है?

नीपा : तुम साथ होते हो तो सब उदासी दूर हो जाती है।

सौम्य : और तुम साथ दोगी तो आई वुड बी अ टू आर्टिस्ट। अभी थोड़ी देर पहले ही मुझे पता चला कि मैं कर सकता हूँ। मैं वह गुप्त मंत्र सीख गया हूँ नीपा, जिससे जीवन को कला में विलीन किया जा सकता है। आज के एक आकस्मिक क्षण ने मेरे भीतर उस अनन्त को कैद कर दिया है।

नीपा : *(शान्त ढंग से)* आर्ट और जीवन क्या कभी एक हो सकता है सौम्य? यह जो रिमझिम–रिमझिम बारिश हो रही है और इसकी बूँदें हमारे मन को उदासी से भर दे रही हैं—क्या इसे कैद किया जा सकता है? या फिर हमारी इन्सटिंक्ट्स जो हमारे भीतर सोई

रहती हैं, पर कभी-कभी सपनों के सहारे, तो कभी आधे जगे, आधे सोये हालत में, तो कभी गीले, तरल खून के साथ हमारे हृदय के भीतर से निकल आती हैं—उन्हें तुम कैसे कैद करोगे?

सौम्य : तुम कहना क्या चाहती हो नीपा?

नीपा : *(पास आकर सौम्य के कन्धे पर हाथ रख देती है)* कहना चाहती हूँ कि आनेवाले दिनों में हम दोनों खुश रह सकें। एक-दूसरे को किसी प्रकार का कष्ट न पहुँचाएँ। *(हँसती है)* तुम बहुत अच्छे हो सौम्य! खुश रहना। और हो सके तो यह सब भूल जाना।

[सौम्य अवाक् रह जाता है। नीपा हाथ हिलाते हुए निकल जाती है। सौम्य नीचे के बाथरूम में जाता है। मंच थोड़ी देर के लिए खाली हो जाता है। तभी सोफे के नीचे से नीपा का मोबाइल बज उठता है। सौम्य ने जब नीपा को ज़ोर से अपनी ओर खींचा था तो नीपा के बैग से मोबाइल फ़ोन नीचे गिर गया था। दोनों का ध्यान उस ओर नहीं गया था। अब उसके रिंग होने की आवाज़ से सौम्य बाथरूम से निकलकर, थोड़ा झिझकते हुए फ़ोन ऑन करके कान से लगाता है। पीछे के बूथ पर फिर से एक बार प्रकाश। वही आदमी फ़ोन पर बात कर रहा है। वह कहता है, 'नीपा, बॉडी को बाथटब में ही पड़ा रहने दो। पन्द्रह मिनट के भीतर लेक थाना का सेकंड ऑफिसर-इन-चार्ज वहाँ पहुँच रहा है। मैं तुम्हारे इन्तज़ार में लेक के पास खड़ा रहूँगा। मारुति अमनी। ऑनियन कलर। हरी अप!' वह आदमी फ़ोन रख देता है। सौम्य स्तब्ध खड़ा रहता है। तभी बाहर से दरवाज़ा खोलने की आवाज़ आती है। नीपा हाथ में चाबी लिये हड़बड़ाकर घुसती है।]

नीपा : मैं शायद यहाँ मोबाइल रखकर चली गई। *(सौम्य के हाथ में मोबाइल देखकर चौंक जाती है। सौम्य के चेहरे को देख कुछ अन्दाज़ा लगाने की कोशिश करती है। रुक-रुककर बात करती है।)* मेरे पास...डुप्लीकेट चाबी थी...इसीलिए अन्दर आ पाई। *(सौम्य के हाथ से मोबाइल गिर जाता है।)* किसी ने फ़ोन किया था क्या? *(सौम्य उत्तर नहीं देता है। नीपा उसके पास आकर फोन उठा लेती है, फिर नम्बर सर्च करती है। वह सब*

समझ जाती है। फिर आराम से बड़ी निश्चिन्तता के साथ सोफे पर जाकर बैठ जाती है।) अरे, तुम खड़े क्यों हो? बैठ जाओ।

सौम्य : *(खड़ा ही रहता है, फिर धीरे से कहता है)* कौन था वह आदमी?

नीपा : *(बड़े आराम से पाउच-बैग से सिगरेट निकालती है, फिर उसे सुलगाते हुए कहती है)* उसका नाम है फारूख–फारूख इम्तियाज़। एक फूड-एजेंसी और पी.सी.ओ. का मालिक है। बहुत बढ़िया माउथ-ऑर्गन बजाता है। सबसे बड़ी बात है, मुझ पर जान देता है।

सौम्य : *(धीरे-धीरे कहता है)* उसने कहा, पुलिस आ रही है, क्यों?

नीपा : 'क्यों' का क्या मतलब? तुम्हें गिरफ्तार करने और क्यों! चन्द्रशेखर बटव्याल की गोली मारकर हत्या जो की है तुमने! किसी राहगीर ने यह खून होते हुए देख लिया है। उसी ने पुलिस को फ़ोन करके यह बात बता दी। *(सौम्य उसे देखता रहता है)* भई सौम्य, कला को हमेशा थोड़े ही जीवन के साथ मिलाया जा सकता है! कोशिश करके देख सकते हो पर कर नहीं पाओगे। इससे अच्छा है कि जीवन को खिला-पिलाकर सेफ डिपोज़िट में रखकर अलग से कला-वला का अभ्यास किया जाए। यही तो अपनी सुरक्षा की दृष्टि से सर्वोत्तम उपाय है, क्यों? अन्यथा...*(मुस्कराती है)* रुको, तुम्हें कुछ दिखाना है। *(सोफे के नीचे से टेपरिकॉर्डर निकालती है)* तुम्हें उस समय मैंने चन्द्रशेखर बटव्याल की आवाज़ सुनाई थी। अब भी सुना रही हूँ। *(वह टेप-रिकॉर्डर ऑन करती है। चन्द्रशेखर की आवाज़ सुनाई पड़ती है–'मुझे मत मारो। मैं और मेरी पत्नी तुम पर बहुत विश्वास करते हैं। वह अगर यहाँ होती तो तुम्हें देखकर बहुत दुखी हो जाती। बताओ, तुम्हें कितने रुपए चाहिए? मैं तुम्हें अभी दे दूँगा, पर ईश्वर के लिए, मुझे मत मारो! ऑफिस की बातें तुम घर में क्यों ले आए?'–नीपा टेपरिकॉर्डर का स्विच ऑफ कर देती है।)* उस दिन जो कहानी मैंने उनसे पढ़वाई थी, उसी की अन्तिम पंक्तियाँ थीं ये। कहानी में हास्य रस ही प्रमुख था, पर ये पंक्तियाँ उन्होंने उस दिन कुछ ऐसे ढंग से पढ़ी थीं, जैसे कोई बहुत सीरियस बात हो! मेरे लिए काम और आसान हो गया। झट से रिकॉर्ड कर लिया। हालाँकि रिवॉल्वर की नली पर तुम्हारी ही उँगलियों के निशान हैं। इस घर की दीवारों पर,

शराब की बोतल, गिलास, डिकैंटर–हर चीज़ पर तुम्हारे हाथों के ही निशान हैं, पर फिर भी अगर पकड़े जाने पर तुमने मुझे फँसाने की कोशिश की तो यह कैसेट मुझे बचाएगा। यही सोचकर मैंने यह सब किया। क्या सोच रहे हो, सौम्य? यही न, कि तुम सब कुछ जान गए, अब मेरा क्या होगा? अरे, मुझे कोई समस्या नहीं होगी। क्योंकि इसी रास्ते पर तुम्हें भी जाना होगा सौम्य...तुम्हें भी मरना होगा और...तुम सर्टेनली मर रहे हो।

सौम्य : नीपा!

नीपा : जिस योजना को तुमने फुलप्रूफ सोचा था, वास्तव में उसमें गलतियाँ ही गलतियाँ रह गई थीं। एक ग़लती मैं अगर तुम्हें दिखा भी दूँ तो भी कोई फर्क नहीं पड़ेगा। *(सौम्य की ठुड्डी पकड़कर)* अरे, मैंने तो इसके लिए तुम्हें एक साल से तैयार किया है। तुम्हारे नर्व को स्ट्रांग बनाना पड़ा है। तुम्हें सिखाना पड़ा है कि कैसे एक खून बड़ी सावधानी से किया जा सकता है।

सौम्य : *(बुदबुदाते हुए)* ठीक जिस प्रकार प्लॉट के साथ जुड़ा रहता है एक सब-प्लॉट...?

नीपा : बिल्कुल सही! और वही सब-प्लॉट, मेन-प्लॉट को और अधिक शक्तिशाली बनाता है।

सौम्य : वही सब-प्लॉट जो तुम्हारे पति की हत्या करवाकर, सारी सम्पत्ति तुम्हें दिलवाकर, तुम्हारे असली प्रेमी के संग निश्चिन्तता के साथ घर बसाने में तुम्हारी मदद करता है।

नीपा : वाह! देखो, कैसे तुम्हारा दिमाग अब यकायक काम करने लगा है!

सौम्य : ओह! यही वह कारण है कि तुम मेरे साथ सम्पर्क करते वक़्त बहुत सावधानी बरतती थीं? इसीलिए कभी तुमने मुझे एक लाइन की चिट्ठी भी नहीं लिखी। इसीलिए खून के वक़्त तुम सिनेमा-हॉल में रहतीं, जिससे तुम्हारे विरुद्ध मैं एक भी प्रमाण दिखा न पाऊँ?

नीपा : यस मिस्टर होम्स, यू आर एबसोल्यूटली करेक्ट। पता है, जब पुलिस अफसर मुझसे पूछेंगे कि मैं तुम्हें पहचानती हूँ या नहीं, तो मैं क्या कहूँगी? *(व्यंग्य के साथ)* 'हाँ-हाँ, मैं उसे बिल्कुल पहचानती हूँ। मेरे पति के पास कभी-कभी आते थे। फिल्म बनाने के लिए पैसे माँगने आते थे, पर यह आप क्यों पूछ रहे हैं, सर?' *(हँसती है।)*

सौम्य : ओह, तो इसीलिए तुम मेरे भीतर अपने बारे में एक भीषण आकर्षण पैदा करना चाहती थीं, ताकि तुम्हें पाने के लिए मैं पागल कुत्ते की तरह मारा-मारा फिरता रहूँ? और शायद इसीलिए तुमने मेरे भीतर अपने पति के लिए इतनी तीव्र घृणा भर दी थी, ताकि मैं बड़ी आसानी से उसकी हत्या कर सकूँ?

नीपा : एलिमेंटरी वाटसन! इट्स मोस्ट एलिमेंटरी!

सौम्य : पर क्यों? क्यों तुमने मेरे साथ ऐसा किया? मैंने तो तुमसे प्यार किया था।

नीपा : *(घड़ी देखती है)* अभी मेरे पास वक़्त बहुत कम है। पुलिस के आने का भी समय हो गया है। ठीक है, फिर भी मैं तुम्हें संक्षेप में पूरी बात बताने की कोशिश करती हूँ। अच्छा, सौम्य, याद है, तुम मुझे अक्सर बताया करते थे कि तुम्हारे समय में ही गड़बड़ी है। तुम लोग सब के सब बौने हो, एक-दूसरे से ईर्ष्या करते हो, एक-दूसरे पर सन्देह करते हो, और फिर उन्हीं से छनकर तुम्हारी फिल्म भी बनेगी, जिसमें आज के समय का पाप, बौनापन, कनफ्यूज़न—सब कुछ स्पष्ट होकर सामने आएगा। पर मैं पूछती हूँ, उस पाप, पश्चात्ताप, कनफ्यूज़न के साथ मेरा क्या लेना-देना है? मैं उन सबके साथ अपना बिस्तर क्यों शेयर करूँ? वास्तव में, सौम्य! तुम्हें उन्हीं सब चीज़ों से प्यार है—कभी प्यार, तो कभी सन्देह, तो कभी कनफ्यूज़न—इन्हीं सब से प्यार है तुम्हें। तुम असल में एक मेगालो—यानी कि शुरू से अन्त तक एक मेगालोमैनियक हो। और किसी के कनफ्यूज़न अथवा निःसंगता या फिर पश्चात्ताप को प्रोमोट करने अथवा किसी को प्रेरणा देने की आवश्यकता कम से कम मुझे नहीं है। इससे अच्छा क्या यही नहीं है कि मैं अपने प्रेमी के साथ समय बिताऊँ—वह प्रेमी, जो केवल मुझसे ही प्रेम करता हो, अपनी शर्तों पर जीवन व्यतीत करता हो और मुझे भी वह स्पेस देने को तैयार हो, ताकि मैं भी अपनी तरह से जी सकूँ? मैंने सिर्फ उसी इनसान से प्रेम करना चाहा था सौम्य, जो मुझे केवल सोशल अथवा इंटेलेक्चुअल केप्ट की तरह ट्रीट नहीं करेगा बल्कि मुझे एक मित्र की तरह देखेगा। और सौम्य, मैं सुमोना के बारे में अच्छी तरह से जानती हूँ। इनफैक्ट, मैंने तुम दोनों को एक बार गड़ियाहाट

के बाज़ार में देखा भी था। सुमोना मुझे बहुत अच्छी लगी थी। उसके चेहरे पर एक अजीब सा भोलापन था। तुम उसे लेकर बहुत सुखी रह सकते थे, सौम्य! और तुम्हें पता है, फारूख भी बहुत गुणी है। वह बहुत अच्छा माउथ ऑर्गन बजाना जानता है, कराटे में ब्लैकबेल्ट है। उसका सेंस ऑफ रेस्पॉन्सिबिलिटी कमाल का है। तुम भी उसे पसन्द करने लगोगे। आई एम श्योर!

सौम्य : *(विक्षिप्त-सा)* और हमारा वह समय, जो हमने मिलकर बिताया था? वह छिप-छिपकर मिलना, चाँदीपुर का तारों से भरे आसमान के नीचे रात एक साथ बिताना, कभी बरसात की बूँदों की आवाज़ को एक साथ सुनना, रात-रात भर फ़ोन पर बातें करना–सब झूठ था? वो सब...कुछ भी...कुछ भी याद नहीं आएगा तुम्हें?

नीपा : नहीं, कुछ याद नहीं आएगा। हमारे बीच जो कुछ भी हुआ है–अच्छा या बुरा–मैं कुछ याद नहीं रखना चाहती। और तुम जान लो, फारूख से मैं बहुत प्यार करूँगी...उसे वह सब कुछ दूँगी जिसका वह हकदार है...पर हाँ! उसके तकिए के नीचे एक कार्ड भी रखा रहेगा, जिस पर लिखा होगा–'अविश्वास'।

सौम्य : क्यों?

नीपा : क्यों? *(हँसती है)* क्योंकि फारूख एक परायी स्त्री के साथ इश्क कर रहा है। वह किसी और से, जिसके पास मुझसे ज्यादा पैसा, बुद्धि और प्यार है, सम्बन्ध नहीं बनाएगा, इसकी क्या गारंटी है? मेरी माँ कहती थीं, विश्वास उसी पर करना चाहिए, जो उसकी मर्यादा को समझे। माँ ने मुझे जो भी बातें सिखाई थीं, वह सारी की सारी बातें बहुत कीमती हैं। जी हाँ, चन्द्रशेखर बटव्याल की सम्पत्ति से भी ज़्यादा कीमती। ठीक है सौम्य, अब मुझे चलना होगा–तुम इन्तज़ार करो। रिवॉल्वर के ट्रिगर पर तुम्हारी उँगलियों के निशान, अचानक सामने आनेवाला मेरा यह नया सच, भविष्य में तुम्हें तुम्हारी फिल्म के लिए कोई नया आइडिया देता है या नहीं, इस पर विचार करते रहो। *(बाहर पुलिस की गाड़ी और सायरन की आवाज़ सुनाई देती है)* लगता है, वे लोग आ गए। किचन की खिड़की अब सच में मेरे काम आएगी। *(नीपा जाने लगती है, सौम्य*

अचानक उसका हाथ पकड़ लेता है) क्या हुआ? *(हँसती है)* मुझे पकड़वाना चाहते हो? कोई फायदा नहीं होगा सौम्य–मैं सेफ ही रहूँगी।

सौम्य : *(जैसे उसे सुनाई नहीं दिया)* मैं सिर्फ एक आखिरी बार तुम्हें प्यार करना चाहता हूँ–सिर्फ एक बार! प्लीज़!

> *[नीपा हँसते हुए दो कदम आगे आती है। सौम्य घुटने टेककर उसके सामने ज़मीन पर बैठ जाता है, फिर नीपा के घुटनों पर सर टिका देता है। थोड़ी देर के लिए। फिर अचानक नीपा को एक झटके के साथ खींचते हुए ज़मीन पर गिरा देता है और उसके चेहरे को सोफे पर रखे कुशन से दबा देता है।]*

विश्वास करो नीपा, इसके अतिरिक्त मेरे पास कोई रास्ता नहीं था। मैं कैसे इस तरह तुम्हें चले जाने दूँ? यह सही है कि मैंने अपनी शर्तों पर तुमसे प्यार किया, तुममें डूब गया और शायद अपने ही लिए एक ग़लत हत्या की, पर सभी तो ऐसा ही करते हैं नीपा! कोई जानकर करता है, कोई अनजाने में। तो फिर क्यों तुम मुझे मूर्ख बनाओगी नीपा? क्यों? *(नीपा के दोनों पाँव छटपटाते हैं। मुँह से दर्द की दबी चीखें निकलती हैं।)* मैंने भी तो तुम पर विश्वास किया था। मानने लगा था कि तुम ही मेरी कला हो, तुम ही मेरी जिन्दगी हो, मेरा प्रेम, मेरी घृणा। तुमसे मिलने के बाद कभी भूलकर भी किसी और की तरफ देखा नहीं, मुड़कर सोचा नहीं–क्या ग़लत है, क्या सही। मेरा सन्देह, पाप, मेरा प्रेम, मेरा पश्चात्ताप सब फालतू था? सिर्फ एक मेगालोमेनिया? क्यों...क्यों तुम मुझसे बेवफाई करोगी नीपा? क्यों? *(नीपा की छटपटाहट कम होती जा रही थी। फिर धीरे-धीरे बिल्कुल कम हो गई।)* मुझे याद है, एक दिन भोर की बेला में मैं तुम्हें प्यार कर रहा था। तुम, मेरी नीपू, मेरे आलिंगन में बँधकर चुपचाप एक छोटी-सी पंछी की तरह मेरे प्यार की गरमाहट को महसूस कर रही थीं। कितने सुन्दर थे वे दिन! प्रेमपूर्ण झूठा क्रोध–उलाहना...कितने सुन्दर थे वे दिन! मैं सच में समझ नहीं पाया था, कब सुमोना का चेहरा धीरे-धीरे बदलकर तुम्हारा चेहरा बनकर मेरे सामने

आ गया। मेरी शिराओं में, शोणित के साथ-साथ तुम दौड़ती थीं, नीपा–सिर्फ तुम! फिर क्यों तुम मुझे बेवकूफ बनाओगी नीपा? क्यों?

[दरवाज़े पर दस्तक देने की आवाज़ आती है। नीपा के पाँव स्थिर हो जाते हैं। सौम्य उठकर नीपा के चेहरे को देखता है। फिर थूकने जाता है, पर कुछ सोचकर नहीं थूकता। फिर उसके चेहरे को हाथ से सहलाने जाता है, पर नहीं सहलाता। वह दरवाज़े की ओर बढ़ता है। उसके चेहरे पर विचित्र सी हँसी है। वह थोड़ा झुककर सामने की ओर 'बाओ' करता है]

सौम्य : आई एम रेडी सर! एट यूर सर्विस! फॉर यू एंड योर सोसायटी।

[उसके दोनों हाथ सामने की ओर हैं। सर भी सामने झुका हुआ है। संगीत बज उठता है। पर्दा गिरता है।]

बबली

पात्र

बबली : कलकत्ते की एक मध्यवर्गीय परिवार की बेटी, उम्र 22

विश्वजीत : बबली के पिता, उम्र 52

ललिता : बबली की माँ, उम्र 47

अरिजीत : बबली के चाचा, उम्र 40

रणित : बबली का प्रेमी, उम्र 30

कोरक : एक युवक, उम्र 27

पहला अंक

[एक निरपेक्ष स्थान पर बबली को देखा जाता है। वह बात कर रही है और घटनाएँ मंच पर घटती हुई दिखाई जाती हैं।]

बबली : घटना का आरम्भ सन् 2004 के अप्रैल के महीने में हुआ। उस दिन वह पहली बार हमारे घर आया था। वह शायद शाम का वक़्त था। मैंने उसे पहली बार देखा। दाढ़ी से ढँका हुआ चेहरा। सब मिलाकर बिल्कुल भी इम्प्रेसिव नहीं लग रहा था।

[एक दरवाज़ा खुल जाता है। कोरक दरवाज़े से अन्दर आता है।]

बबली : हमारे चाचाजी उसे हमारे घर लाए थे। वह जिसे 'स्टेट' यानी राष्ट्र से लेकर मेरे पिताजी तक ने एक ही स्वर में नाम दिया है– 'टेररिस्ट' अर्थात् आतंकवादी। कहते हैं, वे लोग ओड़िसा के जंगल में रहकर काम करते हैं।

[बबली के छोटे चाचा खड़े हैं। वे कोरक की पीठ पर हाथ रखते हैं। छोटे चाचा कोरक से हँसते हुए कुछ कह रहे हैं :]

बबली : छोटे चाचाजी उसे हमारे यहाँ ले आए थे क्योंकि पुलिस की मार खाकर कोरक हिलने तक की स्थिति में नहीं था। वह घर भी वापस नहीं जा सकता था। चाचाजी ने बतलाया था कि कोरक का घर बर्धमान में ही कहीं है।

[कोरक खाट पर बैठा है। अपने कन्धे से बैग खाट पर रखता है। वह बैग की चेन खोलने ही जाता है कि किसी के आने की आहट सुन पीछे मुड़कर देखता है। पीछे

विश्वजीत और ललिता आकर खड़े होते हैं। कोरक हाथ जोड़कर नमस्कार करता है।]

बबली : ये दोनों मेरे माता–पिता हैं। उनके नाम हैं ललिता और विश्वजीत। छोटे चाचाजी कोरक को इसीलिए हमारे घर में आश्रय दे पाए थे क्योंकि माँ चाचाजी से बहुत स्नेह करती थीं। पिताजी भी चाचाजी की किसी बात पर 'ना' नहीं कह पाते थे। दूसरी बात यह थी कि चाचाजी ने पिताजी से कहा था कि कोरक की शारीरिक स्थिति बेहद खराब होने की वजह से राजनीति करना अब कुछ दिनों के लिए उसके लिए मना ही था।

[कोरक खाट पर लेट जाता है। उसके हाथ में एक किताब है। वह पढ़ना आरम्भ करता है।]

बबली : उसके साथ दो–चार दिनों में ही मेरी मित्रता हो जाती है, क्योंकि रोज़ उसे चाय पिलाने का काम मैं ही किया करती थी।

[कोरक उठकर खाट के किनारे रखी मेज़ पर से चाय का कप लेकर चाय पीता है। एक नज़र बबली पर डालता है, फिर चाय पीने लगता है।]

बबली : वैसे आरम्भ में उससे बातें करना मुझे बिल्कुल अच्छा नहीं लगता था। परन्तु उसकी एक बात मुझे बहुत कौतूहली बना देती थी। मैं सोचती थी, वह इतनी कम बातें क्यों करता है? या कि वह बहुत निर्बोध है, इसीलिए अधिक बातें नहीं करना चाहता था? इस बात को समझना पड़ेगा।

[कोरक बिना किसी शब्द के हँसता है।]

दूसरा अंक

[खाने की मेज़ पर बबली, बबली के पिता विश्वजीत और चाचा अरिजीत रात का खाना खा रहे हैं। बबली की माँ ललिता सबको खाना परोस रही है।]

विश्वजीत : तुम कल जा रहे हो क्या?

अरिजीत : हाँ।

विश्वजीत : वह लड़का क्या यहीं रहेगा?

अरिजीत : हाँ, सोचा तो यही है।

विश्वजीत : तुम वापस कब आओगे?

अरिजीत : कुछ कह नहीं सकता।

विश्वजीत : तुम्हारा मतलब, यह लड़का हमेशा के लिए यहीं रहेगा क्या?

ललिता : ओह, यह क्या कह रहे हैं आप!

अरिजीत : भाभी, मुझे पानी दीजिए। *(बबली गिलास में पानी डालती है)* नहीं, वह यहाँ केवल महीने-दो महीने के लिए ही रहेगा। उसकी तबीयत ठीक होते ही आकर मैं उसे यहाँ से ले जाऊँगा।

विश्वजीत : और इस बीच यदि पुलिस आ जाती है तो? हमसे पूछताछ करेगी तो हम क्या कहेंगे?

अरिजीत : नहीं आएगी। पुलिस ने ही उसे बेल पर छोड़ा है। और यदि आती भी है तो जो जानते हैं, वही कह दीजिएगा।

विश्वजीत : क्या मतलब? मैं तो उसके बारे में कुछ जानता तक भी नहीं।

ललिता : अरे बाबा! इसमें जानने की क्या बात है? लड़का कुछ दिन हमारे यहाँ रहेगा। वह मेरे भाई का दोस्त है—बस! इसमें जानना क्या है?

विश्वजीत : कमाल की बातें करती हो! एक 'टेररिस्ट' हमारे घर ठहरा हुआ है, और मैं उसके बारे में कुछ जानता तक नहीं। यह कैसे हो सकता है भला! देखो ललिता, पुलिस सबकी खाला है—अलग से केवल मेरी ही नहीं!

अरिजीत : आप कहना क्या चाहते हैं?

विश्वजीत : *(भोजन समाप्त कर उठते हैं)* मैं कुछ भी नहीं कहना चाहता। सिर्फ याद रखना, बचपन से ही तुम हमें इसी तरह से परेशान करते आए हो।

ललिता : प्लीज़, आप ज़रा चुप हो जाएँगे?

विश्वजीत : पढ़ाई पूरी नहीं की, अच्छी नौकरी पाकर भी छोड़ दी। जिस लड़की से सम्बन्ध बनाया था, उससे भी सम्बन्ध तोड़ लिया। फिर सब छोड़-छाड़कर कहीं चले गए...

ललिता : चुप हो जाइए न!

विश्वजीत : फिर आठ-दस महीने बाद वापस आते हो और साथ में ले आते हो एक नई मुसीबत।

ललिता : वह लड़का सुन लेगा...

विश्वजीत : हमारे बारे में तो तुम्हें थोड़ा भी खयाल नहीं। देखो, मैं एक फैमिलीमैन हूँ। घर–परिवार है मेरा। मैं किसी झंझट में नहीं पड़ना चाहता। पुलिस आकर अगर मुझे हैरस करती है तो मुहल्ले में मेरी पोजिशन का क्या होगा, पता है?

अरिजीत : *(आराम से खाना खा रहे हैं)* मैंने कहा न, पुलिस कुछ नहीं करेगी।

विश्वजीत : माँ जब तक जीवित थीं, तुम्हें सर चढ़ाती रही, आज माँ नहीं हैं। मैं आखिरी बार तुमसे कह दे रहा हूँ कि दिस इज़ द लास्ट टाइम। आगे यदि ऐसा कुछ किया तो...या फिर इस बार भी मुझे कोई परेशानी हुई, तो मैं कोई दूसरा स्टेप लूँगा।

ललिता : क्या कह रहे हैं आप!

विश्वजीत : तुम जानती हो, मैं जो कहता हूँ, एक बार ही कहता हूँ। एंड दिस इज़ माई लास्ट वार्निंग!

[विश्वजीत चले जाते हैं। ललिता सर झुकाकर खड़ी रहती है। बबली दोनों हाथों को जोड़कर बैठी रहती है।]

अरिजीत : क्या हुआ? अरे भई, तुम सब इतने चुप क्यों हो गए? अरे बाबा, भैया तो सदैव ही इस तरह के नाटकीय ढंग से बात करना पसन्द करते हैं। कॉलेज में पढ़ते वक़्त ग्रुप–थियेटर में भाग लिया करते थे।

ललिता : देवरजी, एक और पीस मछली डालूँ?

अरिजीत : नहीं भाभी, आदत खराब हो जाएगी। बबली, तूने सुना, तेरे पिताजी ने क्या कहा?

बबली : हाँ, चाचू, सुना तो।

अरिजीत : कुछ समझ में आया?

बबली : क्या?

अरिजीत : टेपरिकॉर्डर साथ होता तो अच्छा होता। पिछली बार जब मनीश को साथ लाया था, बड़े भैया ने ठीक यही बातें कही थीं। क्यों भाभी?

ललिता : पता नहीं देवरजी, तुम्हारे भैया किसे कब और क्या कहते हैं, पता ही नहीं चलता।

अरिजीत : देखा न आपने, *(हँसते हुए)* कैसे कह गए–मैं जो कहता हूँ, एक बार ही कहता हूँ। पता है, भाभी, भैया जब कॉलेज में पढ़ते

थे, तब थियेटर के डाइरेक्टर जिस प्रकार बातें करते हैं, भैया भी उसी तरह से बात करते थे। और जब मैं कहता कि भैया, कहीं आप अमुक भैया की नकल तो नहीं कर रहे हैं, यह सुनते ही इतना गुस्सा हो जाते थे कि पूछो नहीं!...सच भाभी, भैया जिन्दगीभर नाटक के पीछे ही भागते रहे।

ललिता : पर भैया, हम लोगों को डरने का कोई कारण तो नहीं है न?

अरिजीत : नहीं भाभी, बिल्कुल भी नहीं। उसे 'बेल' भी मिल गया है। डरने जैसी कोई बात होती तो मैं थोड़े ही उसे यहाँ लाता! मार खा-खाकर उसके बदन में शायद ही अब कोई हड्डी बची रह गई हो, वरना मैं उसे अपने यहाँ ले जाता। पर फिर सोचा, कि यहाँ ले आऊँ तो उसे थोड़ा-बहुत केयर मिलेगा, इसीलिए...पर भैया तो जैसे मुझे हिंट दे गए कि सम्पत्ति का बँटवारा वह आज ही कर देंगे। तो भाभी, मेरे हिस्से में इस घर का कौन सा हिस्सा आएगा?

ललिता : छिः, देवरजी, वह ऐसा बोलते ज़रूर हैं, पर तुम नहीं जानते कि वह तुमसे कितना प्रेम करते हैं। तुम इस तरह बाहर यहाँ-वहाँ महीनों घूमते रहते हो। वह तुम्हारे बारे में बहुत चिन्तित रहते हैं। सदैव तुम्हारी ही चिन्ता में घुले जाते हैं।

अरिजीत : कैसी चिन्ता? यही कि मैं एनकाउंटर में मारा गया हूँ? सबेरे अखबार में हेड-लाइन-'मृत व्यक्ति का नाम अरिजीत है, उम्र अमूमन पैंतीस, निवास कलकत्ते में...'

ललिता : ओफ! हो क्या रहा है? तुम रुकोगे भी! तुम भी तो एक जैसे ही रह गए देवरजी—वही बचपना!

अरिजीत : यही तो मेरे पास रह गया है भाभी!

ललिता : वैसे तुमने इस लड़के का नाम क्या बताया था?

अरिजीत : इस लड़के का? हाँ, कोरक। कोरक सेन *(बैकग्राउंड म्यूज़िक)* सच बताओ तो भाभी, भैया मुझे क्यों इतना प्यार करते हैं?

ललिता : मैं कैसे कहूँ? यह तो तुम ही अच्छी तरह से बता पाओगे।

अरिजीत : *(मुस्कराते हुए कविता की पंक्तियाँ दोहराते हैं)* 'प्यार किसे कहते हैं, जानती हो क्या? निश्चित नहीं जानतीं तुम।' *(फिर हँसते हुए बबली से कहते हैं)* अच्छा, बबली, तेरे उस छोकरे का क्या समाचार है—रणित? मिस्टर रणित राय?

बबली : मज़े में हैं।

अरिजीत : *(ऊँची आवाज़ में कहते हैं)* भाभी, अब तो बेटी का विवाह कर दीजिए। *(फिर सुर में गाते हैं)* 'मैं रणित के संग खेलूँगी। आज मरण-खेला, दिन आज सारा...' *(रवीन्द्र-संगीत के सुर में)*

[ललिता और बबली दोनों हँसती हैं। संगीत का स्वर तीव्र होता है। मंच पर अन्धकार उतर आता है।]

तीसरा अंक

[बबली फिर से उसी निरपेक्ष जगह में। मंच पर घटनाएँ घटती रहती हैं।]

बबली : चाचू चले गए। वह हमारे घर में ही रह गया। मैंने रणित को कोरक के बारे में बताया। रणित ने सुना, पर कुछ कहा नहीं। मुझे पहल-पहल कोरक बहुत अजीब लगा। वह बोलता ही नहीं था, सिर्फ चुपचाप किताबें पढ़ता रहता था—कई तरह की किताबें।

[कोरक खाट पर लेटे-लेटे किताब पढ़ रहा है।]

बबली : राजनीति से सम्बन्धित किताबें नहीं, कहानी की किताबें। और भी कई तरह की। कभी-कभी नोट्स भी बनाया करता।

[कोरक खाट पर बैठकर एक कॉपी में कुछ लिख रहा है।]

बबली : आरम्भ में तो वह टोकने पर भी बात करना नहीं चाहता था। बहुत सख्ती बरतता था।

[कोरक दर्शकों की ओर देखता है, फिर आँखें झुका लेता है।]

बबली : मुझे भी उसका व्यवहार बहुत अखरता था। लगता था, जैसे बहुत अहंकार है उसे। पर इतना अहंकार क्यों है, यह बात समझ नहीं आती थी।

[कोरक सिगरेट सुलगाता है। हवा में रिंग (गोले) *बनाता है।]*

बबली : कभी-कभी मैं देखती, वह खिड़की से आकाश की ओर ताकता रहता। ऐसा लगता, जैसे वह पूरी तरह स्वस्थ हो जाने का इन्तजार कर रहा हो!

चौथा अंक

[कोरक का कमरा। दिन के बारह बज रहे हैं। कोरक खाट पर लेटे-लेटे कोई किताब पढ़ रहा है। बबली एक कैसेट और वॉकमैन लेकर कमरे के दरवाजे पर जाकर खाँसती है। कोरक उसकी ओर देखता है। बबली कमरे में जाकर वॉकमैन मेज़ पर रखती है।]

बबली : चाहो तो कैसेट सुन सकते हो। चाचू कह रहे थे, तुम्हें गाना सुनना पसन्द है।

कोरक : यह कौन सा कैसेट है?

बबली : एक फोक-कलेक्शन है।

कोरक : तुम्हारा है?

बबली : हाँ, मेरे एक मित्र ने मुझे दिया है।

कोरक : ओह!

बबली : क्या हुआ, सुनना नहीं चाहते? *(कोरक मुस्कराता है)* अच्छा, तो तुम यह कहना चाहते हो कि...

कोरक : मैं कुछ भी कहना नहीं चाहता हूँ।

बबली : मतलब, पृथ्वी पर इतने लोग इतनी तकलीफ में हैं, उनके पास दो वक़्त की रोटी नहीं, रहने को छत नहीं—तो फिर ऐसे में कोई खुशी मनाना क्यों? गाना सुनना ही क्यों? यही न? यही तो कहना चाहते हो?

कोरक : *(हँसते हुए)* बिल्कुल भी नहीं।

बबली : 'जब देखता हूँ उन्हें काम करते हुए गाँव और बन्दरगाहों में, फसल उगाते हुए, पसीना बहाते खेत-खलिहानों में'—'महीनेर घोड़ागुलि'* के इस गीत की तरह कहना चाहते हो?

कोरक : नहीं, यह भी कहना नहीं चाहता।

* गौतम चट्टोपाध्याय—बंगाल के सत्तर के दशक के ख्यातिलब्ध संगीतकार।

बबली : यही सब बातें जब कभी चाचू हम सबको बताया करते थे तो हम सब लोग विश्वास कर लेते थे।

कोरक : अच्छा!

बबली : 'अच्छा' का क्या मतलब? मुझसे तुम यह नहीं पूछोगे कि पहले जब मैं चाचू पर विश्वास करती थी तो अब क्यों नहीं?

कोरक : नहीं, मुझे यह जानने की कोई आवश्यकता नहीं।

बबली : ठीक है, तो मैं चलती हूँ।

कोरक : बैठो।

बबली : क्यों? तुम तो मुझसे बात भी नहीं करना चाहते?

कोरक : यह तुम्हारी ग़लत धारणा है। तुम मेरे कमरे में आती हो तो मुझे अच्छा लगता है।

बबली : मैं तो तुम्हें अजीब ही लगती हूँगी—सदैव अपना स्वार्थ देखने वाली—है कि नहीं?

कोरक : झगड़ा करना चाहती हो क्या? मुझे तो ऐसा नहीं लगता।

बबली : परन्तु तुम्हारा चेहरा साफ-साफ कह रहा है कि तुम ऐसा सोचते हो।

कोरक : देखो, किसी मनुष्य के प्रति मन में इतनी कठोरता लाने के लिए जिस त्याग की आवश्यकता है, वह मैंने अभी तक नहीं किया।

बबली : त्याग? हमने तो तुमसे नहीं कहा था कि त्याग कीजिए? क्या हमने तुमसे कहा था कि घरबार छोड़कर मैदान या जंगल में पड़े रहो?

कोरक : नहीं, किसी ने नहीं कहा। यह मेरी खुद की चुनी हुई जिन्दगी है।

बबली : कौन कह सकता है! शायद तुम खुद हीरो बनना चाहते थे। सबको दिखाना चाहते थे कि तुम कितने बड़े चे गुयेवरा हो!

कोरक : हो सकता है। सभी तो बड़ा होना चाहते हैं, विख्यात होना चाहते हैं।

बबली : तो फिर?

[वह चुप हो जाता है। फिर वह सिगरेट सुलगाता है।]

कोरक : पर चाहने का रास्ता क्या है, पद्धति क्या है, नहीं जानना चाहोगी? जानना नहीं चाहोगी कि मैं अपने आस-पास के लोगों को अपनाना चाह रहा हूँ या उन्हें अपनाने के बहाने खुद से प्रेम

कर रहा हूँ? बबली, हो सकता है, जो तुम कह रही हो, वही ठीक हो। हाँ, मैं खुद की नज़रों में हीरो बनना चाहता हूँ। पर यह भी तो सच है कि मैं जो चाह रहा हूँ, वह अपनी आत्मा को बेचकर, या किसी लालसा के खातिर नहीं बल्कि अपनी मृत्यु के बदले में ही सही।

बबली : सुनो, धर्म के नाम पर लड़नेवाले ज़िहादियों की भी यही युक्ति है।

कोरक : जो सिर्फ अपने लिए सोचते हैं, जीवन में सब कुछ पाने के बाद भी जो और अधिक पाने की अपनी इच्छाओं को चरितार्थ करने के बारे में सोचते हैं, जो इस बात पर अमल करते हैं कि पाने का कोई अन्त नहीं है–हाँ, बबली, इन लोगों से ज्यादा तो मेरे लिए आतंकवादी आदरणीय हैं।

बबली : इसीलिए तो हम तुम्हें टेररिस्ट कहते हैं। *(कोरक चुप रहता है। बबली की आवाज़ थोड़ी और चढ़ जाती है।)* तुम असल में एक आतंकवादी हो। *(कोरक फिर भी चुप रहता है।)* तुम्हारे सपने देखने के ढंग से मुझे घृणा होती है। राष्ट्र को चाहिए कि यदि तुम मुझे टॉर्चर करते हो तो तुम्हें भी उल्टा टॉर्चर किया जाए।

कोरक : *(नीची आवाज़ में)* राष्ट्र तो वही कर रहा है बबली।

बबली : *(ऊँची आवाज़ में)* इनसान से प्यार करना सीखो कोरक!

कोरक : *(नीची आवाज़ में)* मैं अपनी अन्तरात्मा के कहने पर ही कह रहा हूँ कि मैं इनसान से प्यार करना जानता हूँ। हो सकता है, उस प्यार का ढंग अलग हो। और इसीलिए, सिर्फ इसीलिए तुमने मुझे अपने से अलग कहा। *(प्रकाश कम हो जाता है)* अलग! बबली, हमने समाज में केवल 'अपर' या 'अदर' ही तैयार किया है–'अदर'! हमने केवल सीखा है कि कैसे अपने को दूसरों से अलग किया जाए और दूसरों को अपने से अलग किया जाए। हर तरह से अलग! और इसीलिए आज राष्ट्र और उसकी जनता भी अलग है। आदमी सोचता है कि वह है सरकार और यह हूँ मैं। और राष्ट्र भी यही सोचता है–या तो तुम मेरे साथ हो, नहीं तो मेरे ख़िलाफ़! 'अपर'! 'अदर'! यह 'अपर' या 'अदर' हम लोगों ने हर जगह तैयार किया है, यहाँ तक कि अपने घर में भी। आज तो मेरी छाया भी मेरा 'अदर'

है। दो अलग पहचान! मैं और मेरी छाया! *(मुस्कराता है)* 'छाया के साथ कुश्ती करके बदन में हुआ दर्द!'*

[कोरक कैसेट चलाता है। एक लोकधुन बजने लगती है। प्रकाश धीरे-धीरे कम होता है। बबली कोरक की ओर एकटक देखती रहती है।]

पाँचवाँ अंक

[उसी निरपेक्ष जगह पर बबली खड़ी है। वह कुछ देर चुपचाप खड़ी रहती है। कुछ सोचती रहती है। फिर बोलना आरम्भ करती है।]

बबली : व्यक्तिगत रूप से मैं इस भिन्नता यानी 'अलग' में विश्वास करती हूँ। विश्वास करती हूँ कि पृथ्वी पर एक वस्तु दूसरी से अलग होती है। हो सकता है कि वह अमीर-गरीब, मालिक-नौकर, ब्राह्मण-अब्राह्मण, हिन्दू-मुसलमान, बंगाली-पंजाबी, सी.पी.एम.-कांग्रेस, मैं और मेरे पड़ोसी या फिर मैं और मेरे पिता-माता, दो सम्बन्धों, दो विश्वास, पति-पत्नी, यहाँ तक कि अमिताभ-धर्मेन्द्र, या फिर ईस्ट बंगाल-मोहनबागान**–ये सभी एक-दूसरे से अलग हैं। तो फिर कोरक की बातों को मैं क्यों मान लूँ? पर मैं इस बात पर भी विश्वास करती हूँ कि कोरक की भाषा में उस 'अपर' या 'अदर' का मूल्य मेरे समान महत्त्वपूर्ण है। मेरी ही तरह उसका भी इस पृथ्वी में महत्त्वपूर्ण या सम्मानजनक स्थान है। तो फिर कोरक क्यों...? फिर मेरे मन में एक क्षीण सन्देह की धारा पैदा होती कि क्या कोरक इस बात की ओर इशारा करना चाहता है कि पृथ्वी पर वह जिन्हें 'अपर' या 'अदर' सोचता है, वास्तव में उनका कोई मूल्य नहीं होता और उनके लिए ही उसने अपने जीवन को इस तरह से जीने का फैसला किया है? क्या सच में उनके लिए...?

---

* 'छाया के...'–यह पंक्ति बांग्ला के विख्यात बाल-साहित्यकार, कवि सुकुमार राय (सत्यजीत राय के पिता) की कविता की पंक्ति है।

** बंगाल के दो फुटबॉल क्लब।

पता नहीं, पर इस घटना के बाद मैंने उससे बातचीत करना थोड़ा कम कर दिया था। क्योंकि वह दूसरे लड़कों की तरह सोच सकता था कि मैं एक लड़की होने के कारण उसके प्रति आकर्षण महसूस करती हूँ, इसीलिए उससे बातें करना चाहती हूँ। या हो सकता है, ऐसा वह नहीं सोचता हो, पर मैं उसे इस तरह की बातें सोचने का मौका नहीं देना चाहती थी। और दूँ भी क्यों? मेरे पास व्यस्त रहने के इतने कारण हैं कि उसे समझने की मेरी कोई आवश्यकता नहीं है!

[मंच पर अन्धकार हो जाता है।]

छठा अंक

[खाने की मेज़ पर विश्वजीत और कोरक। ललिता खाना परोस रही है।]

विश्वजीत : कोई असुविधा तो नहीं हो रही है?

[कोरक सर हिलाता है।]

विश्वजीत : अरिजीत ने कोई नई खबर दी है?

कोरक : जी नहीं।

विश्वजीत : दिनभर करते क्या हो? किताब पढ़ते हो? *(कोरक सर हिलाकर 'हाँ' कहता है)* तुम इतनी कम बातें क्यों करते हो? खाली 'हाँ', 'ना' और 'जानता नहीं'! क्या तुम्हारी पार्टी के लोगों ने मना किया है?

कोरक : जी! नहीं तो!

विश्वजीत : फिर 'नहीं'! तुम्हारी अपनी तो कोई राय होगी?

ललिता : अरे, आप भी अजीब बातें करते हैं। उसकी इच्छा नहीं होती कुछ कहने को–आप उससे ज़बर्दस्ती बुलवाएँगे?

विश्वजीत : नहीं। पर वह बात करना क्यों नहीं चाहता? मैं कोई राष्ट्र का पुलिस हूँ क्या? ऐसा लग रहा है, जैसे मैं उस पर थर्ड-डिग्री टॉर्चर कर रहा हूँ। *(कोरक मुस्कराता है)* अरे हँसो मत भई, कोई भी विषय लेकर बात करना ही लाभदायक होता है, चुप करके बैठे रहना नहीं।

कोरक : *(हँसते हुए)* बताइए, किस पर बात करें?

विश्वजीत : कुछ भी–चाहे इलेक्शन हो, या फिर क्रिकेट। मेरा मतलब है, जिसमें भी तुम्हारी रुचि हो। तुम्हारे ही टॉपिक पर बात करेंगे।

कोरक : मेरा कोई टॉपिक नहीं है। *[तभी बबली ललिता के पास आकर खड़ी होती है।]*

विश्वजीत : ऐसा तो नहीं कि मेरे साथ बात करने का कोई अर्थ नहीं? सोचते होगे कि यह तो एक साधारण-सा बुर्जुआ टिपिकल मिडिल क्लास मेंटलिटी का आदमी–यह भला इन सब बातों का क्या अर्थ समझेगा!

कोरक : नहीं, नहीं, ऐसा कुछ नहीं।

ललिता : ओफ्-ओ! आप उससे बहस करना बन्द नहीं करेंगे? देख रहे हैं कि बेचारे को कितना अटपटा सा लग रहा है, फिर ऐसी बातें सुनने के बाद शायद ठीक से खाना ही न खा पाए!

कोरक : नहीं दीदी, ऐसी बात नहीं है। आप बताइए। *(विश्वजीत से)* आप क्या जानना चाहते हैं?

विश्वजीत : तुम्हें जानना चाहता हूँ। तुम्हारे बारे में...

कोरक : मैं उतना महत्त्वपूर्ण नहीं हूँ।

विश्वजीत : वह मैं जानता हूँ। परन्तु तुम बात क्यों नहीं करोगे? ठीक है, आज तुम खाना खा लो। हम कल बात करेंगे।

[कुछ देर दोनों चुपचाप खाना खाते हैं।]

विश्वजीत : 'बर्ड-फ्लू' को लेकर तुम्हारी क्या राय है?

कोरक : नहीं, कुछ भी नहीं है।

विश्वजीत : तुम्हें चिकन पसन्द है? *(ललिता से)* सुनो, कल चिकन करी बनाना तो।

कोरक : नहीं, मुझे चिकन-विकन उतना पसन्द नहीं है।

विश्वजीत : अच्छा, बताओ, अमरीका-इराक युद्ध के बारे में तुम्हारा क्या कहना है?

कोरक : मैं इस पर कुछ बोलना नहीं चाहता।

विश्वजीत : *(ललिता से)* सच में ही इसकी पार्टी की ओर से मनाही है या शायद हम लोग ही इसे पसन्द नहीं हैं।

ललिता : कभी नहीं! ऐसा हो ही नहीं सकता। कोरक, हम लोग तुम्हें सच में पसन्द नहीं हैं?

[कोरक हँसता है। ललिता थोड़ी असमंजस में पड़ जाती है। कुछ देर सब चुप रहते हैं। अचानक कोरक बोल उठता है :]

कोरक : मुझे आप लोगों का घर काफी पसन्द आया है। सब लोग कितने परफेक्ट हैं! आत्मीय! कोई किसी को कष्ट नहीं पहुँचाना चाहता है, और न कभी पहुँचाएगा।

[बबली ध्यान से सुनती है और उसकी बात समझने की कोशिश करती है।]

ललिता : *(मुस्कराते हुए)* यह तुमने बिल्कुल सही कहा। और यह हो पाया है केवल तुम्हारे भैया के कारण। हम जो इतने आत्मीय ढंग से रहते हैं, वह तुम्हारे भैया ने ही हमें सिखाया है।

विश्वजीत : बिकाउज, इट्स योर च्वाइस। तुम चाहो तो अच्छा रह सकते हो।

कोरक : हाँ, वह तो सही है। पर असल में बात क्या है, जानते हैं? इस दुनिया में हर कोई अच्छा रहना चाहता है...पर कई लोग रह नहीं पाते।

विश्वजीत : तुम तो उन बीमार लोगों की बात कर रहे हो, जो न स्वयं ठीक रह पाते हैं और न दूसरों को ठीक रहने देते हैं। इसे तो परवर्शन कहते हैं। मैं स्वस्थ, नॉर्मल लोगों की बात कर रहा हूँ। हम कई बार अपने को डिस्टर्ब करना पसन्द करते हैं। यद्यपि दैट डिसटर्बेंस इज सबसोल्यूटली मीनिंगलेस। अरे भई, अच्छे से रहो, जीओ, दूसरों को तकलीफ मत दो बल्कि कोशिश करो कि सबको लेकर खुशी से जी सको। भई, इसमें समस्या ही क्या है? यह असंगत भी तो नहीं है? मैं किसी को कष्ट नहीं पहुँचा रहा हूँ, दूसरों की रोटी छीनकर नहीं खा रहा हूँ। मैं किसी को हानि न पहुँचाकर ईमानदारी से जी रहा हूँ—तो फिर? असल में तुम जो कहना चाह रहे हो...

[बबली आगे आती है। विश्वजीत की आवाज़ ही केवल सुनाई पड़ती है। बैकग्राउंड म्यूज़िक बज उठता है। विश्वजीत की आवाज़ अब सुनाई नहीं पड़ती।]

सातवाँ अंक

[उसी निरपेक्ष जगह में बबली खड़ी है।]

बबली : उसकी बातें कुछ ऐसी नई नहीं हुआ करती थीं या फिर बहुत इन्टेरेस्टिंग भी नहीं थीं, फिर भी मुझे लगता, जैसे वह हमें नापसन्द करता है। वह हमारे घर में रहने को बाध्य था, पर रहना चाहता नहीं था। प्रतीक्षा में है कि कब पूरी तरह स्वस्थ हो। वह विश्वास करता है कि हम वही मिडिल क्लास मेंटलिटी के लोग हैं जो औरों के अच्छे-बुरे, सुख-दुख आदि को लेकर ज़रा सा भी चिन्तित नहीं हैं। हम केवल ऊपर-ऊपर से दूसरों की खुशी की बात करते हैं और फिर उसी इमोशन के साथ टी.वी. पर क्रिकेट का खेल या पच्चीस आदमियों की मौत की खबर देखते हैं। मुझे उसके मन की बात साफ़ समझ में आती। मुझे लगता, वह हमेशा हम लोगों को नीची नज़रों से देखता है—कीड़े-मकोड़े जैसा। वह मुँह से तो कुछ कहता नहीं, पर उसके हाव-भाव से कुछ ऐसा ही लगता। मैं सोचती—हमें नीची नज़रों से देखने का अधिकार उसे किसने दिया था? यही सब सोचते-सोचते न जाने कब से मैं उसे बहुत नापसन्द करने लगी, मुझे ठीक से याद भी नहीं है। यद्यपि वह सदैव यही कहता कि हम सब बहुत अच्छे थे। परफेक्ट! पर फिर भी मुझे उसकी बात पर विश्वास नहीं होता। एक आदमी इतना अधिक् कॉन्फिडेंट कैसे हो सकता है?

अठवाँ अंक

[कोरक का कमरा। शाम का समय। कोरक लेटे-लेटे एक पत्र पढ़ रहा है। पढ़ते-पढ़ते अचानक उठ बैठता है। पत्र मोड़कर रख देता है। उसके चेहरे पर पसीने की बूँदें छलकने लगती हैं। बबली चाय लेकर आती है और कोरक को देती है।]

बबली : माँ ने तुम्हें अपने शर्ट्स देने को कहा है। लांड्री में धुलवाने के लिए देंगी।

कोरक : दे दूँगा।

बबली : क्या पढ़ रहे थे?

कोरक : एक चिट्ठी।

बबली : ओह!

कोरक : *(थोड़ी देर की चुप्पी। फिर बबली की ओर देखता है)* पुरानी चिट्ठी है। मेरी मित्र की लिखी हुई।

[बबली उसकी ओर देखती रहती है। कुछ कहती नहीं।]

कोरक : क्यों वह मेरे साथ सम्बन्ध तोड़ रही है, यही उसने इस चिट्ठी में लिखा था।

बबली : क्यों तोड़ रही थी? सॉरी, यह तुम्हारा...

कोरक : नहीं, अब यह मेरे लिए उतना पर्सनल मैटर नहीं है, चाहो तो तुम भी यह चिट्ठी पढ़ सकती हो।

बबली : नहीं, रहने दो...।

कोरक : बैठो।

[बबली बैठती है।]

बबली : कहाँ की लड़की थी?

कोरक : कलकत्ते की ही।

बबली : ओह! तुम्हारे साथ पढ़ती थी?

कोरक : नहीं। छात्रा थी मेरी। मैं उसे ट्यूशन पढ़ाता था।

बबली : कितने दिनों से यह रिश्ता था?

कोरक : यही कोई दो-तीन सालों से...।

बबली : देखने में कैसी थी?

कोरक : अच्छी। तुम्हारी ही जैसी।

बबली : *(बात को अधिक महत्त्व नहीं देती।)* इश्...तब तो तुम्हें बहुत तकलीफ हुई होगी?

कोरक : हाँ, हुई तो थी, पर फिर सँभल गया था। अरिजीत भैया जानते हैं।

बबली : उस वक़्त तुम कहाँ रहते थे?

कोरक : हमारे गुप्त अड्डे में।

बबली : वह कहाँ था?

कोरक : तुम्हें नहीं बता सकता। मेरा एक मित्र कलकत्ता आया था। उसी के हाथों उसने यह चिट्ठी भेजी थी।

बबली : तुमने सम्पर्क करने की कोशिश नहीं की?

कोरक : नहीं। सम्पर्क करने का कोई फायदा नहीं था।

बबली : तुम्हें कैसे पता?

कोरक : मैं उसे जानता था। उसने बहुत सोचकर ही यह फैसला लिया होगा। मैं जानता था, वह अपने फैसले पर अटल रहेगी।

बबली : वह अभी भी कलकत्ते में ही रहती है?

कोरक : *(मुस्कराता है)* क्यों, मेरे लिए उससे कुछ कहना चाहती हो?

बबली : नहीं, ऐसा कुछ नहीं, पर...

कोरक : नहीं। वह अब कैलिफोर्निया में रहती है; वहीं पर पी-एच.डी. कर रही है।

बबली : उसने विवाह कर लिया?

कोरक : सम्भवत: नहीं, या फिर कर भी सकती है। मैं ठीक से जानता नहीं।

बबली : तुम अब भी उससे प्यार करते हो?

कोरक : नहीं, क्यों?

बबली : नहीं करते प्यार?

कोरक : याद आती है। पर प्यार करता हूँ या नहीं, यह कह नहीं सकता। पिछले दो वर्षों से जिस हाल में मैं था, उसे याद करने की स्थिति में नहीं था।

बबली : यानी कि तुम उससे प्यार नहीं करते थे, अपने काम से ही तुम्हें अधिक प्यार था, और शायद वह इस बात को समझ गई थी।

कोरक : शायद!

बबली : तुम बहुत स्वार्थी हो। *(कोरक उसकी ओर एकटक देखता है।)* नहीं, मैं मानती हूँ कि तुम जो करते हो, वह शायद तुम्हारे लिए बहुत महत्त्वपूर्ण है, पर फिर भी एक लड़की को समय देना... अच्छा, उसका नाम क्या था...?

कोरक : मौली। तो तुम्हारी राय में एक सम्बन्ध स्थापित करने में दो लोगों को एक-दूसरे को समझने की आवश्यकता है, समय बिताने की आवश्यकता है?

बबली : हाँ, तुम ठीक समझ रहे हो।

कोरक : रणित तुम्हें वह समय देता है, या फिर तुम्हें समझता है?

बबली : *(बहुत निर्लिप्त भाव से)* तुम्हें रणित के बारे में कहाँ से पता चला?

कोरक : दीदी ने बताया था। मतलब तुम्हारी माँ ने।

बबली : समझी। हाँ, रणित मुझे काफ़ी टाइम देता है।

कोरक : अच्छा! दीदी कह रही थीं, तुम अभी शादी नहीं करना चाहती हो।

बबली : हाँ, मैं मैनेजमेंट की परीक्षा के लिए तैयार हो रही हूँ। नौकरी पाने से पहले शादी के बारे में सोच भी नहीं सकती।

कोरक : क्यों? स्पेस प्रॉब्लेम?

बबली : इतनी सर्कस्टिक बातें क्यों कर रहे हो?

कोरक : नहीं। मैं सच में जानना चाहता हूँ।

बबली : हाँ, होगा। यह ठीक है कि मैं और रणित बहुत अच्छे मित्र हैं, पर शादी के बाद हम पति-पत्नी हो जाएँगे। और तब मेरे अनुसार सारी 'केमिस्ट्री' बदलनी शुरू हो जाएगी। सबको अपना-अपना स्पेस चाहिए।

कोरक : हो सकता है।

बबली : रणित मुझे बहुत अच्छी तरह से समझते हैं।

कोरक : अच्छा!

बबली : मैं रणित के साथ तुम्हारा परिचय करवा दूँगी।

कोरक : करना देना।

बबली : अच्छा, तुम्हें क्या लगता है—प्रेम एक्ज़िस्ट करता है या उसे प्रैक्टिस करना पड़ता है? *(कोरक फिर सिगरेट सुलगाता है।)*

कोरक : मैं इन सब बातों का मतलब नहीं समझता। बिल्कुल भी नहीं।

बबली : एक बात कहूँ?

कोरक : कहो।

बबली : तुम्हारे अन्दर एक तरह की हिपोक्रेसी है।

कोरक : *(मुस्कराकर)* अच्छा!

बबली : हाँ। असल में तुम अन्दर ही अन्दर बहुत वायोलेंट हो, पर बाहर से दिखाते हो, जैसे बहुत कोमल हृदयवाले हो।

कोरक : क्यों, ऐसा लगता है तुम्हें?

बबली : क्योंकि किसी भी रिलेशन को लेकर तुम्हारे भीतर कोई कन्सर्न नहीं है। फिर भी तुम ऐसा दिखावा करते हो, जैसे उस रिश्ते को निभाने के लिए तुम्हारे कई कमिटमेंट्स हैं।

कोरक : यह सही नहीं है। तुम्हारे साथ मेरा...

बबली : मैं अपनी बात नहीं कर रही हूँ। मेरे साथ तुम्हारा कोई सम्बन्ध नहीं है, यह बात अच्छी तरह से अपने दिमाग में डाल लो।

कोरक : अरे, क्या मुश्किल है! तुम मुझे डाँट क्यों रही हो? मैं तो यह बात अच्छी तरह से जानता हूँ, और वही कहना भी चाहता हूँ।

बबली : एक्जैक्टली! तुम्हारे साथ मेरा कोई सम्बन्ध नहीं है। कभी नहीं था और न ही रहेगा। सुन लिया तुमने?

कोरक : हाँ, सही तो कह रही हो।

बबली : यह बात मैंने बहुत ईमानदारी के साथ कही है।

कोरक : चलो, इतने दिनों के बाद तो मेरे कमरे में आई हो। आज लड़ाई मत करो। रुको, वही गाना चलाता हूँ।

[कोरक उठकर टेप चला देता है। वही पहले वाले गीत का दूसरा हिस्सा बजता है।]

बबली : तुम गाना सुनो। मैं चलती हूँ। आज मुझे रणित से मिलने जाना है।

[कोरक सर हिलाता है। गाना और ज़ोर से सुनाई देता है। बबली बाहर निकल जाती है।]

नौवाँ अंक

[उसी निरपेक्ष जगह पर बबली खड़ी है।]

बबली : उसने एक सेकंड के लिए भी मुझे पॉजेस करने की कोशिश नहीं की। मैंने भी नहीं की। *(मुस्कराकर)* अधिकार के बिना ही एक सम्बन्ध? सोने की छड़ी, उड़नखटोला, एल-डोयडो–जिनकी उपस्थिति को लेकर सन्देह है, ऐसी चीज़ें कभी-न-कभी हम जिन्दगी में देखते हैं। हो सकता है, तब समझ नहीं पाते हैं हम। इसी तरह का कुछ मेरी जिन्दगी में भी हुआ। अधिकारविहीन, सम्बन्धविहीन, कन्सर्नलेस कुछ बातें दो मनुष्यों के बीच होती हैं, यद्यपि दोनों को ही लगता है कि अधिकार, सम्बन्ध, कन्सर्न सब कुछ है, बाहर-भीतर दोनों के ही कहीं न कहीं हैं।

दसवाँ अंक

[दोपहर का वक्त। खाने की टेबल पर कोरक बैठा खाना खा रहा है। साथ में ललिता भी बैठी है।]

ललिता : दिनभर कमरे में घुसे रहते हो। कुछ देर के लिए बैठक में जाकर टी.वी. तो देख सकते हो?

कोरक : मुझे टी.वी. देखना पसन्द नहीं है।

ललिता : नहीं, सीरियल या सिनेमा देखना मुझे भी पसन्द नहीं है। मैं न्यूज देखने की बात कर रही हूँ। तुम लोगों के लिए खबरें जानना जरूरी नहीं क्या?

कोरक : हम लोगों की कोई खबर कहीं छपती नहीं है दीदी। मेरा मतलब है, जब तक कि हम पकड़े नहीं जाते। इसलिए जिस दुनिया की खबरें टी.वी. पर आती हैं, उस दुनिया को मैं...

ललिता : क्या हुआ?

कोरक : नहीं, रहने दीजिए–बबली कहाँ है?

ललिता : ज़रा बाहर निकली है, उसके कोर्स की कोई किताब आई है कॉलेज स्ट्रीट में। वही लाने गई है। अरे, तुम तो ठीक से खा नहीं रहे हो! ठीक से खाना खाओ।

कोरक : खा तो रहा हूँ।

ललिता : मुझे तुम्हारे स्वास्थ्य की चिन्ता है, नहीं तो देवरजी आकर मुझे डाँटेंगे।

कोरक : आप अरिजीत भैया को बहुत स्नेह करती हैं। हैं न?

ललिता : मैं तो समझती हूँ, मेरे दो सन्तान हैं–देवरजी और बबली।

कोरक : अरिजीत भैया भी सदैव आप लोगों के बारे में बातें करते रहते हैं।

ललिता : कब, कहाँ रहते हो...पता नहीं। जाने दो, मैं यह सब समझना भी नहीं चाहती। सिर्फ ईश्वर से प्रार्थना करती हूँ कि तुम लोग जहाँ भी रहो, अच्छे रहो।

कोरक : आप लोगों के यहाँ आकर मुझे कभी-कभी बहुत आश्चर्य होता है...।

ललिता : क्यों, हम लोग बहुत अजीब हैं क्या?

कोरक : नहीं-नहीं, ऐसा नहीं। मेरे कहने का अर्थ है, मैं कभी भी पहले आपके परिवार जैसे परिवार के साथ रहा नहीं। एक ऐसा

परिवार जहाँ सारे सदस्य एक-दूसरे से बेहद प्यार करते हैं, श्रद्धा रखते हैं एक-दूसरे के प्रति।

ललिता : नहीं रे! हमारे परिवार में भी कई समस्याएँ हैं। हाँ, यह और बात है कि उन्हें हम बहुत गम्भीरता से नहीं लेते या फिर बहुत शीघ्र भूल जाने की कोशिश करते हैं। परन्तु तुम यह बात क्यों कर रहे हो? क्या तुम्हारा अपना कोई परिवार नहीं है? मेरा मतलब है, तुम्हारे माता-पिता...*(कोरक सर झुकाकर खाने में व्यस्त हो जाता है)* क्या हुआ, उत्तर क्यों नहीं दे रहे हो?

कोरक : हाँ, है। मेरे माता-पिता बर्धमान शहर में रहते हैं। पर मेरी बात छोड़िए।

ललिता : क्यों? छोड़ क्यों दें? तुम्हारे माता-पिता क्या तुमसे प्यार नहीं करते?

कोरक : क्यों नहीं करेंगे? बहुत प्यार करते हैं। पर मेरे कहने का अर्थ है कि परिवार से आप लोग जैसा समझते हैं, वैसा मेरे परिवारवाले नहीं।

ललिता : पर तुम घर नहीं जाते—क्या इससे उन्हें तकलीफ नहीं होती?

कोरक : होती है दीदी, परन्तु हम लोग कई भाई-बहन हैं...और मुझ जैसे दो-एक को छोड़ बाकी सभी वहीं रहते हैं। मेरे न रहने से उन्हें तकलीफ तो होती है पर बहुत असुविधा भी नहीं होती।

ललिता : ओह, तो इसीलिए हमारा यह घर तुम्हें इतना अजीब लगा?

कोरक : कह सकते हैं। *(बैकग्राउंड म्यूज़िक)* आपके परिवार के सदस्यों में हर कोई एक-दूसरे से अलग है पर फिर भी कहीं एक हार्मोनी है। एक अद्‌भुत छन्द। हो सकता है, परिवार में सदस्य कम हैं, इसीलिए आप लोग मेनटेन कर सकते हैं, पर मुझे लगता है, हर कोई यह कर नहीं सकता। और फिर मेरे जैसा आदमी जो अपने दल, अपनी पार्टी—सब कुछ को एक परिवार जैसा समझता है, उसे ऐसी हार्मोनी देखने से श्रद्धा होती है। और तब लगता है कि एक दिन पृथ्वी के सभी लोग इसी तरह सभी को अपने परिवार का हिस्सा समझेंगे।

[म्यूज़िक थम जाता है। बबली भी ललिता के पास आकर खड़ी हो जाती है। ललिता कहती है :]

ललिता : अरे, देखो, लड़की कब आकर चुपचाप खड़ी हो गई है! क्यों री बबली, मिली किताब?

बबली : नहीं माँ, नहीं मिली। कोरक, रणित कल तुमसे मिलने आएँगे। *(कोरक उसकी ओर देखता है।)* अच्छा, तुमने अभी-अभी जो कहा, इन सब पर क्या तुम सच में विश्वास करते हो, या...

ललिता : क्या उल्टी-सीधी बातें करती है।

[कोरक बबली की ओर देखता ही रहता है।]

बबली : माँ, मुझे भूख लगी है। खाना परोस दो।

[बबली कमरे में चली जाती है। कोरक और ललिता एक-दूसरे को देखते हैं।]

ग्यारहवाँ अंक

[बबली उसी निरपेक्ष जगह में।]

बबली : उसकी बातें मेरे भीतर तक चीरते हुए घुस जाती थीं। यह पहली बार नहीं हुआ था, कई बार हो चुका था। मैं कब छिपकर उसकी बातें सुन लेती थी, उसे पता भी नहीं चलता था। कभी-कभी वह मुझसे भी कहता था। उसके विश्वास की बातें, जीने की इच्छा और छोटी-छोटी तकलीफों के बारे में वह बताया करता था। कभी-कभी लगता था, मुझसे नहीं, खुद से ही बातें कर रहा है वह। इसलिए मुझे भी यह लगता कि वह जिन बातों पर विश्वास करता है, जैसे जीवन को देखता है, जिस तरह के जीने में विश्वास रखता है, जिस तरह से हर एक को अच्छा रखना चाहता है—वही सही है। खासकर जहाँ मैं अपने समय में, अपने चारों ओर के वातावरण में किसी और के बारे में सोचते हुए जी रही थी—मैं, मेरी माँ, मेरे पिता, मेरा घर, मेरा कॅरियर और...और...मेरा रणित! हाँ, सच ही तो है! इसीलिए जब रणित आए...

[रणित कोरक के पास उसके कमरे में आता है।]

बबली : कोरक के साथ रणित का परिचय हुआ।

[रणित कोरक की ओर हाथ बढ़ाते हैं।]

बबली : दोनों ने थोड़ी देर बातें कीं। और मुझे लगा, रणित मेरी इस दुविधा को अच्छी तरह से समझ गए थे, क्योंकि वह मेरे रणित हैं–मेरे रणित। वह मुझे अपने से भी ज्यादा समझते हैं।

[कोरक, रणित, विश्वजीत मंच पर आते हैं। म्यूज़िक बजता है। तीनों बैठते हैं। जैसे ड्राइंगरूम में बैठे हों। सब बातें कर रहे हैं, पर म्यूज़िक के कारण सुनाई नहीं पड़ती हैं।]

बारहवाँ अंक

[कोरक का कमरा। कोरक, रणित, बबली और विश्वजीत]

रणित : बबली, किसी दिन कोरक को हमारे घर ले आओ।

बबली : हूँ।

रणित : कोरक, फिल्म देखते हो?

कोरक : देखने का मौका नहीं मिलता।

विश्वजीत : रणित, एक काम क्यों नहीं करते? कोरक को लेकर 'अकोयाटिका' घूम आओ।

रणित : मुझे नहीं लगता, कोरक को अकोयाटिका पसन्द आएगा।

कोरक : क्यों?

रणित : क्योंकि तुम्हारा चेहरा बता रहा है कि तुम ऐसी जगह जाना नहीं चाहते। बबली जानती है कि मेरा फेवरिट सबजेक्ट 'साइकोलॉजी' है।

बबली : पर तुम तो पॉलिटिक्स पर ही बात करना अधिक पसन्द करते हो।

कोरक : राजनीति पर किस तरह की चर्चा तुम्हें पसन्द है?

रणित : बहुत कुछ। मसलन वोट असेस करना, पॉलिटिकल एनालिसिस, पार्लियामेंटरी पॉलिटिक्स का स्ट्रक्चर–कैसे वह धीरे-धीरे बदल रहा है, इन्हीं सब पर बातें करना अच्छा लगता है।

विश्वजीत : और कांग्रेस, सी.पी.एम., बी.जे.पी. पार्टियों पर भी।

रणित : सही कहा आपने चाचाजी। आप रीयलिटी को इग्नोर नहीं कर सकते। आप इनकार नहीं कर सकते कि आपके जिन्दा रहने का सामान आपको इन्हीं परिचर्चाओं से मिलता है।

कोरक : और दूसरों को?

रणित : सभी को कोरक। विकास ने अब प्राथमिकता ले ली है। जो विकास के पथ पर चल रहा है, वही अपना वोट बैंक बढ़ाने में सक्षम हो रहा है। इसमें कहीं कोई भूल नहीं है। मैं तुम्हें हर्ट नहीं करना चाहता कोरक, परन्तु इसके बाहर जो सोचते हैं, उनका सोसायटी में कहीं कोई नम्बर नहीं है।

कोरक : और यह नम्बर कौन लोग देते हैं रणित?

रणित : समाज! और कौन देगा?

विश्वजीत : अरे, अब ये डिस्कशन यहीं बन्द करो, बल्कि चलो, कोरक को लेकर अकादमी में नाटक देखकर आते हैं। बहुत दिन हो गए हैं, अकादमी गए हुए, जबकि जानते हो रणित, एक समय ऐसा था कि मैं नाटक के पीछे पागल था।

बबली : जानती हूँ पिताजी। हम लोगों ने कई बार सुना है।

[ललिता ट्रे में चाय और चिप्स लेकर प्रवेश करती है। सबको सर्व करती है। फिर बैठती है।]

विश्वजीत : तो फिर चलो, कल ही अकादमी चलते हैं। क्यों कोरक, क्या खयाल है?

ललिता : कौन सा नाटक देखने जाएँगे?

विश्वजीत : पता नहीं। ऑफिस में मुखर्जी से पता करता हूँ। कौन से नाटक का मंचन कहाँ हो रहा है, उसे ही पता रहता है।

कोरक : जाने से ही टिकट मिल जाएगा?

विश्वजीत : हाँ-हाँ, नाटक देखने ज्यादा लोग कहाँ जाते हैं आजकल! इसलिए जाने से ही मिल जाएगा।

कोरक : ओ...

[कुछ देर चुपचाप रहते हैं सभी। फिर कोरक बोलने लगता है :]

कोरक : अच्छा रणित, वे कौन लोग हैं जिन्होंने नाटक को ऐसा नम्बर दिया—बिल्कुल फालतू बना दिया, तुम्हारी वही सोसायटी या और कोई?

रणित : *(थोड़ी देर चुप्पी के बाद)* हो सकता है, नाटक से जुड़े लोग ही इसके लिए उत्तरदायी हों! पर इससे क्या? तुम जिस आदर्श में विश्वास करते हो, उसे अलग से ज्यादा नम्बर नहीं दिया जा सकता। देखो कोरक, तुम्हें यदि मनुष्य के लिए कुछ अच्छा करना है तो तुम्हें मेन स्ट्रीम में ही रहना होगा, अन्यथा तुम एक्जिस्ट ही नहीं करोगे। तुम मुझे ग़लत मत समझो। मैं तुम्हारा अपमान नहीं करना चाहता। बट यू हैव योर ऑन ओपिनियन एंड आई हैव माइन।

कोरक : नहीं, वो मैं समझ गया। पर बात क्या है, जानते हो रणित? मैं फिर से आरम्भ के प्रश्न में ही लौट जाना चाहूँगा। ये नम्बर देनेवाले होते कौन हैं? कौन है वो इक्जामिनर? और यह मेन स्ट्रीम वाले कौन हैं, जिन्होंने तय किया कि सोच लो, तुम्हें पचहत्तर नम्बर मिलेंगे और मुझे तीस? मैं जब भी इस प्रश्न का उत्तर ढूँढ़ने बैठता हूँ, देखता हूँ कि जिन्होंने हमें ये नम्बर दिए हैं, दरअसल वे स्वयं फेल कर जाते हैं और ऐसे लोग तय करते हैं, किसको कितने नम्बर मिलेंगे।

रणित : और ये ही लोग चुनाव करवाते हैं, चुनाव में खड़े होते हैं, और भी बहुत कुछ तय करते हैं—यही न? ऐसी बातें हम अपने कॉलेज कैंटीन के अड्डों में कई बार सुनते थे। अब उन बातों का मेरे लिए कोई महत्त्व नहीं है। छोड़ो ये सब। चलो, कुछ प्लान करते हैं। बबली, तुम्हीं बताओ, हम कोरक को कहाँ ले जाएँ, जहाँ उसका मन और शरीर दोनों ठीक रहेंगे। चाचाजी, चलिए, आज हम सब बाहर डिनर करते हैं। बबली, क्या इरादा है?

बबली : नहीं, तुम लोग जाओ। मेरी तबीयत आज कुछ ठीक नहीं है। *(थोड़ी देर मौन रहने के बाद)* अच्छा रणित, तुम किस स्ट्रीम के हो? मैं किस स्ट्रीम की हूँ?

[बैकग्राउंड म्यूज़िक। रणित बबली की ओर देख मुस्कराता है।]

रणित : क्या हुआ तुम्हें बबली? अभी तुमने कहा कि तुम्हारी तबीयत खराब है। ओके। आज रहने दो। जल्दी ही आऊँगा। *(कोरक से)* कोरक, आज निकलता हूँ। इट वाज़ ए नाइस मीटिंग। चाचाजी, पिताजी आपके स्वास्थ्य के बारे में पूछ रहे थे।

विश्वजीत : उनसे कहना, मैं उन्हें कॉल करूँगा।

रणित : राइट! बबली, तुम मुझे कल किसी वक़्त फ़ोन करना। कुछ जरूरी बातें करनी हैं।

तेरहवाँ अंक

[उसी निरपेक्ष जगह पर बबली खड़ी है।]

बबली : रणित का इतना उत्तेजित होने का कोई कारण नहीं था। मैंने कोरक को कभी एक सेकंड के लिए भी प्यार नहीं किया था। बस, उसकी बातें मुझे अच्छी लगने लगीं। वैसे कोरक ने मुझे कहा था कि हम बातों को अधिक महत्त्व देते हैं, अन्तरात्मा की आवाज़ को नहीं। पर मैं क्या करूँ? बचपन से ही सीखा है कि बातों पर ही विश्वास करना चाहिए, शब्द आपके भीतर संवेदनाओं को जन्म देते हैं। वैसे इसमें काफ़ी सुविधा भी है। बातों को भूलने में अधिक देर नहीं लगती। तब लगता है, जो बातें मैंने पहले कही थीं, वो असल में कभी शायद कही नहीं गई हों। और जो बातें मैंने सुनी थीं, शायद पहले कभी सुनी ही नहीं गई हों। आधुनिक विश्व में 'बातें' वहीं शस्त्र हैं जिनका प्रयोग कर सबसे अधिक कमिटमेंटलेस रहा जा सकता है। फिर भी पहली बार ऐसा हुआ कि मैं कोरक के कहे शब्दों के माध्यम से और उसके मौनता के माध्यम से एक सम्पूर्ण मनुष्य को, पहली बार एक परिपूर्ण मनुष्य को देख पाई।

चौदहवाँ अंक

[रेस्टोरेंट के भीतर बबली और रणित। दिन का समय है।]

रणित : *(कॉफी का कप मेज़ पर रखते हुए)* तुम मुझे ग़लत समझ रही हो बबली! मैं किसी इनसिक्यूरिटी की फीलिंग से ये बातें नहीं कह रहा हूँ।

बबली : मैं जानती हूँ।

रणित : कोरक मुझे बहुत अच्छे लगे। ही इज ए नाइस गुय। एंड यू नो दैट आए मनॉट टू मच पॉजेसिव। मैं समझता हूँ, तुम्हारी अपनी पसन्द-नापसन्द हो ही सकती है, पर तुम मेरी गर्लफ्रेंड या समझो वही...मतलब पत्नी।

बबली : *(हँसती है)* 'पत्नी' उच्चारण करने में इतनी झिझक?

रणित : अब देखो, जो भी हो, मैं कोरक को लेकर तुम्हारे साथ कोई तर्क करना नहीं चाहता। अगर तुम कोई निर्णय लेना चाहती हो तो ले सकती हो।

बबली : रणित, तुम इस तरह की बातें क्यों कर रहे हो? मैं कोरक को लेकर बिल्कुल भी चिन्तित नहीं हूँ।

रणित : *(बेयरा को)* दो कोक! मैं नहीं जानता, पर जब से कोरक तुम्हारे घर रहने आया, तुम्हें देखकर लगता है, जैसे यू हैव लॉस्ट योर फोकस। *(बेयरा कोक लाता है) थैंक्स*!

बबली : हाँ, सही कहा तुमने। पर इसका अर्थ यह नहीं है कि कोरक के प्रति मेरे मन में कोई वीकनेस है। मैं कुछ और ही वजह से अपसेट हूँ।

रणित : बताओ मुझे।

बबली : उसकी बातें। उसका विश्वास। अच्छा, रणित, क्या तुम्हें नहीं लगता, जिस तरह से हम जी रहे हैं, यह तथाकथित मिडिल क्लास सिक्यूरिटी के बीच, असल में इस तरह से जीने का कोई अर्थ नहीं है? हम लोग, सच कहो तो, बेसिकली संवेदनहीन हो गए हैं।

रणित : क्या नॉनसेंस बातें कर रही हो बबली! सत्तर के दशक की सारी 'हैकनीड आदर्श'–ये बातें कोरक ने तुम्हें सिखाई हैं क्या?

बबली : तुम तो नाराज़ हो गए!

रणित : क्यों न होऊँ? तुम तो तोते ही तरह रटी-रटाई बातें कर रही हो। *(फिर रुककर)* मुझे बताओ तो, यदि हम अपने को और अपनों को अच्छे से रखना चाहते हैं, समृद्धशाली बनाना चाहते हैं, तो इसमें ग़लत क्या है?

बबली : नहीं, ग़लत कहाँ है, बट नॉट ऑन द कोस्ट ऑफ अदर्स।

रणित : सिखाई हुई बातें मत करो बबली! मुझे बुरा लगता है।

बबली : अगर मुझे सच में कुछ सिखाया जाता है, और अगर वह सीखने योग्य है और अगर मैं सीखती हूँ—तो इसमें ग़लत ही क्या है?

रणित : बबली, तुम मुझे ग़लत समझ रही हो। मैं फिर से कह रहा हूँ, कोरक पर व्यक्तिगत आक्षेप मेरा कुछ भी नहीं है। आई लाइक हिम।

बबली : रणित, मुझे तो ऐसा लगता है, यदि मेरी समस्या को तुम देख सकते तो बहुत अच्छा होता तुम्हारे लिए। तुम्हें शान्ति मिलती, यदि मैं तुम्हें बताती कि हाँ, मैं कोरक से प्रेम करती हूँ या फिर मैं उसके साथ सोई हूँ—तो कम-से-कम तुम एक लॉजिकल स्ट्रक्चर देख पाते। तो तुम सोचते कि चलो, प्रॉब्लम समझ में आ गई। तब तुम अपनी विश्लेषण शक्ति द्वारा मेरी मेंटल रीडिंग करके किसी निष्कर्ष पर आते। है कि नहीं?

रणित : मुझ पर व्यंग्य मत करो बबली!

बबली : रणित, तुम जानते हो, मैं बिल्कुल सच कह रही हूँ।

[थोड़ी देर के लिए मौनता...]

रणित : तो तुम करना क्या चाहती हो?

बबली : पता नहीं। मुझे थोड़ा और वक़्त दो। आशा करती हूँ, सब ठीक हो जाएगा।

रणित : तो फिर तब तक हम लोग एक-दूसरे से नहीं मिलेंगे।

बबली : ओह, रणित, प्लीज! तुममें इतना बचपना कहाँ से आ गया?

रणित : बबली, मैंने तुम्हारे भले के लिए ही ये बातें की थीं। *(थोड़ी देर की चुप्पी के बाद)* पता है बबली, जब मैं ऑफिस जाता हूँ, कभी मोबाइल पर कॉल्स आते हैं, तो कभी लैंड-लाइन पर, मैं रिसेप्शनिस्ट से कहता हूँ—'होल्ड ऑन प्लीज' या फिर 'बाद में फ़ोन करने के लिए कह दो।' फिर दिन भर कई मीटिंग, कई फ़ोन-कॉल्स, तमाम व्यस्तताओं के बावजूद, भीड़ में भी तुम्हारा चेहरा कई-कई बार देख पाता हूँ। तुम भी शायद उस वक़्त दौड़ रही होती हो—कभी कॉलेज स्ट्रीट तो कभी गड़ियाहाट। तुम्हारी नाक पर हल्की-हल्की पसीने की बूँदें। फिर भी मैं विश्वास करता हूँ कि उसी समय व्यस्तता के बीच भी कम-से-कम एक बार के लिए, तुम मेरा चेहरा जरूर याद करती हो। हम लोग एक-दूसरे को स्पेस देते हैं। हो सकता है कि हम दोनों को

एक-दूसरे की याद छत्तीस घंटे में एक बार भी अलग से न आए या फिर हम दोनों केवल एक अभ्यास के वशवर्ती होकर एक-दूसरे को याद करते होंगे। पर यदि एक सेकंड के लिए भी मेरे ज़ेहन में तुम्हारा खयाल आता है और उसी पल तुम भी मेरे बारे में सोच रही होती हो तो मैं उस एक पल को ही जिन्दा रखने में विश्वासी हूँ। वह पल मेरे लिए इतना ज़रूरी है कि मैं उसे मरने देना नहीं चाहता। बबली, मैं चाहता हूँ, तुम मुझे समझो।

[बबली रणित की ओर देखती है। फिर उसका हाथ धीरे से दबाती है। अस्फुट स्वर में कुछ कहती है।]

पन्द्रहवाँ अंक

[उसी निरपेक्ष जगह में बबली खड़ी है।]

बबली : आप लोगों में से कुछ लोग मुझे रोमांटिक कह सकते हैं। कुछ लोग सोच सकते हैं कि मैं फैंटेसी में जीती हूँ—एक साधारण लड़की जैसे जीती है। शायद आपमें से कुछ लोग मुझे स्वार्थी भी सोचें। आप लोगों की राय मैं मान लूँगी और कुछ नहीं भी मानूँगी, क्योंकि मुझे ऐसा लगता है कि आप लोगों की जिन्दगी में भी ऐसा समय आया होगा जब आप लोग मेरी ही तरह बिना भ्रान्ति के जीते-जीते अचानक, बिल्कुल अचानक, अपने जीने से बेहतर किसी जीने को, किसी बड़े विश्वास को देख पाए होंगे। तब क्या आप भी मेरी तरह से एक बार चौंककर थम से नहीं गए होंगे? आप लोगों की सारी शिक्षा, सारी जानकारियाँ, सारा कॉन्फिडेंस, सारी अवहेलना सब कुछ ऑनेस्टली एक प्रश्न के आमने-सामने आकर क्या खड़ी नहीं हुई होगी, कि हम कैसे जी रहे हैं? हम किस पर विश्वास करते हैं? क्या और क्यों विश्वास करते हैं? तब आपको भी लगता होगा कि अपने को लेकर फिर से एक बार सोचें, नए सिरे से। नए तरीके से अपने निश्चल, सुरक्षित पर खोखली जिन्दगी को एक बार सजाना नहीं चाहेंगे? जी हाँ, 2004 के उस क्रूर अप्रैल के महीने में मुझे

भी ऐसा ही लगा था। जिस आदमी को मैंने एक दिन के लिए भी प्यार नहीं किया था, यहाँ तक कि वह मुझे उतना पसन्द भी नहीं था, फिर भी उसी आदमी के लिए मुझे ऐसा लगा था। और ऐसा लगने से बचने के लिए, मैंने कोरक के साथ बातें करना तो दूर, उसके कमरे में जाना भी बन्द कर दिया था। विश्वास कीजिए, मई के महीने से लेकर जुलाई तक, हमारे ही घर में उससे मेरा केवल तीन बार मिलना हुआ था। तीनों ही बार मैंने उसके साथ कोई बात नहीं की थी।

सोलहवाँ अंक

[कोरक का कमरा। कोरक और ललिता बैठे हैं। शाम का समय है।]

ललिता : कोरक, तुम्हारा कमरा आज साफ़ करना होगा। बहुत गन्दा हो गया है।

कोरक : रहने दीजिए दीदी! मैं खुद ठीक कर लूँगा।

ललिता : तुम रहने दो। फिर कुछ गड़बड़ कर बैठोगे। मैं ही सब कर दूँगी। तुम सिर्फ अपनी शर्ट अलग रख दो। उन्हें लांड्री में देना होगा। *(कोरक मुस्कराने लगता है।)* क्या बात है? मुस्करा क्यों रहे हो?

कोरक : मैं आपको दीदी कहता हूँ, पर मुझे तो आपको माँ कहना चाहिए।

ललिता : चाहो तो कह सकते हो। मुझे अच्छा ही लगेगा। *(कमरा साफ़ करने लगती है)* बबली के पिताजी चाहते थे कि हमारी बेटी हो। और बेटी ही हुई। और देख ही रहे हो, कैसी बेटी है हमारी। किसी की बात नहीं सुनती है। जो इच्छा होगी, हमारे घर में वही होगा। बचपन से ही बहुत जिद्दी है।

कोरक : क्यों? बेटी तो आपकी बहुत सुशील है! ऐसी बेटियाँ आजकल कहाँ मिलती हैं!

ललिता : यह तुमने सच कहा है। सभी ऐसा ही कहते हैं। पर बात यह है कि बेटी मेरी बहुत मूडी है। मैं उसे लेकर बहुत चिन्तित रहती हूँ।

कोरक : आज गई कहाँ है वह?

ललिता : पता नहीं, हर रोज कहाँ जाती है!

कोरक : रणित से उसका विवाह जल्दी कर दीजिए। बहुत अच्छा लड़का है रणित।

ललिता : जानती हूँ। पर इन दोनों की बातें मुझे समझ में नहीं आती हैं। *(कोरक हँसता है)* क्या हुआ? हँस रहे हो?

कोरक : आप जैसी महिला मैंने जीवन में दूसरी नहीं देखी।

ललिता : क्यों?

कोरक : हर बात पर आप टेंशन करती हैं और फिर किसी भी बात पर नहीं!

ललिता : क्या करूँ? जानती हूँ, टेंशन करने से कोई लाभ नहीं होता, पर फिर भी चिन्ता तो होती है।

कोरक : हाँ, सही कहा आपने।

ललिता : अच्छा, कोरक, जब तुम यहाँ से चले जाओगे, तो हमारी याद आएगी तुम्हें?

कोरक : क्या कह रही हैं आप? याद नहीं करूँगा? जैसे ही रात होगी और अरिजीत भैया कहेंगे—चलो, आज फिर पुआल के बिस्तर पर सोना पड़ेगा, मुझे आप लोगों की बात याद आएगी...इस कमरे की याद आएगी।

ललिता : अच्छा! इसका मतलब है, जब तकलीफ होगी, तभी हमारी याद आएगी?

कोरक : नहीं-नहीं, ऐसी बात नहीं है! हमेशा याद आएगी।

ललिता : पता है! देवरजी मनीश नाम के एक लड़के को साथ ले आए थे...वह भी कुछ दिन यहीं रहा था...उसका कोई समाचार?
(कोरक चुप रहता है।) क्या हुआ...तुम कुछ कहते क्यों नहीं?

कोरक : आप उसके बारे में नहीं जानतीं?

ललिता : नहीं तो।

कोरक : वह...अब नहीं रहा। समाचार-पत्रों में यह खबर छपी थी—आप लोगों ने नहीं पढ़ा होगा।

ललिता : ओह!

[ललिता चुप रहती है। विश्वजीत की आवाज़ आती है।]

विश्वजीत : अरी, सुनती हो, गई कहाँ? देखो, मैं आज क्या लाया हूँ!

कोरक : दादा आ गए हैं।

[विश्वजीत कमरे में प्रवेश करते हैं।]

विश्वजीत : अरे, तुम लोग यहाँ पर हो! पता है कोरक, आज बाज़ार में बढ़िया शोल मछली मिली है, साथ में इतनी बड़ी-बड़ी मूली! कोरक, तुमने कभी शोल मछली मूली के साथ खाई है?

कोरक : नहीं, पहले कभी खाई नहीं–अब खाऊँगा!

विश्वजीत : *(ललिता से)* क्या बात है? तुम चुप क्यों हो?

ललिता : हाँ, जाती हूँ। मछली क्या किचन में रख आए हो?

विश्वजीत : अरे, किचन में नहीं तो और कहाँ रखूँगा भई! कोरक, क्या हुआ, तुम्हारी दीदी इतनी चुप सी क्यों हो गई?

कोरक : कुछ नहीं। वही...मनीश का समाचार पाकर...

विश्वजीत : कौन मनीश?

[ललिता वहाँ से चली जाती है।]

कोरक : वही लड़का, जो डेढ़-दो साल पहले आपके यहाँ रहने आया था।

विश्वजीत : ओ, हाँ!...वह लड़का तो तुमसे भी अधिक चुप रहता था। क्या हुआ है उसे? *(कोरक उत्तर नहीं देता है।)* हाँ...याद आया। समाचार-पत्र में पढ़ा था उसके बारे में। पर ये खबरें तुम अपनी दीदी को मत बताया करो...वह बहुत अपसेट हो जाती है।

कोरक : आज आप ऑफिस से जल्दी आ गए!

विश्वजीत : हाँ। हम लोगों के बॉस एक्स-एथलीट हैं। आज ऑल बेंगाल पुलिस स्पोर्ट्स है। हमारे बॉस को जज बनाकर ले गए। मैं भी भाग आया।

कोरक : पुलिस स्पोर्ट्स भी होता है क्या?

विश्वजीत : हाँ, सिर्फ स्पोर्ट्स ही क्यों, कई सांस्कृतिक कार्यक्रमों से भी जुड़े रहते हैं वे। नाटक, गाना और भी बहुत-कुछ। इसके अतिरिक्त वे लोग चेरिटेबल या फिर सोशल वेलफेयर के लिए बहुत-कुछ करते हैं। पुलिस के नाम से कुछ दिनों पहले तक लोग जो कुछ कहते थे, अब बिल्कुल उसकी उल्टी तस्वीर है।

कोरक : हाँ, बेचारा मनीश! केवल उसे ही यह बात समझ में नहीं आई।

विश्वजीत : कोरक, डोंट माइंड! मैं तुमसे, मनीश से, बहुत प्यार करता हूँ, स्नेह करता हूँ...श्रद्धा करता हूँ! पर आतंकवादी यदि अपना काम करता है तो पुलिस को भी अपना काम करना पड़ेगा। तुम लैंडमाइन, बम्ब ब्लास्ट करोगे और पुलिस तुम्हें रसगुल्ला खिलाएगी!

कोरक : अवश्य! मैं अपना काम करूँगा, पुलिस अपना–आप अपना, बाकी सब भी अपना-अपना–सब अपनी मर्जी के अनुसार काम करते जाएँगे।

विश्वजीत : देखो, मैं एक साधारण यानी कि आम आदमी हूँ...ये सब बातें तुम मेरे घर में मत किया करो। राइट? मुझे यह स्वीकार करते हुए डर नहीं लगता कि मैं एक डरपोक आदमी हूँ। ओके?

कोरक : सॉरी! मैं नहीं करूँगा।

विश्वजीत : गुड! अच्छा, कोरक, बचपन में तुम किस टीम के सपोर्टर थे–ईस्ट बंगाल या फिर मोहनबागान? *(बैंकग्राउंड म्यूज़िक)* मैं तो कट्टर ईस्ट बंगाल का समर्थक था। ईस्ट बंगाल क्लब ने सन् '75 में जब मोहनबागान को पाँच गोल से हराया, मैं उस दिन मैदान में था। ओफ! क्या नाच नाचा था मैं! घर वापस लौटा था जुड़वाँ हिल्सा मछली लेकर। तुम्हारी दीदी तो हैरान रह गई थी और बबली शायद तब स्कूल से घर आई थी–हम सात मित्रों ने मिलकर जो हंगामा मचाया था...फिर तो...।

[बैकग्राउंड म्यूज़िक अचानक से थम जाता है। विश्वजीत आश्चर्य से देखते हैं कि अरिजीत कमरे में प्रवेश कर रहा है।]

विश्वजीत : अरे, तू कब आया?

अरिजीत : अभी-अभी! क्यों कोरक, अब तू फिट है न?

कोरक : हाँ, पूरी तरह से फिट!

अरिजीत : बस, बस! तो फिर परसों निकलना होगा। कल कुछ खरीदारी कर लेते हैं। परसों शाम की गाड़ी है। ठीक है तो? *(कोरक सर हिलाता है।)* हाँ, भैया! ईस्ट बंगाल के बारे में क्या कह रहे थे आप?

विश्वजीत : मैं कह रहा था, तुम्हें याद है अरि, सत्तर में जब हम लोग मोहनबागान से हार गए तो क्या हुआ था? रात को मैं कुछ खा नहीं पाया था—तुम मेरे लिए बाहर से खाना लाए थे...

[बैकग्राउंड म्यूज़िक ज़ोर से बजने लगता है। विश्वजीत की बातें अब सुनाई नहीं देतीं, पर वह बोलता रहता है।]

सत्रहवाँ अंक

[खाने की मेज़ पर विश्वजीत, अरिजीत, ललिता एवं बबली।]

विश्वजीत : *(खाना खाते हुए)* कल जा रहे हो?

अरिजीत : जी!

विश्वजीत : लड़का अच्छा है।

ललिता : बहुत भद्र!

विश्वजीत : पर बातें बहुत कम करता है। तुम लोगों ने सिखाया है क्या?

अरिजीत : हम लोगों ने सिखाया है?

विश्वजीत : और नहीं तो क्या? इतना चुपचाप! ऐसा लगता है, जैसे अधिक बातें करने पर कोई गुप्त बात हमें पता चल जाएगी!

अरिजीत : आपसे कहने के लिए कौन सी ऐसी गुप्त बात है हमारे पास?

ललिता : सही कहा है। आजकल आप बहुत बेतुका सवाल करते हैं।

विश्वजीत : मैं बिल्कुल सही करता हूँ। दस बार पूछने पर एक-आध बात बताता है।

अरिजीत : वह सदा से ही ऐसा है। सम्भवतः उसके माता-पिता के बीच कोई समस्या है।

ललिता : अच्छा! पर उसने कभी मुझे बताया नहीं!

अरिजीत : वह कहाँ बताने लगा! उसकी दो-चार बातों से मुझे ही पता चल पाया, जबकि मैं ही उसका सबसे अन्तरंग मित्र हूँ।

ललिता : हाँ। मुझे तो उसने ऐसा ही कहा।

अरिजीत : फिर शायद किसी लड़की के साथ उसका सम्बन्ध था, जो अब टूट गया। सब मिलाकर...। जो भी हो—वैसे भैया, पुलिस ने आपको तंग तो नहीं किया...मेरा मतलब है, कुछ पूछताछ?

[ललिता हँसते लगती है।]

विश्वजीत : ज़्यादा मज़ाक मत करो। पूछताछ नहीं की पर आगे कर भी सकती है। कह ही सकती है कि घर में आतंकवादी पाल रखा है, अभी थाने चलिए—जेल की चक्की पिसवाते हैं!

अरिजीत : उनकी चक्की में उतना दम नहीं है भैया...।

विश्वजीत : अब तुम बचपन की तरह मुझसे...

अरिजीत : क्या? बचपन में पीटते थे आप मुझे? भाभी के सामने दादागीरी दिखाते हो! मारपीट में तो आप सदैव ही मुझसे पीछे रहते थे...

विश्वजीत : अच्छा...!

[दोनों हँसते हैं।]

बबली : चाचू, कल चले जाओगे?

अरिजीत : हाँ, क्यों री? *(तीखी नज़रों से बबली को देखती है।)*

बबली : नहीं, ऐसे ही कह रही थी।

अरिजीत : तूने बताया नहीं—कोरक तुझे कैसा लगा?

बबली : अच्छा है।

अरिजीत : मैं जानता हूँ, हम जैसों को तू पसन्द नहीं करती है। भैया की बेटी है न तू...

बबली : ऐसा क्यों कह रहे हो चाचू...?

विश्वजीत : तो फिर बुलन्द आवाज़ में कह दे—आप लोग कोई शाहरुख या सौरभ तो हो नहीं।

अरिजीत : रणित कैसा है बबली?

बबली : ठीक है। क्यों?

अरिजीत : नहीं। ऐसे ही पूछ लिया। *(कुछ देर खाता रहता है)* तू मुझसे कुछ कहना चाहती है?

बबली : नहीं तो! क्यों?

अरिजीत : नहीं, कुछ नहीं।

[सब लोग चुपचाप खाना खाते हैं। बबली अरिजीत की ओर एकटक देखती रहती है। वही पुराना लोकगीत पीछे बजता रहता है।]

अठारहवाँ अंक

बबली : *(मंच पर अकेली खड़ी है)* चाचू बहुत सेंसिटिव हैं। शायद जीवन ने ही उन्हें ऐसा सिखाया है। चलो, कोरक जाने के लिए तैयार हो गए हैं। माँ-पिताजी ने भी बहुत सहज ही इस बात को स्वीकार कर लिया है। ऐसा लग रहा है, जैसे कोरक कभी हमारे घर पर रहे ही नहीं। जैसे कोरक का कोई प्रभाव ही नहीं था हमारे घर पर या फिर हमारे समय पर। मैं जानती थी, कोरक को एक दिन जाना ही होगा आज नहीं तो कल! आश्चर्य की बात है–मैं चाहती थी कि वह चला जाए, पर फिर यह भी चाहती थी कि वह कल कभी न आए। चाचू उसे लेने कभी न आएँ। रोज हमारे घर में शाम होगी, कोरक चश्मा उतारकर मेरी ओर देखेगा। मैं चाय की प्याली कोरक की ओर बढ़ाऊँगी, कोरक कहेगा, 'क्या कुछ कहना चाहती हो तुम?' या शायद कुछ नहीं कहेगा–सिर्फ मुझे देखता रहेगा।

उन्नीसवाँ अंक

[कोरक का कमरा। कोरक बबली की ओर एकटक देख रहा है। बबली भी। शाम का समय।]

बबली : कब जा रहे हो?

कोरक : बस, थोड़ी देर में।

बबली : ओह! *(बैठती है)* मुझे तुमसे कुछ कहना है।

कोरक : इतने दिनों बाद! ऐसा क्या हुआ भला?

बबली : हमेशा तुम्हें मज़ाक क्यों सूझता है?

कोरक : मैं तो ऐसा ही हूँ।

बबली : अपने लोगों के बीच वापस जा रहे हो, इसीलिए न?

कोरक : हो सकता है। *(बबली देखती ही रहती है)* क्या हुआ? इस तरह से क्यों देख रही हो?

बबली : कुछ कहना है तुमसे।

कोरक : कहो।

[थोड़ी देर के लिए चुप्पी छा जाती है।]

बबली : क्या तुम मुझे अपने साथ ले जा सकते हो...अगर मैं जाना चाहूँ तो?

कोरक : कहाँ?

बबली : तुम लोग जहाँ रहते हो। *(कोरक हँसता है)* मत हँसो। मैं सीरियस हूँ।

कोरक : चलो। मुझे कोई आपत्ति नहीं है। वैसे अरिजीत भैया क्या कहेंगे, वो भी ज़रा सुन लो!

बबली : इतनी कैजुअली बात क्यों कर रहे हो?

कोरक : कैजुअली? जो मन में आया, मैंने तो वही कहा!

बबली : क्या लगता है तुम्हें—मैं तुम्हारे प्रति वीक होकर तुम्हारे साथ चलना चाह रही हूँ?

कोरक : नहीं। तुम तो मुझे उतना पसन्द नहीं करती हो।

बबली : इक्जैक्टली। मैं स्वयं को समझने के लिए तुम्हारे साथ जाना चाहती हूँ।

कोरक : जानता हूँ।

बबली : तुम्हारे लिए कुछ फील करने का प्रश्न ही नहीं उठता। रणित हर दृष्टि से तुमसे अधिक योग्य है। तुम्हारी भाषा में, हमारे इस युजलेस सोसायटी में, उसके नम्बर तुमसे काफ़ी ज्यादा हैं।

कोरक : मैं जानता हूँ।

बबली : मेरे माता-पिता भी बहुत अच्छे लोग हैं। उन्होंने कभी मेरे साथ कोई ज़ोर-जबर्दस्ती का काम नहीं किया।

कोरक : हाँ, वह भी ठीक है।

बबली : मैं तुम्हारी आइडियोलॉजी में विश्वास नहीं करती। सच कहूँ तो तुम्हारी आइडियोलॉजी है क्या, यह भी मैं अच्छी तरह से नहीं जानती। चाचू ने मुझे कभी इन सबके बारे में बहुत कुछ समझाने की कोशिश की थी, पर मेरे दिमाग में ये बातें कभी घुस नहीं पाईं। लगता था, चाचू पागल तो नहीं हो गए हैं!

कोरक : ये बातें तुम मुझे क्यों बता रही हो?

बबली : क्योंकि, मुझे लग रहा है कि हम लोग कहीं बहुत...बहुत ग़लत हैं। हम लोगों का यह शान्ति-आराम-चिन्ता-दौड़ते-दौड़ते रुक जाना—बाज़ारू प्रतिस्पर्धा-सस्ता मनोरंजन—ये सब कुछ को लेकर जिन्दा रहने की प्रक्रिया—यह सब कुछ वास्तव में एक बिग जीरो है। एक शून्य! मुझे ऐसा लगता है, जैसे हम लोग मृत, जड़ लोग हैं जो एक शून्य में जी रहे हैं जो वास्तव में एक रंग-बिरंगा बैलून है।

कोरक : इसका मतलब यह हुआ कि तुम सच्चाई से दूर भागना चाहती हो?

बबली : नहीं, मैं ऐसा कभी नहीं सोचती।

[अरिजीत की आवाज़ आती है–'बबली कहाँ गई भाभी?']

कोरक : अरिजीत भैया आ रहे हैं।

बबली : मैं जानती हूँ, जहाँ तुम जा रहे हो, वहाँ बहुत तकलीफ में रहोगे। ठीक से खाना नहीं मिलेगा। बाथरूम की जगह मैदान जाना पड़ेगा। सर्दी की रातों में खुले आसमान के नीचे सर्द हवा आकर तुम्हारे बदन पर सूई सी चुभेगी। गरमी में पाँव के नीचे छाले पड़ जाएँगे। सदैव पुलिस की तीखी...

कोरक : बबली, तुम फंटासाइज कर रही हो।

बबली : फिर भी तुम्हें लगेगा, तुम्हारी इस जिन्दगी का एक मतलब है। आश्रम या मठ के बाशिन्दे जैसा जीवन का अर्थ ढूँढ़ते हैं, इस जिन्दगी का अर्थ उससे अलग है। शान्त कविगण जीवन का जो अर्थ ढूँढ़ते हैं, यह अर्थ उससे भी अलग है। जीवन की आपाधापी में एक आदमी दौड़ते-दौड़ते अपने ही पास वाले आदमी को काट खाने को तैयार है, तुम्हारी जिन्दगी का अर्थ उससे बहुत-बहुत अलग है। कोरक, विश्वास करो, मेरी इच्छा होती है कि मैं तुम्हें छूकर देखूँ कि तुम जो कहते हो, जो विश्वास करते हो, वही तुम, तुम ही हो क्या? तुम्हें प्यार कर देखने की इच्छा होती है कि तुम्हारे सबसे गोपनीय समय में तुम जो लोगों के सामने व्यक्त करते हो–तुम ठीक वही 'तुम' हो क्या?

[बबली कोरक को बाँहों में भर लेती है और रोती है। तभी अरिजीत कमरे में प्रवेश करता है।]

अरिजीत : बबली, उसे छोड़ दे। कोरक, चलो।

कोरक : जी। *(बबली उसे छोड़ देती है।)*

अरिजीत : तुमने अपना सामान पैक कर लिया?

कोरक : हाँ। दीदी ने सबेरे ही कर दिया था।

अरिजीत : सिगरेट है तुम्हारे पास।

कोरक : है। चलिए देता हूँ।

अरिजीत : बबली, निकल रहा हूँ।

[अरिजीत और कोरक अपना बैग लेकर बाहर की ओर चले जाते हैं। दृश्य बदलता है। खाने की मेज़ पर

विश्वजीत। ललिता खाना परोस रही है। रात का समय है। बबली थोड़ी दूरी पर उसी निरपेक्ष जगह पर खड़ी है।]

विश्वजीत : पता है—आज ऑफिस में काफ़ी झमेला हुआ। ऑथोरिटी का कहना है इंक्रीमेंट नहीं दी जाएगी। पर यूनियन यह बात कहाँ माननेवाली है।...

ललिता : दाल थोड़ी और दूँ?

विश्वजीत : दो। चलो, इस दुर्गापूजा में कहीं बाहर चला जाए।

ललिता : नहीं–नहीं! चुनाव हो जाने दो, फिर। इससे पहले बहुत झमेला होने का डर लगा रहता है। अखबार नहीं पढ़ते हो क्या?

विश्वजीत : अच्छा, बबली टी.वी. में क्या देख रही है? *(आवाज़ ऊँची करके)* बबली बेटा, क्या देख रही हो?

[नेपथ्य में बबली की आवाज़]

बबली : *(नेपथ्य में)* न्यूज़ देख रही हूँ। क्यों, आपको सीरियल देखना है क्या?

विश्वजीत : सीरियल? पागल है क्या? सुनो, इस बार इंक्रीमेंट मिलने पर एक माइक्रो ओवल खरीदकर दूँगा। खाना जल्दी ठंडा नहीं होगा! *(कॉलिंग बेल की आवाज़)*

ललिता : कौन आया है इस वक्त! बबली, ज़रा देखना।

बबली : *(नेपथ्य में)* जी, मम्मीजी! देखती हूँ।

ललिता : सुनो, अखबार में लिखा है, इस बार पूजा के समय जंगल में घूमने पर डिस्काउंट दे रहे हैं?

विश्वजीत : हाँ, पढ़ा तो मैंने भी है। चलोगी? वही अच्छा होगा। पॉकेट की हालत जो है, उसमें बहुत दूर तो हम लोग जा नहीं सकते।

ललिता : सुनो, रणित आया है शायद। *(खिड़की से बाहर झाँककर)* उसकी गाड़ी बाहर खड़ी है।

विश्वजीत : हाँ, उसकी गाड़ी का रंग काफ़ी सोबर है। पसन्द अच्छी है लड़के की!

[बैकग्राउंड म्यूज़िक। दोनों बातें करते रहते हैं, पर आवाज़ सुनाई नहीं देती। रणित प्रवेश करता है। बबली भी आती है। दोनों हँसते हुए पास आते हैं।]

□□□